AF139308

Titel der Erstausgabe:

Boat People aus Leipzig

Eine abenteuerliche Flucht

von Deutschland nach Deutschland

Christa Wiesenberg

ICH TRÄUMTE VON BUNTEN BLUMEN

*Von Deutschland nach Deutschland
auf Leben und Tod*

Zum 25.Jahrestag des Berliner Mauerfalls

Eine Geschichte aus unserer Zeit

Bibliografische Information der Deutschen Nationalbibliothek:
Die Deutsche Nationalbibliothek verzeichnet die Publikation in der
Deutschen Nationalbibliografie, detaillierte bibliografische Daten
sind im Internet über http://dnb.dnb.de abrufbar.

Erweiterte Neuauflage

© 2014 Christa Wiesenberg
Herstellung und Verlag
BoD – Books on Demand, Norderstedt
November 2014

ISBN: 978-3-7357-6198-9

Im Anhang:
„bin ich allein"
Originalfassung erschienen im
Ekkehart Verlag, München, 1964

Erstausgabe und Original:
CIP-Titelaufnahme der Deutschen Nationalbibliothek:
Wiesenberg, Christa:
„Boat People aus Leipzig": eine abenteuerliche Flucht von Deutschland nach
Deutschland; Tatsachenbericht, Christa Wiesenberg - Böblingen: Tykve, 1990

© 1990 Anita Tykve Verlag

Den ungezählten Opfern
realsozialistischer Gewaltherrschaft
in der DDR gewidmet

Inhalt

Aus der Vorbemerkung zur Erstfassung

Vielen Menschen fällt es schwer, etwas zu glauben, das sich wie ein Roman anhört. Auch dieses Buch könnte leicht als Roman verstanden werden, doch möchte ich sagen, dass die Erlebnisse, von denen mir teilweise einige bis heute in meinem Unterbewusstsein erhalten geblieben sind, wahr sind. Natürlich kann ich mich nicht an diese Zeit erinnern, denn damals war ich noch gar nicht auf der Welt, oder zumindest noch zu klein, um die Dinge um mich herum zu verstehen, aber ich erinnere mich noch wage an ungeheure Wassermassen, ungebändigte Naturgewalten und viel Leid. Das Leben meiner Mutter war sehr schwer in dieser Zeit und vielleicht kann man das auch aus den Zeilen herauslesen. Aber dieses Buch soll ganz gewiss keine Anklage gegen irgendjemand sein. Es ist einfach aus dem Bedürfnis heraus entstanden, andere Menschen wissen zu lassen, wie schwer, und doch auch schön, ein Menschenleben sein kann. ...

Alexander Wiesenberg, 29.12.1988

Aus der Einleitung zur Erstfassung

... Im Oktober 1964 erschien ein erstes Buch von mir auf der Frankfurter Buchmesse, in dem ich aus und über gemachte bittere Erfahrungen in Mitteldeutschland wahrheitsgetreu schrieb. Heute kann ich mich offen dazu bekennen, seinerzeit wäre ich dafür bestraft worden. Wahrheiten können „bis aufs Mark" unbequem werden, und ich musste mich vor Zugriffen durch die Staatssicherheit der DDR schützen. Der Titel dieses Buches: „bin ich allein", erschienen im Ekkehart-Verlag München, mein Pseudonym „Margot Z.".

In dem Buch „bin ich allein" beschrieb ich all das, was 1961 zu meiner bittersten Erfahrung wurde, als ich von der Erweiterten Helmholtz-Oberschule in Leipzig wegen ideologischer Unzuverlässigkeit relegiert wurde. Wohlweislich nach dem „Mauerbau" vom 13. August 1961! Denn danach waren quasi die Schotten dicht und ein Medizinstudium, das ich mir von Kindheit an sehnlichst wünschte, sollte mir in jeder Weise damit verwehrt bleiben. Dass ich diesen meinen unabdinglichen Wunsch viel später dann doch verwirklichen konnte, von 1975 bis 1982 in München, daran hätte ich damals im Traume nicht zu denken gewagt...

Vorwort zur erweiterten Neuauflage

Ereignisreiche Jahre sind seit dem Erscheinen meines Buches im Jahre 1990 vergangen. Viele Menschen ersuchten mich seither wiederholt und auch mit Nachdruck, mein Buch „Boat People aus Leipzig" neu zu verfassen und herauszubringen. Vor allem aus dem Grund, damit sich über die Zeit unserer jüngst vergangenen Geschichte nicht allzu schnell ein Schleier des Vergessens ausbreite. Es hat gelegentlich den Anschein, als wäre dies bereits der Fall.

Nicht zuletzt waren und sind es die Anfragen junger Menschen, die mich dazu ermutigen, mein Buch ergänzend zu verfassen und erneut herauszubringen. Viele junge Menschen (nicht nur in Deutschland) nutzten die ganz individuelle Thematik meines Buches zur Gestaltung ihrer Abschlussarbeiten im Rahmen von Schul- und Abiturprüfungen und haben mich zu diesem Zweck kontaktiert.

Als wertvolle Ergänzung sehe ich dazu auch den Umstand, dass mir durch die Bundesbeauftragten für die Unterlagen des Staatssicherheitsdienstes der ehemaligen DDR (kurz BStU) die Möglichkeit gegeben ist, in authentische Akten Einsicht zu bekommen, die das ganze erschreckende Gebilde des diktatorischen Stasi-Staates noch deutlicher machen.

Und schließlich sei erwähnt, dass ich durch den Abstand der Jahre inzwischen etwas dickhäutiger geworden bin und mir die Erinnerungen von damals nicht mehr so sehr in zermürbender Weise zusetzen. Dadurch steht mehr Kraft und Zeit zur Verfügung, das Eine oder Andere näher zu beschreiben und vertiefter zu schildern.

Der von mir gewählte aktuelle Buchtitel ist nicht neu. Ich hatte ihn bereits der Erstauflage zugedacht. Die Ansicht meines damaligen Verlegers jedoch obsiegte am Ende, da die Erlebnisse und Erfahrungen in meinem Leben so markant durch Flucht und Vertreibung geprägt waren. Besonders in den 1970er Jahren war es verbreitet, Menschen, die in der Folge des Vietnamkrieges in Südostasien oder aus anderen Regionen in Booten flohen, als „Boatpeople" zu bezeichnen. In Anlehnung an deren Schicksal auf der Suche nach einem Leben in Freiheit entstand der Titel zur Erstausgabe meines Buches. Jetzt möchte ich jedoch wieder zum Ursprung meiner gedanklichen Auseinandersetzung mit diesem Buch zurückkehren.

Christa Wiesenberg, Oktober 2014

Gewesen-Vergessen?

„Vorbei"

Unmittelbar nach Eintritt der russischen Besatzungsmacht begannen die ersten Flüchtlingstransporte. Sie wurden willkürlich zusammengestellt. So viele wollten und konnten es nicht glauben, dass sie vertrieben werden sollten. Meine Mutter und meine Tante hatten sehr hellhörig das ganze politische Geschehen verfolgt, zogen daraus die Konsequenz, dass auch uns ein solches Schicksal nicht erspart bleiben würde. Es war bald kein Geheimnis mehr, dass die Flüchtlinge zunächst in Lager deportiert wurden, dort die Umstände für eine Existenz sehr tragisch waren. So beschlossen die beiden Schwestern, illegal über die Grenze zu gehen, im sogenannten „Reich" nach Unterkunft und Arbeitsmöglichkeit zu suchen. Unter sehr schweren und gefährlichen Bedingungen gelang es den beiden, bis nach Leipzig zu kommen. Am dortigen Operettentheater fanden sie glücklicherweise eine Anstellung; meine Mutter als Ballettmeisterin, meine Tante als Sängerin.

Dann kam es wie vorausgeahnt. Meine Großmutter und ich wurden über Nacht auf den Transport geschickt. Oma packte mich in einen großen Korbkinderwagen, das Nötigste an Betten und Hausrat hinzu. Ich erinnere mich noch an eine blaue Milchkanne, die am Griff des Kinderwagens hing und schepperte. In ihr holte ich Jahre später immer die Brühe vom Fleischer Schumann, wenn dort geschlachtet wurde.

Großmutter und ich wurden in die Nähe von Ludwigslust (Mecklenburg) in ein Lager gebracht. Dort sollten wir nach Maßgabe eine Zeitlang verbringen. Während des zweiten Tages unseres dortigen Aufenthaltes kamen meine Mutter und meine Tante aus Leipzig angereist. Sie wollten uns zu sich nach Leipzig holen, so war es von Anfang an geplant. Aber der russische Lagerkommandant wollte Großmutter und mich nicht freigeben. Das couragierte Auftreten meiner Tante bewirkte dann aber doch eine vorzeitige Freigabe von uns beiden, Großmutter und mir. Tante und Mutter mussten an das Theater zurück, hatten nur für drei Tage freibekommen. Das war vielleicht mein Glück?

Während der Reise im Zug – an diese habe ich keine Erinnerung mehr – soll mir alles Essbare, das meine Großmutter mir in den Mund schob (es war nicht viel, das wir hatten), an den Mundwinkeln wieder herausgelaufen sein. Tante weiß es noch zu berichten:

„Die Mama hat der Christl den Mund mit dem Finger immer wieder abgewischt und hat's dann selbst gegessen. Wir hatten ja Hunger."

Eine Stoffkatze mit grünen Augen hatte ich (an diese kann ich mich noch heute erinnern), und ich stupste ihr immer mit dem Finger an die Augen. Gesprochen haben soll ich nicht, das sei die einzige Auffälligkeit an mir gewesen. Von der Sonne sei ich braungebrannt gewesen, gut genährt, denn in Leitmeritz hatten wir genug zu essen gehabt.

Nach langer Fahrt kamen wir in Leipzig an. Meine Mutter wollte mit mir sogleich ins Volksbad gehen, dort konnte man die Möglichkeit wahrnehmen, sich zu

reinigen. Meine Tante jedoch wollte mich dem Theaterarzt Dr. Weber vorstellen. So geschah dieses zuerst. Dr. Weber habe sich mit mir erst einmal befasst und dann meiner Mutter und meiner Tante gesagt:

„Das ist endlich einmal ein kerngesundes Kind. Gut genährt und so schön braungebrannt. Das Kind ist nicht krank."

Dann setzte er einen Untersuchungsspiegel auf – daran erinnere ich mich partiell sehr deutlich – ich sollte meinen Mund öffnen. Ich weiß, dass ich davor Angst bekam und meinen Mund nicht öffnen wollte. So sollte mich meine Mutter auf ihren Arm nehmen und mich festhalten. Dann drückte mir der Arzt mit einem Metallspatel die Zunge fest herunter.

Kaum, dass er meinen Rachen inspiziert hatte, wich er erschrocken zurück und sagte im ersten Moment zu Mutter und Tante:

„Es ist schon zu spät."

Meine Mutter musste hinausgehen, meine Tante nahm mich auf ihren Arm. Sie fragte, was denn wäre. Vollkommen ratlos sei der Theaterarzt gewesen und habe gesagt:

„Glauben Sie es bitte, das Kind ist nicht mehr zu retten. Es hat eine weit fortgeschrittene Krupp-Diphterie."

Meine Tante sei außer sich gewesen und habe den Arzt angefleht:

„Bitte, Herr Doktor, retten Sie das Kind, es ist unser ein und alles. Bitte, tun Sie, was Sie können. Wir haben doch eh schon alles verloren."

Und Tante habe nie wieder in ihrem Leben erfahren, wie ratlos ein Arzt sein kann. Zur Schwester sagte er:

„Geben wir ihr eine Spritze oder nicht? Es ist doch schon zu spät. Das Herz wird es nicht durchhalten. ... So ein kräftiges, schönes Kind."

„Herr Doktor Weber, bitte tun Sie alles. Geben Sie meiner Nichte eine Spritze, bitte, versuchen Sie alles."

Dann bekam ich Pferdeserum in den Po gespritzt. Die höchst annehmbare Dosis. Meine Mutter wurde über meinen Zustand aufgeklärt. Sie sagt noch heute, sie habe das alles damals nicht begreifen und fassen können.

Meine Mutter brachte mich in den Dietze-Baracken in ein Krankenzimmer und legte mich in ein Bett. Dann sollte sie kurz noch einmal hinausgehen. Der Arzt kam abermals zu mir herein, zusammen mit der Oberschwester. Meine Mutter sah durch eine Glasscheibe an der Tür in das Krankenzimmer und konnte hören, wie der Arzt zu der Schwester sagte:

„So ein schönes Körperchen, so ein schönes Kind. Und wir werden es nicht retten können."

Meine Mutter habe in diesem Moment bald die Verzweiflung gepackt, doch hat sie nun ganz stark sein wollen. Ich bekam noch einmal eine Spritze. Nach ein paar Minuten wurde sie geholt und gebeten, an meinem Bettchen Platz zu nehmen. Der Arzt und die Schwester waren dabeigeblieben. Kaum, dass zehn Minuten vergangen waren, sei ich blau um den Mund geworden und habe Streckkrämpfe bekommen. Meine Mutter sah, wie mir plötzlich Schweißperlen auf der Stirn standen, ich sei tachykard und tachypnoisch geworden. Mit einem Wattebausch habe der Arzt mir den Schweiß von der Stirn gewischt, doch entstanden zusehends immer wie-

der neue Schweißperlen. Dann sei ich blass und schlaff geworden und sei in einen tiefen Schlaf versunken. Zur Schwester sagte nun der Arzt:

„Gott sei es gedankt. Das Herz hat es überstanden. Jetzt können wir eine erste Hoffnung haben."

Meine Mutter wurde gebeten, zu gehen.

Ein Vierteljahr lang lag ich in den Dietze-Baracken. Auf der rechten Pohälfte brach ein Geschwür auf. Ich weiß dieses noch sehr nahe in meiner Erinnerung, dass ich täglich an dieser Stelle versorgt wurde. Ich weiß noch, dass in der Mitte des Behandlungsraumes ein Tisch stand, über diesem war eine große, helle Lampe. Über ein Trittbänkchen stieg ich selbst und ohne Hilfe auf den Tisch, legte mich auf den Bauch, vergrub mein Gesicht in meinen Armen und begann still zu weinen. Brav ließ ich alles weitere mit mir geschehen. Heute erinnert noch eine tiefe Narbe daran.

Drei Wochen darauf kam meine Mutter erstmals zu Besuch. Was es für Reaktionen waren, die in mir abliefen, weiß ich nicht. Ich sah sie, machte eine entschlossene Geste mit der Hand und sagte immer nur:

„Weg."

Dann kam mich meine Großmutter besuchen. Nur durch eine Glasscheibe durfte sie nach mir sehen. Da klopfte ich wie wild gegen die Scheibe, weinte sehr laut und rief:

„Meine Omi! Meine Omi! Oooomiiii!"

Ich war knapp drei Jahre alt. Der Arzt sprach zu meiner Mutter und zu meiner Großmutter:

„Wenn Sie dem Kind etwas Gutes tun wollen, dann sollte die Großmutter nicht mehr zu Besuch kommen.

Christl regt sich zu sehr auf, das Herz ist noch zu schwach, das zu verkraften. Die Mutter kann das Kind jeden Tag sehen."

Und so sei es für Großmutter eine Leidenszeit gewesen, bis ich dann endlich nach Hause zu ihr habe entlassen werden können.

Meine Mutter war entsetzt über die Narbe an meinem Po. Daraufhin habe der Arzt sie auf die Station mitgenommen. Meine Mutter sah in viele Krankenzimmer, in denen Kinder waren. Ein Kind trank Kaffee, aber es konnte ihn nicht schlucken, er kam zur Nase wieder heraus. Mehrere andere Kinder waren erblindet.

„Sehen Sie, dieses und dieses Kind haben eine Gaumensegellähmung zurückbehalten, viele andere Kinder sind erblindet. Das sind Kinder, die anfangs nicht so schwer von der Diphterie betroffen waren, wie Ihr Kind. Sind Sie froh und danken sie Gott dafür, dass Ihr Kind mit nur dieser Narbe davonkam. Es hätte schlimmer ausgehen können. An Christls Lebensrettung hat hier anfangs niemand geglaubt."

Und so blieb man Gott dankbar um mein erhaltenes Leben.

* * *

In Leipzig bekamen wir durch das Operettentheater eine Vierzimmerwohnung mit Küche, Bad und Balkon zugewiesen. In Schleußig, in der Rochlitzstraße 76. Hier wohnte zuvor Herr D. mit Frau und Sohn, doch musste er auf staatliche Verfügung hin in den ersten Stock zu seinen Eltern ziehen. Er war während der Kriegsjahre Blockleiter in einem Konzentrationslager

gewesen und diese Verfügung sei im Sinne einer Wiedergutmachung erfolgt. Samt der Einrichtung bekamen wir die Wohnung nun zur Miete. Noch ehe wir dann jedoch einziehen konnten, hatte er längst alles gute Mobiliar zu sich in den ersten Stock geschafft, uns nur notdürftig ein paar alte Möbel hineingestellt. Lediglich ein Teppich und ein Klavier aus seinem Besitz verblieben in den nun von uns bewohnten Räumen.

Familie D., Hausbesitzer zweier nebeneinanderliegender großer Mietshäuser, hatte noch Schlüssel zu der Wohnung in ihrem Besitz. Meine Großmutter ging fast jeden Tag zu fremden Leuten putzen, für eine Handvoll Kartoffeln, manchmal etwas Brot, Kartoffelschalen und Kaffeesatz. Manchmal bekam sie alte, abgelegte Kleider, aus denen mir meine Mutter nachts hübsche Kleider und Spielhöschen nähte. Mit viel Geschick. Ich galt als eines der am besten gekleideten Kinder in der Straße. Das löste manch neidvolle Reaktion bei den Einheimischen aus.

War meine Großmutter zum Putzen weg, so blieb ich allein in der Wohnung und durfte nicht hinaus. Doch fand ich immer eine spielende Beschäftigung, es war mir nie langweilig. Mit meinem Teddybär spielte ich am liebsten und auch mit meiner Puppe, die Hansi hieß. Oder ich stellte mir in den Ornamenten des Teppichs Straßen vor und spielte „Stadt". Manchmal stellte ich einen Stuhl auf den Kopf, nahm das Sitzteil heraus, setzte mich hinein und spielte Rennfahrer. Das waren meine Lieblingsspiele, an die ich mich noch erinnern kann.

Einmal geschah es, wie sonst so oft, dass die Tür aufgeschlossen wurde und entweder Herr oder Frau D. hereinkamen und sich die Wohnung ansahen. Dazu musste ich mich still in eine Ecke stellen, durfte nicht reden und mich nicht von der Stelle rühren. In Schränke und Schubladen wurde hineingeschaut, geprüft, ob abgestaubt sei, der Fußboden inspiziert, und man ging immer mit einer Bemerkung weg:

„Verdammte Juden- und Polackenbrut".

Dies eine Mal nun kam Frau D. für mich unbemerkt herein und sah mich an der Teppichkante sitzen. Dort waren so schöne lange Fransen und mein Vergnügen war, aus ihnen viele, viele Zöpfe zu flechten. Da hat sie mich an den Haaren auf die Beine gezogen, mich gepufft und geschüttelt und mich dafür verantwortlich gemacht, dass der Teppich solch „Schaden" genommen hätte. Zwei Tage später mussten Oma und ich Tisch und Stühle wegräumen, der Teppich wurde aufgerollt und mitgenommen. Nach vielen Wochen dann bekamen wir über Bekannte eine ausrangierte Kokosmatte. Sie war weinrot, hatte ein Fischgrätenmuster, in dem es sich auch bald spielen ließ, mit dem Erfolg, dass sich in meinen Knien stets interessante Muster eingedrückt fanden.

Oft war unser Hunger groß, das Wenige wurde streng eingeteilt. Der Sohn von Hauseigentümer D., Günter, 19 Jahre alt, fütterte täglich die Kaninchen und ich durfte manchmal mit dabei sein. Sie bekamen ungeschälte, gekochte Kartoffeln, die noch warm waren und mit der Hand zerdrückt wurden. Dann kam etwas Schrot darunter – es roch unheimlich gut und verlockend. Die Kaninchen schnupperten mit ihren rosa Näschen und mummelten vor sich hin. Auch rohe Möhren bekamen sie. Einmal trieb mich der Hunger soweit, dass ich mir scheinbar unbemerkt eine von den Möhren stahl, sie in mein Spielhöschen steckte, und aus den Näpfen naschte ich von den duftenden Kartoffeln. Wie sehr war ich erschrocken, als eine derbe Hand mich bei den Zöpfen riss, mir der Boden unter den Füßen verlorenging, und bald steckte ich, den Kopf zuunterst, so fest zwischen Günters Knien, dass ich glaubte, die Luft bleibe mir aus. Auch die Möhre in meiner Spielhose wurde entdeckt. Bald spürte ich Günters derbe Hand auf dem nackten Gesäß. Dann wurde ich unsanft auf die Beine gestellt, gerüttelt und geschüttelt. Ich begann zu weinen und zu bitten, zu gestehen und zu versprechen, dass ich solches nie mehr tun wolle. Günter hielt mich an einem Ohrläppchen fest, bückte sich zum Boden, las zwei Ameisen auf und steckte sie mir hinter den Gummizug in die Hose. Dann ließ er mich aus. Ich rannte, was ich konnte, schlug an die Wohnungstür, bis Großmutter mir öffnete. Zu all dem soeben Erlebten begann nun noch ein schmerzhaftes Brennen und Beißen an einer weiß Gott heiklen Stelle. Großmutter setzte mich sofort in eine Blechwanne mit kaltem Wasser und suchte mich zu trösten.

„Ich will nie wieder Hunger haben, Omi, nie wieder…".

Doch Großmutter nahm meinen Kopf in ihre Arme und sagte:

„Christerle, wir alle miteinander werden noch oft Hunger haben. Du hast doch nichts Böses getan."

Und ich weinte meine ganze Verzweiflung bei ihr aus. Von dem Tag an ging ich dem Günter D. recht aufmerksam aus dem Weg.

Meine Tante hörte später davon und hat sich bei D.'s energisch über das Verhalten ihres Sohnes beschwert. Aber da gab es für uns kaum eine Chance. Meiner Tante hat man kaum widersprochen, wolle mit dem Sohn ein ernsthaftes Wort reden. Doch die eigentlichen Auswirkungen davon bekam ich dann unvermittelt immer wieder lange zu spüren.

Waren die Hauswände am Hof mit Kreide bemalt – dann konnte es ja nur ich gewesen sein. Die Bezeichnung „Flüchtlingsgesindel" und „Judenbalg" haftete mir an wie der Geruch von Pech und Schwefel. Mit einer Wurzelbürste schrubbte ich dann die Wände sauber, innerlich verbissen, und Gedanken wuchsen in mir heran: ‚Wartet nur, einmal werde auch ich groß sein.'...

Zwei, drei Jahre später pflanzten D.'s einen Pfirsichbaum direkt im Garten unter unserem Badezimmerfenster. Bald reiften herrliche, goldgelbe Früchte daran. Eines Abends, als es dunkel wurde, kletterte ich aus dem Badezimmerfenster, pflückte Pfirsich um Pfirsich von dem Bäumchen und aß die geernteten Früchte an Ort und Stelle auf. Die Kerne vergrub ich in der Erde.

Das war ein Aufsehen am anderen Tag! Herr und Frau D. waren grillig und böse. Sie schimpften laut, schöpften gegen mich jedoch keinen Verdacht. Das Bäumchen hatte nie wieder Blüten und Früchte getragen. Es war ein prächtiger innerer Sieg, den ich davonzutragen spürte. Es belastete nicht einmal mein Gewissen und ich brachte es auch fertig, diese Tat meiner Großmutter zu verschweigen. Selbst heute mutet es mich noch wie eine Genugtuung an.

Sehr viele Jahre später sagte ich meiner Großmutter und meiner Tante davon. Da waren alle der Meinung: „Das war ganz richtig!" – Es mag nicht ganz richtig gewesen sein... Doch irgendwo konnte es mir als gerechtfertigt erscheinen.

Wenn von den Feldern geerntet war, gingen Großmutter und ich zum Stoppeln. Bis nach Knauthain fuhren wir mit der Straßenbahn Linie 5, dann gingen wir noch gute sieben Kilometer zu Fuß bis nach Reebach. Großmutter hatte zwei Säcke aneinandergenäht und an dem untersten Traggurte befestigt. So trug sie diesen Sack wie einen hochaufgetürmten Rucksack, wenn er voll war. Die Stoppeln auf den Feldern piekten an den Fußsohlen. Großmutter zeigte mir, wie man mit den Füßen rutschen musste, dann knickten die Stoppeln um und stachen nicht mehr. Von früh am Morgen bis oft spät in die Nacht hinein klaubten wir die Ähren zusammen. Manchmal fanden wir ein paar Rüben oder Kartoffeln, manchmal pflückten wir von den Ästen eines Apfelbaumes ein paar Früchte. Wenn am Feldrain die Kamille blühte, zupften wir die strahlenförmig weißen, in der Mitte gelben Blüten ab, die wie ergeben herabhingen. Der Duft des würzigen Krautes lebte noch lang in der Erinnerung, wenn die Blüten nach dem Trocknen von dem ausgebreiteten Papier auf dem Balkon dann in Gläsern oder Blechdosen aufbewahrt wurden, und wenn es dann an kalten Wintertagen nach

Kamille roch, der daraus gebraute Tee wohltuend schmeckte. Auf dem Weg zurück zur Straßenbahn war ich meist sehr müde, kaum dass die Füße mich noch trugen. Dann nahm mich Großmutter zwischen ihrem Rücken und dem Sack noch huckepack, und bald schlief ich fest während des restlichen Weges. Was hat die gute Frau sich doch geschunden...

Einmal kamen wir auf einem solchen Heimweg an einem Pflaumenbaum vorbei, der trug verlockende Früchte und stand am Feldrain. Großmutter stellte den vollen, großen Sack an den Stamm des Baumes und streckte sich, so gut es ging, zu den Ästen hinauf. Sie waren sehr hoch und manchmal hüpfte sie dabei, bis sie endlich einen Ast zu halten bekam. Ein paar Pflaumen wurden gepflückt, ich las die heruntergefallenen auf und steckte sie oben in den Sack. Dann hörten wir plötzlich ein böses Gebell. Ein Bauer kam drohend mit einem Holzknüppel in der Hand gelaufen, aus der Ferne sah man den Schatten eines großen Hundes an einer Leine. Großmutter packte schnell den Sack, huckte ihn auf, nahm mich bei der Hand und wir liefen was wir konnten.

In der Straßenbahn fanden wir einen Sitzplatz. Wir waren erschöpft. Am „Adler" stiegen wir aus. Knapp zwei Kilometer waren noch bis zur Rochlitzstraße zu laufen.

Wie erleichtert waren die Gefühle beim Anblick des Hauses, in dem wir wohnten. Oma suchte in ihrer Kleidertasche nach dem Schlüssel. Aber da war keiner zu finden. Nun wurde in dem Sack geschaut. Auch dort war nichts. Wir hatten die böse Ahnung, den Schlüssel, der immer in einer roten Tüte steckte, verloren zu haben ... und immer mehr erhärtete sich der Verdacht. Und so müde waren wir beide.

„Jessusmariandjosef, Kinderle, jetzt haben wir den Schlüssel verloren. Und meine Ausweispapiere dazu. Christerle komm, wir müssen den Schlüssel suchen gehn. Tu schön schaun, vielleicht haben wir ihn auf dem letzten Stückerle verloren. Hilf Gott, dass wir ihn finden."

So machten wir uns mitten in der Nacht auf den Weg. Den vollen Sack mussten wir natürlich mitnehmen. In ihm war unser mühsam erstoppeltes Brot für viele Tage.

Auf dem Weg bis zum „Adler" suchten wir uns die Augen aus. Nun ging es eine lange Steigung der Straße hinan, das war besonders mühsam. Wenn ich Großmutter von hinten gehen sah, sah ich von ihr nur die Beine und den Saum ihres Kleides. Alles andere war durch die Umrisse des Sackes verdeckt. Doch ich fühlte nichts Groteskes dabei. Es war unser Reichtum, den wir besaßen. Den wir bitter nötig hatten, um den wir Gott dankten.

Jedes Stück Papier hob ich auf und sah darunter, und wenn etwas rot schimmerte, flackerte eine wehe Hoffnung auf. Doch bittere Enttäuschung trieb uns weiter. An der Haltestelle stiegen wir wieder in die Linie 5 und fuhren bis nach Knauthain. Von dort aus ging der mühevolle Weg die ganzen Kilometer zurück, die um ein Vielfaches nun weiter erschienen. Vollmond war, der

Himmel war klar. So sah man sich wieder die Augen aus dem Kopf, drehte herumliegendes Papier um, war bald ganz mutlos und verzweifelt. Großmutters Stimme klang, als weine sie. Aber ihre Augen waren trocken, traurig und doch so lieb...

Ich grübelte verzweifelt danach, was außer der Suche hätte geschehen können. Mir fiel ein, dass Großmutter immer, wenn sie etwas suchte, ein Stoßgebet zum heiligen Antonius schickte. Das sei der Schutzpatron der Schlamprianer, so konnte ich mich an ihre Worte erinnern. Ich war müde und mutlos. In Gedanken aber versuchte ich ein herzinnigliches Gebet:

„Heiliger Antonius! Hilf uns! Lass uns die rote Tüte finden!"

Ich weiß nicht, warum ich es tat, Großmutter erzählte es später oft, wenn über diese Zeit gesprochen wurde:

„Mein Christerle sauste mir plötzlich davon, rannte zu dem Pflaumenbaum, und wie ich hinkam, hüpfte sie voller Freude und hielt die rote Tüte mit dem Schlüssel und den Papieren in der Hand!"

Aber dann weiß ich nur noch, wie mich Großmutter wieder huckepack nahm... Ich sah den hellen, silbernen Mond an, die Sterne... und meine Augen fielen zu. Ich erwachte nur ganz schwach, als ich ins Bett gelegt wurde, als Großmutter mir wie allabendlich ein Kreuz auf Stirn, Lippen und Brust zeichnete.

* * *

26

Mit der ersten Erinnerung meines Daseins ist unauslöschlich ein Gesicht verbunden, das unentwegt aus so treuen Augen zu mir sprach, von dessen Lippen ich so manches Lächeln für mich habe ablesen können, aus dessen Mund so wenig Worte gesprochen wurden. Doch war damit genug gesagt zu mir, in einer Zeit, die für alle bitter und schwer zu durchstehen war. An das feine, schwarze, schon etwas schütter gewordene Haar erinnere ich mich, das im Nacken mit einem Kamm zusammengesteckt war, in dem so gern meine Kinderhände spielten, wenn es in sanften Wellen auf die Schultern herabhing. Ich erinnere mich an Hände, die rau und rissig von schwerer Arbeit waren, deren Liebkosung so unendlich beruhigte. Und manchmal meine ich, noch heute den schlurfenden Schritt zu hören, der immer der gleiche blieb und dessen Vernahme immer eine Hoffnung zu befriedigen schien.

Das ist schon lange, sehr lange her. Es war dies meine Welt, in der ich leben durfte. Wurde ich, unwissend eines Grundes, von den Höfen gejagt, in die es mich zog und trieb, weil dort Kinder spielten, die so alt wie ich oder älter waren, dann fand ich unter den Blicken Trost, die mir sagten: ‚Ich hab dich lieb‘, und gleich einem Küken unter den Fittichen seiner Mutter bedeutete es mir mein Daheim. Was verstand ich schon von den Worten „Flüchtlingsgesindel“, „Zigeunerbrut“ oder „Judenbalg“, die für mich zu einem Routinevokabular geworden waren? Verstanden habe ich nichts davon. Nur die Auswirkungen bekam ich zu spüren, dass ich ungeliebt sei und möglichst verschwinden solle. Beliebt war ich schon, wenn es darum ging, den lästig winselnden Dackel des Nachbarn auszuführen, das bestellte Brot beim Bäcker Wagner für die Dame im ersten Stock abzuholen, den Korridor des Hauswirtes wischen zu helfen oder zu allgemeiner Belustigung kleine Lieder aus dem „Vogelhändler", dem „Bettelstudent" oder auch das „Ave Maria" von Schubert zu singen. Gelobt wurde ich, wie fein ich die Präludien von Bach, die Sonatinen von Clementi, die Schule der Geläufigkeit von Czerny oder den ersten Satz aus Beethovens „Mondscheinsonate" spielte. Nur von den Höfen hatte ich mich zu scheren, anständige Kinder in Ruhe zu lassen, von den überhängenden Kirschbäumen nicht zu naschen und überhaupt stets lauter und deutlicher zu grüßen. Vor allem sollte ich nicht alle Leute immer so herausfordernd ansehen.

Wie froh und befreit war ich doch jedes Mal, wenn ich die Blicke meiner Großmutter erwidern, ihre harten, derben Hände mit meinen viel kleineren und weichen umfassen durfte. Wenn ich in ihrem Haar kämmen und flechten durfte, wenn ich dabei ihren so braven und schönen Gedichten und Geschichten zuhören konnte. Von den zwei kleinen Fensterlein, die in einem großen Haus waren und aus denen eine Welt hinausblickte und eine hinein, an denen stets ein Maler saß, der seine Kunst genau verstand, an dem sich Perlen zeigten, wenn der Herr des Hauses betrübt war, die licht und hell wurden, wenn die Sonne schien, die brachen, als des Hauses Herr zur Ruh ging. Oder vom Bauern, seinen drei Söhnen und dem Esel, der als einziges Vermächtnis dem Geiz zum Opfer fiel. Von der Form der Glocke, die festgemauert in der Erde stand; vom Vöglein, das an das Fenster pickte, weil es draußen sonst erfroren wäre; vom Zöllner, dem braven Mann; vom Totengräber, bei dem es anklopfte; von den Kätzchen und den fünf Stricknadeln. Es waren so viele Geschichten und Gedichte, die ich so gern immer wieder hörte.

Zweimal sei meine Großmutter als junges Mädchen „Maienkönigin" geworden, weil sie so gut zu rezitieren verstand. Und während all der anderen Zeit im Jahr musste sie hart auf dem Feld mitarbeiten. Ihr Vater hatte den Hof nach einem Theologiestudium übernommen, nachdem sein jüngster Bruder durch einen Unglücksfall ums Leben kam; ein anderer Bruder wurde Stadtbaurat von Wien, ein dritter war erster Konzertmeister in Prag. Die Mutter meiner Großmutter, deren Vorname Agnes mich unerklärlicherweise immer mit Ehrfurcht erfüllte, habe vortrefflich die Orgel gespielt, sei aber sehr frühzeitig verstorben.

Ackerbau und Viehzucht, das war die Welt meiner Großmutter, die in ihr lebte, trotz jahrelanger Großstadtzugehörigkeit. Ob es die Blumen in den Kästen auf dem Balkon waren oder irgendwelche Pflänzchen am Ackerrain während eines Spazierganges – stets erlebte ich sie dabei freudig und wie selten nur gesprächig. Sie war eine sehr liebe Frau, der ich es allein wohl nur zu verdanken habe, dass mein Wesen nicht ganz gestorben ist in der Umgebung, in der ich zu leben hatte...

* * *

... Ein Rückblick ins Detail

Es gab scheinbar einen Grund, warum wir irgendwie verhasst waren. Zum einen waren wir keine „Einheimischen", wurden in den Nachkriegswirren vertrieben und sind 1946 nach Sachsen gelangt, konnten nicht mehr in unsere Heimat nach Böhmen zurück. Zum anderen waren wir mittellos. Das wiederum war kein Einzelfall, auch „Einheimische" waren dies.

Das Paradoxe unserer Zeit war, dass wir bereits unter dem vorausgegangenen Regime der Nationalsozialistischen Diktatur zu leiden hatten. Gewiss, in meiner Familie waren wir Deutsche seit vielen Generationen. Für Hitlers Schergen jedoch hatten wir uns der „Rassenschande" schuldig gemacht. Nach dem Nürnberger Rassengesetz galt ich als „Mischling zweiten Grades", da mein Vater aus einer jüdischen Mischehe hervorging. Sein Vater – also mein Großvater – konvertierte zwar als junger Mann zum katholischen Glauben, das machte ihn aber nicht „arisch".

Der Wahnsinn in Hitlerdeutschland griff weit um sich und fasste ebenso in Böhmen Fuß. Auch wenn ich daran keinerlei Erinnerung haben kann: das irrsinnige „Gesetz zum Schutze des deutschen Blutes" hinderte nicht nur meine Mutter und meinen Vater daran, eine Ehe miteinander einzugehen, es löste auch meine Verfolgung aus, obwohl ich gerade erst das Licht der Welt erblickt hatte und mir nun wirklich keiner Schuld bewusst sein konnte. Als es aktenkundig wurde, dass ich zu „Säuglingsversuchen" nach Theresienstadt verschleppt werden sollte, handelten meine Mutter und meine Tante entsprechend schnell und versteckten mich so gut es ging. Erfolgreich jedenfalls.

Meiner Mutter setzte man bitter zu. Man hängte ihr ein großes Schild um den Hals, auf dem geschrieben stand: „Ich bin nicht wert, eine Deutsche zu sein, denn ich habe mich mit einem Juden eingelassen". Das genügte um zu bewirken, dass gaffende Menschen ihren Weg – ja, ihren Kreuzweg! – auf dem stattlichen Leitmeritzer Marktplatz säumten, Menschen, mit denen sie bisher ausschließlich freundschaftlich verkehrte, die es nicht beim Gaffen allein beließen, die sie zum Zeichen ihrer Verachtung nun anspuckten und verhöhnten.

Das ist nur ein winzig kleiner Ausschnitt aus der damaligen Szene. Geschehen war viel, viel mehr…

Geschehen war auch *nach* dem Tag der Befreiung durch die Russische Rote Armee – es war ein Maientag im Jahre 1945 – dass meine liebe, gute Mutter, damals gerade mal eben 19 Jahre jung, eine weiße Binde als Zwangskennzeichen an ihrem Arm tragen musste. Eine weiße Binde als sichtbaren Hinweis dafür, dass sie eine Deutsche war. Und nicht nur das. Zur „Wiedergutmachung an den Naziverbrechen" wurden ihr sämtliche Haare vom Kopf geschoren, ein Russischer Kommandant schlug ihr eigenhändig mit seinem Gewehrkolben die vorderen Schneidezähne aus.

Und nun setzt mein Erinnerungsvermögen flashartig ein: ich erinnere mich an eine rötliche Perücke, an rötliche längere und gewellte Haare, die auf ein lilafarbenes, etwa zwei Zentimeter breites Band aufgesteppt waren. Das Band wurde im Nacken gebunden. Es handelte sich hierbei um eine einfache Perücke, die meine Mutter noch lange trug.

Sie trug sie auch während ihrer Bühnenauftritte. Ich erinnere mich daran, wie sie temperamentvoll „die Julischka, die Julischka aus Budabudapescht" in der Operette „Maske in Blau" sang, dabei auch auf einem Tisch tanzte und einige Pirouetten drehte, wie bei all ihrer Lebhaftigkeit und originellen Darbietung diese rötliche Perücke mehr und mehr verrutschte und von meiner Mutter nur noch die Hälfte des Gesichtes zu sehen war. Und das ganz öffentlich und vor belustigtem Publikum. Sehr gut erinnere ich mich an diese Episode (von denen es noch viele gab!).

Meine Tante, die drei Jahre älter als meine Mutter war, hatte in diesen Tagen ein anderes Schicksal erfahren. Als „zwangsgekennzeichnete" Deutsche wurde sie von den Befreiern der Roten Armee zur Wiedergutmachung der Naziverbrechen in ein Konzentrationslager verbracht, in dem sie mit bloßen Händen Leichen ausgraben, diese waschen und neu bekleiden musste.

Als sie sich einer Vergewaltigung durch den Russischen Kommandanten zu widersetzen trachtete, hielt ihr dieser seine entsicherte Pistole an den Kopf. Gezwungenermaßen ergab sie sich ihrem Schicksal, nutzte dann jedoch die erst beste Gelegenheit, durch den Stacheldraht, der das Lager umgab, zu fliehen.

Noch in der Nacht ihrer Lagerflucht suchte sie uns, ihre Familie, in der Alten Brückengasse 9 in Leitmeritz auf.

„Jesus ne, ganz blutverschmiert und zerrissen vom Stacheldraht stand die Traudl plötzlich vor der Tür" – erinnerte sich meine Großmutter oft in ihrem Podiviner Dialekt.

Tante übernahm dann weitgehend die Regie in der Familie. Meine Großmutter war Witwe, hatte ihren Mann bereits sieben Jahre zuvor durch ein böses Magenleiden verloren.

Tante war in allem stets sehr besonnen. Auch kurze Zeit später, als sie ihre Mutter, meine so gute Großmutter, aus dem Leitmeritzer Gefängnis herausholte, in dem sie unschuldig eingekerkert war. Nachbarn hatten im Keller unseres Hauses heimlich eine deutsche Uniform versteckt, doch davon wussten wir nichts. Zudem wurde ein Florett im Haus gefunden, das meiner Tante gehörte. Sie hatte während ihrer Studentenzeit am Prager Konservatorium diesen Sport betrieben. Obwohl es sich um eine stumpfe Fechtwaffe mit einer Knospenspitze handelte, wurde sie als Waffe schlechthin deklariert, meine Großmutter dafür bestraft. Sie wurde kurzerhand ins Gefängnis gesteckt. Der Tante gelang ihre Freilassung durch einen kühnen Streich, der bühnenreif und fast für eine Humoreske geeignet wäre, doch geschah dies alles ja unter wirklicher Lebensgefahr. Das Ganze war nun mal kein Spiel.

Bald wurde es immer offensichtlicher, dass für die deutschen Bewohner in der Stadt und ihrer Umgebung ein Verbleib in der Heimat immer unsicherer wurde. So flohen die beiden Schwestern bei Nacht und Nebel aus Leitmeritz, gingen sozusagen „schwarz über die Grenze", um Vorsorge „im Reich" (wie es hieß) zu schaffen, für meine Großmutter und mich. Sie wollten sich bis nach Leipzig durchschlagen. Noch geschah dies im Jahre 1945 und keineswegs kopflos. Durch Theaterkollegen hörten sie vom dortigen Operettentheater. Beide, meine Mutter als Tänzerin und meine Tante als Sängerin, bekamen hier ein Engagement.

Zu dieser Zeit befand sich in Leipzig nach den letzten großen Bombenangriffen die 69. Infanteriedivision der 1. US-Armee. Noch im gleichen Jahr wurde das Gebiet den Russischen Besatzern überlassen, im Austausch mit dem Berliner Sektor.[1] Somit gehörte Leipzig 1946, als meine Großmutter mit mir auf den Flüchtlingstransport geschickt wurde, der „Sowjetischen Besatzungszone" an, wie es zu dieser Zeit hieß. Erst am 7. Oktober 1949 trat die Verfassung der DDR in Kraft.

* * *

Und wieder waren Jahre vergangen, in denen ich vorwiegend mit meiner Großmutter allein beisammen war. Meine Mutter war durch die Russischen Besatzer zu harter Arbeit nach Wismut/Aue zwangsverpflichtet worden. Viele aus dem Theater wurden zwangsver-

---

[1] Für den geschichtsinteressierten Leser: „Entsprechend der Erklärung von Jalta zogen die USA und Großbritannien ihre Truppen in der Zeit vom 1. bis 4. Juli aus den als SBZ (Sowjetische Besatzungszone) bestimmten Gebieten ab (westliches Mecklenburg, Sachsen-Anhalt, Thüringen, westliches Sachsen) und rückten im Gegenzug in die für sie reservierten Westsektoren Berlins ein." (zitiert aus Wikipedia http://de.wikipedia.org/wiki/Sowjetische_Besatzungszone)

pflichtet, sie sollten „arbeiten lernen", wie ein russischer Kommandant meinte.

Mutter arbeitete im Uranbergbau als Radiometristin, war untertage tätig. Von Strahlenschutz wusste niemand etwas, es gab ihn auch gar nicht. Bald traten erste gesundheitliche Beschwerden auf. Von *Oberschlema* und *Schneeberg* hörte ich sie oft erzählen. Von einem Stückchen Erz, das Uran-Pechblende hieß, das sie bei sich in der Jackentasche trug, weil es hübsch aussah, das ihr der Obersteiger voller Besorgnis und wohl auch zum Glück wieder abgenommen hatte. Sie wusste nicht, dass hiervon eine gefährliche Strahlung ausging, die ihre zunehmende Müdigkeit wohl erklärte. Später hatte sie in Zwickau ein kleines Zimmer zur Miete. Dorthin nahm sie mich einmal auf Besuch mit.

Oh, wie ich mich heute noch daran erinnere! Auf einem ovalen, kleinen Tischchen stand eine Glasschale auf einem gemaserten Holzuntersatz. Sie war ebenso von einem gemaserten Holzdeckel bedeckt, den ein schwarz lackierter Knopf zierte. In dem niederen Glasbehälter waren wunderschöne Bonbons! Sie waren zu kleinen Zylindern geformt, die im Innern entweder eine Kirsche mit einem Blatt oder einen Ball oder einen bunten Würfel oder ein Kasperle als kleine Intarsie in einer weißen Zuckermasse zeigten. Außen waren sie bunt gefärbt. Ein Zuckerwerk, das ich einfach liebte! Eigens für mich hatte mir die Mutti das Schüsselchen mit den Bonbons bereit gestellt, und vor dem Tischlein stand ein Hocker, auf dem ich Platz nehmen konnte. Noch heute denke ich gern an diese Momente zurück…

Für meine Mutter endete diese Arbeit bei der Wismut, nachdem sie drei Tage lang nach einem Grubenunglück verschüttet war und sich dann später noch in ungelöschtem Kalk eine böse Verletzung der Sehne an einem Fuß zugezogen hatte. Sie wurde entlassen und kehrte zu uns nach Hause zurück.

Aufgrund der Sehnenverletzung am Fuß war es ihr nun nicht mehr möglich, ihrem geliebten Beruf als Tänzerin nachzugehen. Sie gab jedoch nicht auf. Zunächst übernahm sie am Operettentheater das Fach der Soubrette, schlüpfte in die Rolle der komischen Alten und stellte wenige Zeit später ihr Wissen und Können als Ballettmeisterin zur Verfügung. Der Zirkus Aeros hatte auf der Grundfläche des ehemaligen und im Krieg zerstörten Kristallpalastes eine feste Stätte errichtet. Hier bekam sie ein Engagement als Choreographin für die Revuetänze des Varietés. Ich war jedes Mal stolz darauf, wenn ich Plakate an den Litfaßsäulen entdeckte, auf denen auch Mutter abgebildet war, wenn Leute lobend von ihr sprachen.

Zunehmend bekam meine Mutter ernstere gesundheitliche Probleme, die immer rätselhafter und schließlich ganz unerklärbar wurden. Ein Hausarzt, den wir schon über Jahre hinweg aufsuchten, hatte dann zu einer entsprechenden Diagnose gefunden. Es war unvermeidbar, dass sich meine Mutter einer Unterleibsoperation unterzog. Ihr wurde die Gebärmutter entfernt, auch einer ihrer Eierstöcke. Ob daran maßgeblich die Zwangsarbeit bei der Wismut im Uranbergbau schuld war, dem war niemand nachgegangen. Nach heutigen Erkenntnissen müsste vielleicht davon ausgegangen werden. Immerhin war meine Mutter ungeschützt einer ständigen radioaktiven Strahlung als Radiometristin ausgesetzt. Sie war eine junge, gesunde Frau. Es gab keinerlei Anhaltspunkte für gesundheitliche Leiden oder Gebrechen familiärer Art. Zur Folge hatte das Ganze, dass neben einer lebenseinschneidenden, gravierenden Umstellung jetzt auch ihr beruflicher Alltag litt.

Ich weiß nicht, wie es dazu kam. Meiner Mutter wurde eine Stelle als Aushilfskraft in einem Kinderheim angeboten, in Kölpingsee, auf der Insel Usedom. Sie nahm an einer hausinternen Schulung teil, absolvierte eine Prüfung zur „Erzieherin". Sie war jetzt für die Ausbildung von Kindern und Jugendlichen im kulturellen und künstlerischen Bereich zuständig.

Für uns daheim war das ein erfreuliches Ereignis, denn es ging uns finanziell noch immer nicht so gut. Trotzdem schmeckte deutlich ein Wermutstropfen hervor, denn wiederum bedeutete dies, für längere Zeit voneinander getrennt zu sein.

Über das Schicksal meines Vaters erfuhren wir lange nichts. Erst in den 1950-er Jahren sickerten konkretere Angaben – eigentlich waren es eher Gerüchte – über ihn durch. In jedem Falle lebte er weiterhin im Hause seines Vaters, meines Großvaters, den ich nie kennenlernte. Er war als jüdischer Arzt der „Endlösung" zum Opfer gefallen. Von einem Hausbesuch auf dem Land war er eines Abends zurückgekommen, als er von der Gestapo noch auf der Straße und unmittelbar vor seinem Haus ergriffen wurde. Über Theresienstadt kam er auf einen Transport nach Auschwitz, von dort kehrte er nie mehr zurück. Jemand, der mit der Familie meines Vaters befreundet war und Auschwitz überlebt hatte, berichtete davon, dass der Weg meines Großvaters in eine der Gaskammern führte.

Mein Vater war seit seinem 28. Lebensjahr durch Kinderlähmung an beiden Beinen gelähmt, lag zuvor ein halbes Jahr lang in einer „eisernen Lunge", da auch seine Atemmuskulatur von der Lähmung betroffen war. Dann besserte sich sein Zustand, die Beine blieben jedoch von den Hüften an gelähmt. Als meine Mutter ihn kennen und lieben lernte, bewegte er sich mittels eines Rollstuhls. Vor seiner Erkrankung war er ein sehr aktiver und durchtrainierter Sportler, konnte sich dadurch trotz seiner Behinderung recht gut mit wenigen Hilfsmitteln fortbewegen. Auf fremde Hilfe blieb er jedoch Zeit seines Lebens angewiesen. Es war seine Mutter, die sich ausschließlich seiner Betreuung annahm.

Er war Diplomingenieur für Hoch- und Tiefbau, genoss zuletzt als Statiker einen besonderen Ruf, was sein Schicksal in gewisser Weise „besiegelte". Denn er bekam als Statiker einen Aufgabenbereich zugewiesen, zu dem ihn der polizeiliche und geheimdienstliche Apparat in der Tschechoslowakei (der sogenannte „Sbor národní bezpečnosti" oder kurz „SNB") nach Kriegsende verpflichtete, galt jetzt als „Geheimnisträger" – was auch immer das bedeutete.

Jedenfalls wurde ihm durch die tschechische Geheimpolizei absoluter Hausarrest erteilt, … und das galt bis zu seinem rätselhaften Tode (1966). Alle Versuche, die er unternahm, damit meine Mutter zusammen mit mir zu ihm zurückkommen konnte, scheiterten. Die Hoffnung für ein gemeinsames Familienleben wurde hingegen zu keinem Zeitpunkt aufgegeben. Dass sie unerfüllt bleiben sollte, das stellte sich ja erst viel später heraus. So blieb meine Mutter alleinstehend und ich wuchs vaterlos auf.

Die um fünf Jahre ältere Schwester meines Vaters, Tante Käthe, war Konzertpianistin, hatte zusätzlich die Leitung einer Ballettschule inne, in der meine Mutter ihre ersten Tanzschritte im klassischen Ballett erlernte. Auf diesem Wege hatte sie auch erste Bekanntschaft mit meinem Vater gemachte. Tante Käthe war klug genug, rechtzeitig die Flucht vor der Gestapo zu ergreifen. Zu Fuß gelang es ihr, bis nach Paris zu kommen. Dort hatte sie Freunde, die sie unbemerkt nach England schleusten. Nach Ende des Krieges kehrte sie zu ihrer Mutter und ihrem Bruder nach Lobos100 zurück, das sich jetzt Lovosice nannte und Teil der ČSSR war. Sehr viel später sollte ich sie dann auch kurz kennenlernen dürfen, noch ehe sie unverhofft starb. Auch ihr Tod blieb mir bis heute ein Rätsel.

* * *

Die Schule beginnt!

Den ersten Start zu meinem Schulbeginn hatte ich verfehlt. Ich weiß es noch genau, wie ich aus der schönsten Welt meines Spiels herausgerissen wurde, als meine Tante mit einem lila Hut auf dem Kopf und einem sehr vornehmen Schleier vor dem Gesicht für ein paar freie Tage aus ihrem Engagement am Operettentheater in Parchim nach Hause kam und plötzlich meinte, ich müsse schon zur Schule gehen, da ich ein kluges, begabtes Kind sei. Meine Tante hat mich sehr geliebt und liebte mich ihr ganzes Leben lang. Ihr Ehrgeiz an mir war allerdings größer, als mein eigener.

So musste ich brav in saubere Kleider schlüpfen, musste mir die Hände waschen und putzen lassen – was mir ausgesprochen unangenehm war, da ich es selbst doch ebenso konnte – musste Schuhwerk tragen, das sehr nobel aussah doch entsetzlich drückte, und bis zur Waldschule am Ende unserer Straße sollte ich das ABC aufsagen und die Zahlen an den Hausschildern vorlesen. Ich wusste nicht so recht, was das Ganze sollte, tat folgsam das Geforderte, das mir kaum Mühe machte und suchte zu begreifen, dass ich ab jetzt wohl in die Schule gehen müsse.

Dagegen hatte ich ja nichts einzuwenden. Nur kam es ganz so überraschend und ich hatte mir doch gerade in mehrtägiger Kleinarbeit aus Großmutters Nähmaschine eine so wundervolle Eisenbahn gebaut, mit der ich nach Kanada zu den letztverbliebenen Indianern fahren wollte. Ich beschloss insgeheim, am Abend dann nach getaner Schularbeit immer ein kleines Stückchen zu fahren, war einverstanden mit mir selbst, dass es halt ein bisschen länger dann dauern würde und begann mich doch ehrlichen Herzens auf die Schule zu freuen.

Der Direktor, ein netter Mann, hatte Mühe, das Gespräch mit meiner Tante zu führen, die mich ständig zwischenhinein aufforderte, das ABC aufzusagen oder wie viel acht mal acht ist. Mit mir hat er sich gar nicht unterhalten wollen. Irgendwie war mir das peinlich, doch was konnte ich schon dagegen tun. Ich fühlte mich mit ihm ausgesöhnt, als er unwiderruflich erklärte, ich sei noch einen ganzen Jahrgang zu jung, denn nun konnte mich auch die Tante nicht mehr daran hindern, mit meiner Eisenbahn nach Kanada zu fahren.

Tante war untröstlich.
„Die blöden Hunde, bei so einem intelligenten Kind", das hörte ich sie noch sagen.
Doch fand ich an mir nichts so auffälliges und wäre froh gewesen, als sie wieder nach Parchim fuhr, hätte sie mich nicht zuvor noch im Nachbarhaus bei einer alten Dame angemeldet, die Frau Funke hieß und Klavierlehrerin war. Von nun an hatte ich das Vergnügen, zweimal in der Woche zu ihrem Unterricht zu gehen.

Aufgefädelte Perlen, dazwischengesteckte Bonbons, Tortenstückchen (halbiert, geviertelt, geachtelt) und sonst was sollte ich mir vorstellen, Grabbelmäuschen mit den fünf Fingerchen sollte ich spielen, gerade sitzen und kurzgeschnittene Fingernägel jeweils unaufgefordert vorzeigen. Und alles, was man tut, wenn die Uhr gerade zu einer vollen Stunde schlägt, das behielte man als Unsitte ein ganzes Leben lang.

Das war das Einzige, womit sie es fertigbrachte, mich zu peinigen. Einmal popelte ich gerade in der Nase, als die Uhr zur vollen Stunde schlug, ein andermal naschte ich verbotenerweise von Großmutters Povidel, den sie für kleine Kuchen vorbereitet hatte. Die liebe Uhr, deren Ticken mir so vertraut und heimelig war, sie wäre fast zu einer unliebsamen Zeitgenossin geworden.

Frau Funke erlitt unerwartet einen Schlaganfall und kam kurz darauf in ein Altenheim. Spontan wollte diese Nachricht in mir Freude ausrichten, doch sah ich schnell noch auf die Uhr, ehe ich mich aller Freude darüber hingab, ob sie nicht im Begriffe sei, zu einer vollen Stunde zu schlagen. Ich weiß noch heute, wie spät es war: Viertel vor drei Uhr. Und ich fühlte mich so von Herzen erlöst.

Ein Jahr später, 1951, kam ich dann ganz offiziell zur Schule. Mit Schiefertafel, Schieferkasten und Schieferstiften, mit einem großen Schwamm und bunten Kreiden. Es war ein erhebendes Gefühl, und die selbst zurechtgezimmerte Zuckertüte hatte Kasperlepuppen in ihrem Inneren, die von Mutter kunstvoll gestaltet waren, von denen Kasperl selbst oben hinaussah. Für diesen Ehrentag war man beisammen: Großmutter, Tante und Mutter.... Wenige Tage darauf war ich mit Großmutter wieder allein. Das bedeutete Ruhe, viel, viel Ruhe und Erholung für mich.

Ich freute mich über jeden Tag, an dem ich zur Schule gehen konnte. Allerdings gab es noch in der ersten Woche Ärger, den ich verursacht haben soll, dessen ich mir nicht bewusst war. Von einem ‚Wilhelm Pieck' war ständig die Rede und es war mir leider das Missgeschick passiert, dass ich meinte, dieser Herr sei der Herr Schuldirektor. Das war eine böse Situation, aus der ich für bleibende Zeiten lernte, dass es sich bei diesem Herrn um einen wichtigen Staatsmann der DDR handelte. Ich lernte gleichzeitig, solche Leute als die wichtigsten überhaupt zu wissen. Die Klassenlehrerin, Frau Reichelt, setzte mich sofort solo auf die letzte Bank und war eigentlich nie wieder freundlich mit mir. „Judengesindel" wurde mir entgegengeraunt, leise und scheinbar unauffällig, beim Gang durch die Klasse.

Im Schreiben und Rechnen hatte ich fast ausschließlich einen Einser, im Lesen manchmal eine Zwei, in Musik, Malen und Sport lohnte man mir meine Erfolge mit den Noten Vier bis Drei.

Meine Augen wurden schlecht und ich bekam eine Brille. Es gab mehrere Kinder in meiner Klasse, die eine Brille trugen. Anfangs war das auch gar nicht tragisch. Bis Frau Reichelt einmal wegen eines von mir vergessenen Heftes zu der Klasse sagte:

„Der Brillenschlange da hinten gehörte mal eine anständige Tracht Klassenkeile".

Ich werde den Ausgang dieses einen Schultages nicht wieder vergessen. Es war ein kalter Novembertag. Ich trug einen gelb-braun karierten Pullover, einen Hubertusmantel mit einem Gürtel und auf dem Kopf eine ‚Teufelsmütze‘, die ich sehr liebte.

Kaum dass die Schule aus war und wir auf der Straße gingen, fiel schreiend und hurrarufend eine ganze Anzahl meiner Klassenkameraden über mich her. Meine Teufelsmütze wurde mir vom Kopf gerissen, der Schulranzen herunter gezerrt, die Knöpfe meines Mantels rissen ab. Ich verspürte einen schmerzhaften Schlag über der Nasenwurzel und lag, von mehreren festgehalten, auf dem Boden. Ich hatte das Gefühl, als werde mein Gesicht ganz groß und dick, und etwas Warmes lief mir über die Hand. Aus meiner Nase rann Blut. Meine Brille lag in zwei Teilen und mit zersprungenen Gläsern ein Stück von mir weg und ich sah Michael S. meine Teufelsmütze schwingen und in die Kanalisation werfen, zu der zwei andere Buben den Deckel offenhielten.

Frau Reichelt kam vorbei, meinte, es sei damit genug und sah mich drohenden Blickes an, ich solle mich nun nur noch unterstehen, zu Hause zu petzen. Dann gäbe es das gleiche Spiel noch einmal.

Da hatte ich mich so elend hilflos gefühlt. Ich weinte tüchtig und fühlte, dass meine Tränen ein Gemisch von Schmerz, Angst und unsagbarer Wut wurden. Ich las das wichtigste meiner Sachen zusammen, mühte mich noch eine Weile mit dem Kanaldeckel herum, weil ich hoffte, meine Teufelsmütze vielleicht finden zu können. Aber da ging es tief hinunter und unten floss stinkendes Wasser. Von meiner Mütze war nichts mehr zu sehen.

Meine Großmutter war entsetzt, als sie mich so blutverschmiert und zerrissen vor sich stehen sah. Ich log sie an, ich sei erst die Treppe hinuntergestürzt und dann habe es noch eine Prügelei mit den Größeren gegeben.

„Schäm dich, das musste doch wohl nicht sein. Jetzt siehst du, was du davon hast."

Wo meine Mütze geblieben sei, fragte sie. Ich wisse es nicht, gab ich zur Antwort. Sie zog sich an und forderte mich auf, mitzugehen, die Mütze zu suchen.

Das war ein harter Weg für mich, ich war einige Male nahe daran, ihr die Wahrheit zu sagen, weil es mir so leid tat, dass ich sie belogen hatte und sie so ganz Anderes von mir dachte. Aber da standen die Drohung der Klassenlehrerin und die soeben gemachte Erfahrung. Und es war zum ersten Mal bewusst die Situation, dass ich meine Großmutter belogen hatte. So verschiedene Dinge, mit denen ich so schnell nicht fertigzuwerden verstand...

Von der Krankenkasse bekam ich eine neue Brille erstellt. Ich hätte sie dringend gebraucht, doch war sie mir ein Alptraum. „Brillenschlange!" Einen anderen Namen hatte man in der Schule nicht mehr für mich. Ich schob alles Übel meines Aussehens auf die Brille, und was Anderes konnte die Folge sein, als dass ich allzu gern und allzu oft vergaß, am Morgen die Brille aufzusetzen. Doch half das nicht viel, denn meine Großmutter, um mein Wohl bedacht, brachte sie mir treu jedes Mal in die Schule nach, wenn ich sie daheim hatte liegenlassen.

„Deine alte Hietsche steht draußen, mit der Brille!", johlten bald einige während der Pause. Ich vergaß meine Brille nicht mehr. Doch steckte ich sie jeden Tag, bevor ich die Schule betrat, in die Schultasche.

Noch einige Male wurde die Klasse dazu angestachelt, mich nach der Schule zu verprügeln. Bis zur letzten Stunde kämpfte ich manches Mal mit einer inneren Angst, die sich erst dann legte, wenn die gefürchtete Situation ganz gegenwärtig wurde. Aber es hat mir keiner mehr eine blutige Nase geschlagen und niemandem ist es mehr gelungen, meine Sachen zu zerreißen. Stattdessen kam ich in den Verruf, mich brutal herumzuprügeln und anderen Schaden zuzufügen.

Einmal musste ich deswegen vor den Direktor, bei dem sich eine Mutter mit ihrem Sohn einfand. Der Sohn hatte mehrere blaue Flecke an den Armen und ich gab zu, dass diese durch mich entstanden seien. Ich solle mich bessern, so wurde mir gesagt. Doch hatte kein anderer Lehrer an meinem Verhalten etwas auszusetzen, ebenso wenig an meinen Leistungen. Die Prügelei hörte auf, als keiner mehr Lust dazu hatte, sich mit mir einzulassen und Frau Reichelt sprach ihre Empfehlungen bald an taube Wände...

Ein Junge aus unserer Klasse war häufig krank und ob ihm nicht jemand die Schulaufgaben bringen und beim Erlernen des Versäumten ein wenig nachhelfen könne. Ich war bereit dazu, ließ mir die Anschrift nennen und ging zu ihm. Hinten in Neuschleußig wohnte er, in der Bretschneiderstraße, „Franz Konwitschny" stand auf einem großen Messingschild an dem Eingangstor.

Jemand öffnete auf mein Läuten und ich sagte, ich käme von der Schule und wolle dem Peter die Aufgaben bringen und ein bisschen mit ihm lernen. Da wurde ich hereingebeten.

Peter saß mit einem dicken Schal um den Hals in einem größeren Zimmer, und durch eine große Glastür sah man von dort aus in einen herrlichen Garten. Peter saß an einem Flügel und spielte den „Fröhlichen Landmann" von Schumann.

Während ich Peter begrüßte, kam sein Vater herein. Ein großer, korpulenter Mann, der ein wenig finster dreinblickte, mir etwas barsch die Hand gab, dabei aber etwas Freundliches in seiner Stimme hatte, als er sagte:

„Wie heißt du? Spielst du auch Klavier?"

„Ein bisschen nur. Ich hab noch keinen Lehrer. Aber ich finde es sehr schön."

Jetzt wurde ich aufgefordert, mich ans Klavier zu setzen und von dem „bisschen" etwas vorzuspielen.

Aus den einst nahegebrachten Tortenstückchen, den Perlenketten und eingeklemmten Bonbons, dem Grabbelmäuschen und den Auf- und Abtreppchen hatte ich längst für mich allein so manche Notenseite bescheiden erschließen können, weil es mich oft danach verlangte. So waren es damals ein paar kleine Präludien von Bach, „Für Elise" von Beethoven, ein Stückchen aus der „Mondscheinsonate", Schuberts Klaviersatz des „Ave Maria" und eine Sonatine von Kuhlau, die es mir von ihrem Temperament her angetan hatte, die ich dem mir damals noch so unbekannten Franz Konwitschny vorspielte.

Von der Schule war an diesem Tage keine Rede mehr. Und an allen weiteren Tagen hatte ich am Klavier zu sitzen. Ich wurde zu Proben und Uraufführungen in die Oper und ins Gewandhaus mitgenommen, bekam strengsten Unterricht erteilt und väterlichste Zuwendung, um die ich dem alten „Franz" noch heute in meiner Seele dankbar bin. Er war oft zu Gastspielen unterwegs, und damit ich geregelten Unterricht erführe, meldete er mich bei einer Lehrerin an, die er für mich als geeignet empfand, bei der ich dann studierte, bis ich zu meinem verehrten Lehrer Wanschura kam... Aber das war dann schon viele, viele Jahre später...

Der Schule missfiel diese Verbindung zum Hause Konwitschny. Ihm wagte man in keiner Weise zu widersprechen, man besserte mir auf dem Zeugnis sogar einen Vierer in Musik aus, nachdem Konwitschny wie ein Wahnsinniger in die Schule rannte und die betreffende Lehrerin eine Ziege und hirnrissige Fettel nannte. Nach den Ferien erging lediglich der Hinweis, dass ich ab sofort eine andere Schule zu besuchen habe, die alte Klasse sei überfüllt gewesen. Nun ja, ein Schüler war offensichtlich zu viel gewesen, …der war ich.

Konwitschny war damals lange im Ausland, hatte später private Probleme, wurde wiederholt krank, und ich blieb ihm leider die Aufforderung zu einem Besuch schuldig. Ich hatte Hemmungen, mit denen ich nicht fertig habe werden können, stand manchmal vor der

Tür in der Bretschneider Straße und fand den Mut nicht, zu läuten. Auch hatte ich Probleme in der anderen Schule, die angeblich über mein mangelhaftes sozialistisches Bewusstsein von Anfang an informiert gewesen sei, die Schülern Schwierigkeiten bereitete, die allzu engen Kontakt mit mir pflegten. Es war manch harter Wettlauf um Sein oder Nichtsein zu bestehen –, wenn schon nicht zu gewinnen, so wenigstens mit dem Erfolg, die Oberschule, die heute dem Gymnasium entspricht, besuchen zu dürfen. Die Leistungen allein nutzten mir gar nichts. Es bestanden viel schlechtere Schüler den Übertritt...

Ein weiteres Missgeschick trat ein. Meine Mutter, die jahrelang als Erzieherin im Kinderheim „Sophie Scholl" in Kölpingsee und später dann in einem „Jugendwerkhof für Schwererziehbare" in Wolgast tätig war, erfuhr unerwartet die Entlassung aus allen ihren Diensten. Es war eine Strafentlassung! Nichts von alledem, das sie während ihrer beruflichen Jahre vorwiegend im kulturellen Bereich leistete, fand mehr Beachtung. Sie hatte diverse Sportgruppen betreut, hatte mit interessierten Jugendlichen Volkstänze gestellt, trat öffentlich mit ihnen auf, rief zwei Chöre ins Leben und wirkte bei deren Aufführungen solistisch entweder mit ihrer Gitarre oder dem Akkordeon oder mit ihrer wundervollen Stimme mit. Das brachte ihr ganze Lobeshymnen ein, selbst die regionalen Zeitungen berichteten positiv darüber.

Unter den sogenannten „Schwererziehbaren Jugendlichen" genoss sie ein ganz besonderes Vertrauen, was ihr nicht alle Kollegen aus dem Lehrer- und Erzieherkreis vergönnten. Sie war ein Mensch, der mit den jungen Menschen buchstäblich durch Dick und Dünn ging. Die ihr anvertrauten Schützlinge liebten sie sehr, und umgekehrt.

Wenn mich meine Mutter in den großen Schulferien zu sich nach Wolgast (wie zuvor auch in das Kinderheim nach Kölpingsee) holte, hatte ich sozusagen besten Einblick in ihr unermüdliches und selbstloses Wirken. Ich erlebte dabei eine Atmosphäre zwischen ihr und ihren Schutzbefohlenen, die auch bei mir tiefe Eindrücke hinterließ, die zu schönen Erlebnissen wurden, die heute noch in meinen Erinnerungen lebendig geblieben sind.

Doch einen exorbitanten Mangel hatte meine Mutter aufzuweisen! Sie wurde nie zu einer Trägerin der sogenannten „Existenzellipse", trug also nie ein „Bonbon" am Revers. Unter diesen natürlich bissig-ironischen Begriffen kursierte im Volksmund die Bezeichnung für das Parteiabzeichen der SED, auch wenn es tunlichst vermieden wurde, dieses laut in der Öffentlichkeit auszusprechen. Ein Mitglied oder gar eine Genossin der SED, dieser alles bestimmenden Partei, das war meine Mutter nie gewesen! Überhaupt war sie keine Mitläuferin. Sie hatte es allerdings gewagt, einen Tischspruch vor den Mahlzeiten in ihr Repertoire aufzunehmen, keineswegs in böser Absicht. Diesen trug sie bei Tisch in etwas vom Original abgewandelter Form vor, wenn sie sprach:

Wer nie sein Brot mit Tränen aß,
wer nie in kummervollen Nächten

an seinem Bette weinend saß,
der kennt euch nicht, ihr himmlischen Mächte.

Diesem Sinnspruch folgte dann ein herzlicher Wunsch für einen „Guten Appetit!", und erst dann war der Mittags- oder Abendbrottisch zum gemeinsamen Mahl für ihre Gruppe freigegeben.

Ach du heiliger Bimbam! Da redete eine Respektsperson von „himmlischen Mächten" vor Schwererziehbaren, was ganz und gar nicht in das Gesellschaftsbild der DDR passte! Das war eindeutig PARTEIZERSETZEND, das war störend im Sinne der glanzvollen DDR-Pädagogik, das trug nichts zur Erziehung einer „sozialistischen Persönlichkeit" bei! Dass dieser Vers in seinem Ursprung einem Gedicht von Goethe entstammte, das war völlig uninteressant und gegenstandslos. Das Goethegedicht war den Genossen ja nicht einmal bekannt…

Jetzt galt es als bewiesen: meine Mutter zeigte ganz eindeutig „kirchliche Tendenzen", die einem weiteren Verbleib an ihrer Arbeitsstätte und in ihrem Beruf als Erzieherin im Wege standen. Nach langen Auseinandersetzungen, die bis nach Berlin und bis in die „Ulbrichtebene" vorangetrieben wurden, die völlig erfolglos blieben, kehrte sie zwangsläufig nach Hause zurück. Ihr wurde eine niedere Tätigkeit als Getriebewäscherin zugewiesen, in den VEB-Getriebewerken Leipzig.

Noch während der ersten Wochen erlitt meine Mutter einen Betriebsunfall, geriet mit einer Hand zwischen laufende Zahnräder. Glücklicherweise war bis auf leichte Quetschungen nichts Schlimmeres passiert. Nach diesem Ereignis wurde sie als Küchenhilfe in der Kantine des Betriebes beschäftigt. Kurze Zeit später durfte sie eine Kranfahrerschulung absolvieren, da es dringend an Fachkräften mangelte. Nun hatte sie einen weiteren Beruf vorzuweisen: sie war jetzt Kranfahrerin.

Von jetzt an war meine Mutter Schichtarbeiterin im VEB Schwermaschinenbau S.M. Kirow in Leipzig-Lindenau. Die Bezeichnung „SM Kirow" stand für den Namen „Sergei Mironowitsch Kirow", der einst ein enger Vertrauter Stalins und der Parteisekretär von Leningrad war. Am 1.Januar 1953 wurde das Werk nach ihm benannt. Ich erinnere mich, wie sich meine Mutter im Wechsel zur Früh-, Spät- oder Nachtschicht auf den Weg zur Arbeit machte, auch an vielen Sonn- und Feiertagen. Dann nämlich, wenn Kohlewaggons zu entladen waren oder andere dringende Arbeiten zusätzlich anstanden – die sozialistische Planwirtschaft forderte ihren Tribut. „Mit allen Kräften des Volkes vorwärts zum Sieg des Sozialismus!" – das war die Devise…

Mehr und mehr ging der christliche Glaube in dem marxistisch-atheistischen Gesellschaftsgefüge der DDR verloren. An die Stelle der Religion suchten die Verantwortlichen etwas zu setzen, dem „Scheinreligiöses" anhaftete. In dieses atheistisch geschaffene Weltbild passte demzufolge das Ritual der sogenannten „Jugendweihe". Offiziell sollte es ein Fest sein, an dem der junge Mensch „in das Leben der Erwachsenen tritt" (wie es hieß). Es war obligat, den Jugendlichen nach dieser „Weihe" nicht mehr, wie bisher, mit „du", sondern mit „Sie" anzureden.

Die Einführung der Jugendweihe im Jahre 1955 wurde aber auch zu einer Art Hürde, die dem Staat ein Mittel an die Hand gab, zu erkennen, wer linientreu zu ihm und seiner Partei stand (die ja stets in allem Recht hatte!), und wer hingegen nicht dazu gehörte.

In weltanschaulichen Fragen gab es neben dem kollektiven Pflichtbewusstsein aber noch eine andere Art von Orientierung. Es war die, die christliche Kirchen geben konnten. Einen besonderen Hass zog dabei die katholische Kirche auf sich. Unser Bischof Dr. Otto Spülbeck, den ich aus seiner früheren Zeit kannte und schätzte, als er noch Probst in unserer Pfarrgemeinde war, fand in dieser Hinsicht stets deutliche Worte und sprach sie auch furchtlos aus. Worte, hinter denen er spürbar und mit seiner ganzen Persönlichkeit stand. Worte die einem jungen Menschen auf der Suche nach einem Weg klare Ziele aufzeigten. Dass dabei jeder selbständig und individuell nach freiem Gutdünken für sich seine Entscheidungen ganz persönlich treffen musste, das war das besonders Anziehende in einer Zeit, in der alles grundsätzlich nach dem Trommelwirbel einer sozialistisch-atheistischen Reglementierung zu funktionieren hatte, in einer sogenannten Diktatur des Proletariats, in der Freiheit zu einem leeren Begriff wurde, der jeder realen Wirklichkeit fern stand.

Von dem Grundrecht auf Gewissensfreiheit war in der damals noch gültigen „Verfassung der Deutschen Demokratischen Republik" die Rede. Doch das war bloße Theorie und blieb es auch. Schon mit dem Finger auf den entsprechenden Wortlaut des Verfassungstextes zu deuten und dann vielleicht auch noch auf seiner Gültigkeit zu bestehen, das war ketzerisch und hatte entsprechende Konsequenzen. Wehe, wenn ein Bürger auf diese seine Gewissensfreiheit pochte! Auf dieses verfassungsmäßig garantierte Recht… Es war verführerisch, davon Gebrauch zu machen!

Ich tat es. Ich machte Gebrauch von „meinem" Recht. Sicher war das ein bodenloser jugendlicher Leichtsinn, ein Mangel an Umsicht und Vorsicht, denn jeder wusste es doch insgeheim, dass das alles nur Makulatur war. Aber immerhin, im Fach Staatsbürgerkunde wurde es uns förmlich eingetrichtert, wie bedeutsam die „Verfassung der Deutschen Demokratischen Republik" im Hinblick auf demokratische Rechte des Einzelnen sei. Und in Artikel 41 stand wörtlich der Satz: „Jeder Bürger genießt volle Glaubens- und Gewissensfreiheit."

Zu meiner „Sicherheit" trug ich immer eine gedruckte und broschierte Ausgabe dieser Verfassung mit mir herum. Sowohl in meiner Schultasche, als auch sonst in einer der Taschen meiner Hose, meines Anoraks oder meines Mantels. Die Seiten, auf denen die Artikel 41 bis 48 standen, waren besonders abgegriffen. Hier stand von dem verfassungsmäßigen Recht zur Religionsfreiheit geschrieben, die jedem Bürger in der DDR zugesichert war. Schwarz auf weiß.

Als die Frage zur Teilnahme an der „Jugendweihe" an uns Schüler herangetragen wurde, erinnerte ich mich an den Hirtenbrief unseres Bischofs, der zur Fastenzeit von den Kanzeln unserer Kirchen verlesen wurde. Es hatte das Jahr 1959 gerade erst begonnen, es sollte das letzte Grundschuljahr für mich vor dem Übertritt in die Erweiterte Oberschule sein. Aus dem Hirtenbrief wurde auch dieser Satz verlesen (Zitat): „Desweiteren wird deutlich gemacht, dass eine Teilnahme an der Jugendweihe nicht mit dem katholischen Glauben vereinbar ist." (Zitat Ende). Was also wäre für mich Anderes infrage gekommen, als mich natürlich NICHT in die Liste der Teilnehmer zur „Jugendweihe" einzutragen?! Ich war von Geburt an katholisch! Das wollte ich auch bleiben.

Wenige Tage danach wurden die ersten Vorbereitungen zur Teilnahme an der Jugendweihe und den dazu erfolgenden Feierlichkeiten im Schulunterricht vorgenommen. Ich wurde unerwartet zu einer Unterredung mit meiner Klassenlehrerin, Frau Chalupsky, ins Lehrerzimmer bestellt. Energisch machte sie mir Vorwürfe, weil ich mich nicht in die Teilnehmerliste eingetragen hatte. Ich sei die einzige Schülerin ihrer Klasse, die sich somit an den Rand des Klassenkollektivs stelle. Ich entgegnete, dass ich katholisch sei und an einer Jugendweihe, die weltanschaulich meinem Glauben widerspreche, nicht teilnehmen wolle, dass ich dazu wohl auch eine gewisse Freiheit hätte, die mir auch in der Verfassung der Deutschen Demokratischen Republik zugestanden werde. Selten habe ich erlebt, wie jemand derart hysterisch reagieren kann.

„Du weißt genau, dass unsere Klasse das Ziel hat, als ‚Sozialistisches Klassenkollektiv' ausgezeichnet zu werden! Ich selbst bin übrigens auch katholisch, nur dass du es weißt! Ich verlange also von dir, dass du dich in die Teilnehmerliste einträgst und an den Vorbereitungen entsprechend teilnimmst!"

Dieser Aufforderung konnte ich nicht nachkommen. Das hätte sich ganz und gar nicht mit meinem Gewissen vereinbart. Und eine Gewissensfreiheit stand mir von Gesetzeswegen ja zu. Ich lehnte also ab.

Wenige Tage danach erfolgte die Aufforderung, mich umgehend im Direktorat der Schule einzufinden. Ich verließ dazu den Unterricht, denn einer solchen Anordnung war unbedingt Folge zu leisten. Herr Direktor Steinl, dessen ruckartiges Zucken in einem seiner Mundwinkel plötzlich viel heftiger geworden zu sein schien, nahm mich energisch zur Brust. Ich solle mir nicht etwas herausnehmen, was mir gar nicht zustehe. Ich sei schließlich noch minderjährig und hätte *dem* Folge zu leisten, was Schule und Elternhaus von mir verlangten. Nun, was im Sinne der Schule gewesen ist, das konnte ich mir unschwer denken, aber was es dabei mit dem „Elternhaus" auf sich haben könnte? Ich fragte ganz höflich nach.

Mir wurde ein Schreiben vorgelegt, auf dem ich eine Unterschrift las, die die Schriftzüge meiner Mutter hatte. Darüber stand ein kurzer maschinengeschriebener Text, aus dem hervorging, dass die Unterzeichnerin gegen die Teilnahme ihrer Tochter an der diesjährigen Jugendweihe nichts einzuwenden habe. Es stand NICHT darin, dass sie die Teilnahme ihrer Tochter an der Jugendweihe wünsche! Und das war für meine Begriffe jedenfalls ein ganz entscheidender Unterschied...

Zu Hause sprach ich meine Mutter auf diese ganze Angelegenheit an. Meine Mutter war recht ungehalten, was ich selten an ihr kannte. Sie habe es nun endgültig satt, sich immer wieder über mein Verhalten rechtfertigen zu müssen, sei es bei ihrer Arbeit im Kirow-Werk, bei der sie immer wieder vom Kran heruntergerufen und in die Kaderabteilung einbestellt wurde, sei es, dass sie nach der Nachtschicht auch noch auf den notwendigen Schlaf verzichten müsse, weil sie in die Schule einbestellt worden ist. Und alles nur, weil ich mich da einer Feierlichkeit entgegenstellen würde, an der die gesamte Klasse geschlossen teilnehme. Ich solle nicht so kleinkariert sein, ich solle das Ganze als ein Spiel auffassen, an dem ich halt eine Statistenrolle wahrnähme...

Da saß ich in der Klemme. Ich wusste, dass meine Mutter die Tätigkeit als Arbeiterin vor allem mit dem Ziel aufgenommen hatte, damit ich einmal studieren könne, Medizin studieren könne! In einem „Arbeiter und Bauernstaat" hatten Kinder von Arbeitern (und Bauern) nun einmal die besonderen Chancen dazu, die wollte sie mir ermöglichen.

Ich fügte mich, nahm an der Jugendweihe teil, doch tat ich dies als Statist. Ich war wirklich ein stummer Mitspieler an dem ganzen Pipapo! Als das Lied gesungen wurde: „Die Partei, die Partei, die Partei hat immer recht..." behielt ich meinen Mund geschlossen, obwohl ich in die erste Reihe platziert worden war, mich dort jeder der vielen Besucher im Festsaal der Sporthochschule Leipzig sehen konnte. Als die sogenannten „10 Gebote für den neuen sozialistischen Menschen" gesprochen wurden, schwieg ich. Diese 10 Gebote, so hilflos an die biblischen 10 Gebote angelehnt, lauteten:

Du sollst dich stets für die internationale Solidarität der Arbeiterklasse und aller Werktätigen sowie für die unverbrüchliche Verbundenheit aller sozialistischen Länder einsetzen.

Du sollst dein Vaterland lieben und stets bereit sein, deine ganze Kraft und Fähigkeit für die Verteidigung der Arbeiter-und-Bauern-Macht einzusetzen.

Du sollst helfen, die Ausbeutung des Menschen durch den Menschen zu beseitigen.

Du sollst gute Taten für den Sozialismus vollbringen, denn der Sozialismus führt zu einem besseren Leben für alle Werktätigen.

Du sollst beim Aufbau des Sozialismus im Geiste der gegenseitigen Hilfe und der kameradschaftlichen Zusammenarbeit handeln, das Kollektiv achten und seine Kritik beherzigen.

Du sollst das Volkseigentum schützen und mehren.

Du sollst stets nach Verbesserung deiner Leistung streben, sparsam sein und die sozialistische Arbeitsdisziplin festigen.

Du sollst deine Kinder im Geiste des Friedens und des Sozialismus zu allseitig gebildeten, charakterfesten und körperlich gestählten Menschen erziehen.

Du sollst sauber und anständig leben und deine Familie achten.

Du sollst Solidarität mit den um nationale Befreiung kämpfenden und den ihre nationale Unabhängigkeit verteidigenden Völkern üben.

Nachdem diese Gebote feierlich von einem (mir unbekannten) Abgeordneten und Parteigenossen vorgetragen wurden, an uns dann die Frage gestellt wurde: „Seid ihr bereit?", hatten wir im Sprechchor das öffentliche Gelöbnis abzulegen: „Ja, das geloben wir!" Wir mussten in dem folgenden Wortlaut am Ende dann versprechen, *„als wahre Patrioten die feste Freundschaft mit der Sowjetunion weiter zu vertiefen, den Bruderbund mit den sozialistischen Ländern zu stärken, im Geiste des proletarischen Internationalismus zu kämpfen, den Frieden zu schützen und den Sozialismus gegen jeden imperialistischen Angriff zu verteidigen"*.

Wie peinlich mag das gewesen sein. Denn ich – inmitten der ersten Reihe – behielt beharrlich den Mund geschlossen.

Als ein Jungpionier vor mich hintrat, um mir das „Ehrengeschenk" des Staates, das Buch „WELTALL, ERDE, MENSCH", Verlag Neues Leben Berlin, zu überreichen, dazu noch eine rote, langstielige Nelke, machte ich keinerlei Anstalten, etwas entgegenzunehmen. Der Jungpionier, ein pfiffiger kleiner Knirps, stellte sich daraufhin neben mich in die Reihe, sozusagen als „mein Buchhalter". Ich sang auch zum Schluss die Nationalhymne „Auferstanden aus Ruinen und der Zukunft zugewandt…" nicht mit. Nicht, weil ich provozieren wollte. Ganz sicher nicht! Ich hatte nur nicht an diesem „Weiheakt" und den dazugehörigen Feierlichkeiten teilnehmen *wollen* und darüber von vornherein auch keinerlei Zweifel gelassen! Ich hatte an keiner einzigen vorbereitenden Jugendstunde teilgenommen. Mein Verhalten war also nur konsequent.

Am Nachmittag jenes Tages läutete es an unserer Wohnungstür. Zwei Herren, Parteigenossen in festlichen Anzügen und mit einem Blumenstrauß, standen davor. Sie kamen, um mir zu gratulieren. Doch ich war längst in meinen Trainingsanzug geschlüpft und schon seit Stunden mit einem alten, klapprigen Fahrrad meiner Mutter unterwegs. Meine Großmutter schickte die Herren wieder weg. Sie wusste auch gar nicht so recht, was sie mit ihnen anstellen sollte. Sie kannte sie nicht und hatte von dem ganzen Spektakel auch gar nichts gewusst.

* * *

Ich will mich in weiteren Einzelheiten über die Schule nicht weiter auslassen. Es ist allzu trist, allzu unerfreulich und rührt an ehemals wunde Stellen, die noch schmerzen, wenn man an sie rührt. Nur so viel sei noch einmal gesagt: bedrückte mich Leid, Kummer oder Schmerz – in dem Gesicht meiner Großmutter, der schlichten, einfachen Bauersfrau fand ich Trost und Ruhe, fühlte ich die Liebe eines menschlichen Herzens sprechen, auch wenn Worte kaum dabei gefallen sind. Wenn sie mit aller Sorge ihre Primeltöpfchen pflegte, ihre Clivia umhegte und frische Petersilie für die Kartoffelsuppe aus den Blumenkästen schnitt – dann sah ich ihr so still und gern dabei zu, dachte an vergangene Jahre zurück, kämmte ihr noch manches Mal das Haar und bat um eine von den vielen Geschichten, von denen ich früher so gern hörte. Und meist wurde es auch später dann noch ein langer Abend, an dem ich ihren Geschichten und Gedichten lauschte. Manchmal nickte sie darüber ein. Dann spielte ich ihr leise auf dem Flügel... Schumanns Kinderszenen, Chopins Regentropfenprälüd, Beethovens Adagio aus der Pathetique und Schuberts „Ave Maria", das sie so sehr liebte... Ich ließ es nach ihrem Tode zu ihrer Bestattung an Maria Lichtmess, am 2. Februar 1965, spielen. Mit Orgel und Cello – und sagte ihr „Lebewohl".

* * *

Ich will leben!

Bei dem Wettlauf um Sein oder Nichtsein gelang es mir, in die damals sogenannte Erweiterte Oberschule (sie entspricht dem Gymnasium) überzutreten und diese zu besuchen. Die ersten zwei Jahre und eineinhalb Monate waren es allerdings nur, die für mich möglich waren. Dann wurde ein neues Blatt im Buch der Geschichte aufgeschlagen: der 13 August 1961, der Tag, an dem die Mauer trennend durch Berlin gezogen wurde. Auch für mein Leben ergab sich damit eine einschneidende Veränderung.

Wohlwissend, dass nun die Schotten dicht und die bisher mehr und mehr genutzten Fluchtwege aus einem unfreiheitlichen Staat in eine „bessere Welt" verschlossen waren, wurden die Daumenschrauben immer enger angezogen, dort, wo man meinte, es sei notwendig und erforderlich. Das traf auch mich mit aller Härte. Ab Mitte Oktober 1961 wurde aus dem täglichen Schulbesuch ein täglicher Gang zum Verhör – wie perfide sich dies alles am Ende gestalten würde, das war zunächst nicht abzusehen.

Im Oktober 1964 erschien ein erstes Buch von mir auf der „Frankfurter Buchmesse". Ich schrieb darin wahrheitsgetreu über gemachte bittere Erfahrungen in Mitteldeutschland. Heute kann ich mich offen dazu bekennen, seinerzeit wäre ich dafür böse bestraft worden. Wahrheiten können „bis aufs Mark" unbequem werden, und ich suchte mich vor Zugriffen durch die

Staatssicherheit der DDR zu schützen. Zu verlieren hatte ich nichts mehr.

Ich schrieb das Manuskript zu meinem ersten Buch in einer einzigen Nacht, um es nicht gefährlich lange im Hause zu behalten und es so schnell wie möglich „auf den Weg in die Bundesrepublik Deutschland" zu bringen. Der Titel dieses Buches lautet „bin ich allein". Auf dem vorderen Buchdeckel waren die Gesichtshälften zweier Mädchen in meinem Alter abgebildet, die lediglich durch eine schmale, schwarze Mittellinie voneinander getrennt waren. Gut genug erkennbar, dass eine dieser Gesichtshälften prekärerweise von einem Foto meines Gesichts stammte. Es hatte mich erschreckt, als ich Jahre später und erstmals Kenntnis davon bekam. Ich hatte diese Fotomontage weder veranlasst noch gewollt, noch hätte ich ihr damals zugestimmt. Es war gut, dass ich davon nichts wusste, es hätte zusätzlich beunruhigt. Mein Buch erschien im Ekkehart-Verlag München, wurde mit meinem Pseudonym „Margot Z." versehen. Jetzt befindet sich der Textteil im Schlussteil diesen Buches, im Wesentlichen unverändert und im Original. Lediglich Namen, die ich damals mit X. oder Y. bezeichnete erhielten nunmehr ihre „Klarnamen".

In diesem ersten Buch beschrieb ich all das, was 1961 zu meiner bittersten Erfahrung wurde, als ich von der Erweiterten Helmholtz-Oberschule in Leipzig wegen ideologischer Unzuverlässigkeit relegiert wurde. Nach dem 13. August 1961 blieb mir damit ein Medizinstudium, das ich mir von Kindheit an sehnlichst wünschte, verwehrt. Dass ich diesen meinen unabdinglichen Wunsch viel später dann doch verwirklichen konnte, nach meiner Flucht und in den Jahren von 1975 bis 1982 in München, daran hätte ich damals im Traume nicht zu denken gewagt!

In den Erinnerungen von der Schule möchte ich nicht tiefer kramen. Es schmerzt noch immer, wenn an alte, tiefe Wunden gerührt wird, wenn man sich erneut vor Augen führt, wozu Menschen und Mitmenschen fähig sein konnten. Alles gehört ja längst einer Vergangenheit an. Die Schule meines Lebens hatte mich jedenfalls manches gelehrt: nicht nur zu begreifen und zu erfahren, auch zuzuordnen in das unergründliche Archiv menschlicher Kleinheit, menschlicher Größe, menschlichen Seins. Nur so war es mir jedenfalls möglich, mich lebendig am Leben zu erhalten.

Doch möchte ich trotzdem nochmals mit Abstand zu diesen für mich unvergesslichen Oktober- und Novembermonaten von 1961 zurückkehren. Schon deshalb, weil mein sogenannter „Fall" ja kein Einzelbeispiel gewesen ist, sondern für viele, viele Menschen stellvertretend steht, denen es um keinen Deut besser ergangen war. Vielleicht waren die einen oder anderen Vorzeichen etwas verschieden, die Machart blieb indes stets dieselbe!

Nach dem Verweis von der Erweiterten Oberschule (EOS) wurde mir auch kein Abschluss der Mittleren Reife zuerkannt, den ein Schüler nach Absolvieren der 10. Klasse in einer Mittelschule im Anschluss an seine Grundschulzeit bekam. Dabei befand ich mich doch bereits in der 11. Klasse eines „Naturwissenschaftlich-Mathematischen" Zweiges einer EOS. „Altsprachlich" gab es an unserer Schule nicht, hingegen „Neusprach-lich" mit Englisch und Französisch als Fremdsprachen. Ich wählte den „Naturwissenschaftlich-Mathema-tischen" Zweig, weil hier Latein unterrichtet wurde, mir das Ziel, einmal Medizin zu studieren, so klar vor Augen stand. Eine „gewisse" Schulbildung hatte ich damit doch vorzuweisen?

Notgedrungen und verzweifelt suchte ich nach einer Lehrstelle oder einer Arbeit. Doch was ich auch immer versuchte, alles blieb erfolglos. Erstaunlich, wie schnell die jeweilige Kaderabteilung eines Betriebes über Informationen verfügte, durch die ein Beschäftigungs- oder Ausbildungsverhältnis einem noch minderjährigen Jugendlichen verwehrt blieb (ich war 17 Jahre alt!), weil diesem „ideologische Unzuverlässigkeit" ange-hängt wurde. Eine Kaderabteilung war eine Struktur-einheit in einem Betrieb, die unter anderem auch für die Einstellung eines Bewerbers zuständig war. Informa-tionen über das Vorliegen einer sogenannten „ideologi-schen Unzuverlässigkeit" erreichten über eine Kader-abteilung in Rekordschnelle den betreffenden An-sprechpartner, jede Buschtrommel hätte demgegenüber an Schnelligkeit versagt. Hier funktionierte alles nach System und in einem ganz eigenen Rhythmus.

Anfang 1962, es war um die Osterzeit herum, ich er-innere mich noch sehr genau daran, blitzte ein erster Hoffnungsschimmer nach vorausgegangenen trüben Tagen auf: ein älterer, von feiner Bildung geprägter Apotheker, machte mir Hoffnungen, in seinem Betrieb eine Lehre antreten zu dürfen. Warum ich noch so ge-nau weiß, dass es um Ostern herum war? Weil ich noch in Gedanken höre, wie er beruhigend und freundlich zu mir sagte:

„Jetzt lassen Sie mal den Osterhasen etwas in das Nestchen legen."...

Zu einem gültigen Vertragsabschluss kam es dann jedoch nicht. Denn kurze Zeit später war der Herr „in den Ruhestand gegangen", seine Apotheke war überraschend durch den Stempel eines staatlichen Prädikates ausgezeichnet. Und das bedeutete, sie wechselte über von „privaten" in „staatlichen" Besitz. Irgendwie konnte ich nicht anders, als tief mit diesem Herrn fühlen, wenn ich ihn auch nie wiedersah. Es machte mir doch so ganz und gar nicht den Eindruck, als habe er vorgehabt, die gute, alte Apotheke so einfach „abzutreten".

Ein weiterer Absprung in einen neuen Lebensabschnitt schien zu gelingen: durch die Vermittlung meines Onkels, dem Verlobten und späteren Ehemann meiner Tante, wurde ein Vorstellungsgespräch in der Poliklinik Nonnenstraße in Leipzig Schleußig quasi „unter dem Tisch" vereinbart. Als Aufnahmekraft an der Pforte sollte ich eine Hilfsanstellung bekommen. Die Stelle war schon einige Zeitlang ausgeschrieben, doch niemand habe sich daraufhin eingefunden.

Was war ich doch erst einmal glücklich, eine Aussicht auf eine Tätigkeit zu haben! Auch winkte ein kleiner Obolus, ein kleiner Verdienst, der das Leben daheim erleichtern half. Immerhin hatte meine Mutter durch mich ihren Posten als bewährte Kranfahrerin im VEB Kirow-Werk Leipzig-Lindenau verloren. War ich „politisch unzuverlässig" und „für einen Sozialistischen Staat untragbar", dann doch eindeutig aufgrund meiner familiären Herkunft! Und selbst wenn das nicht der Fall gewesen wäre: die Sippenhaft war in der DDR an der Tagesordnung.

Mutter musste jedenfalls ihre Arbeitsstelle postwendend verlassen und wurde als Putzfrau in das Hotel „Stadt Leipzig" gegenüber dem Hauptbahnhof beordert. Verzeihung! „Raumpflegerin" nannte sich diese Tätigkeit, die sie ab sofort auszuführen hatte und wehe, man bezeichnete jemanden in dieser Sparte als „Putzfrau"! Das zog einen energischen Tadel nach sich! Die Würde des werktätigen Menschen stand schließlich im Sozialismus an allererster Stelle! Davon profitierte auch eine Raumpflegerin. „Putzfrau" – wie erniedrigend diese Bezeichnung! Nur am Geldbeutel hinterließ der berufliche Zwangswechsel jetzt sehr rasch seine Spuren, da dieser plötzlich recht viel schmäler wurde…

In meinem Lebenslauf schrieb ich natürlich nichts davon, dass ich von der Oberschule relegiert wurde, dass ich die Schule „verlassen *musste*" – ich hatte keineswegs selbstmörderische Tendenzen! Ich formulierte meinen „Schulabgang" so, dass ich die Schule verlassen hätte, um einen Beruf zu erlernen, da mir die praktische Seite des Lebens beachtlich mehr zusage. Dass dieses gelogen war, blieb mein Geheimnis und ich hoffte, dass es sich nicht lüften würde.

Jeden Morgen stand ich nun etwas frühzeitiger auf und ging zu meiner Arbeit, die mir sogar Freude machte. Ich hatte mit Menschen zu tun, und hin und wieder rief mich der Kinderarzt, Herr Dr. Schirmer, zu sich in sein Sprechzimmer, denn bald hatte er durch einen ersten kleinen Plausch herausgefunden, dass mich die Medizin unbändig interessierte! Meine Begeisterung dafür blieb ihm jedenfalls nicht verborgen. Er war es dann auch, der mir den Vorschlag machte, ich solle doch die Volkshochschule besuchen und die Klassen bis zum Abitur in abendlichen Kursen absolvieren.

Das war eine Empfehlung, die ich sofort in die Tat umzusetzen suchte. Ich ließ mir die entsprechenden Möglichkeiten im Sekretariat der Volkshochschule Leipzig-Löhrstraße nennen, bekam ein Formular überreicht, das ich meinem Arbeitgeber vorlegen sollte. Wenn dieser meinen Schulbesuch an der Volkshochschule genehmige, könne ich zum kommenden Wintersemester an den Unterrichtssunden teilnehmen.

Um diese Bescheinigung ersuchte ich umgehend. In der Kaderabteilung sprach ich bei einer Frau Günzel vor. Es war die Kaderleiterin höchstpersönlich, die mir zu meinem Vorhaben gratulierte und mir Mut zusprach, die mir die Genehmigung zum Schulbesuch erteilte und dabei meinen auffallend positiven Einsatz an der Pforte der Poliklinik lobend erwähnte. Und doch wurde mir gerade dieses Ansinnen, meine Schule über Abendkurse fortzusetzen, zum Verhängnis.

Keine drei Monate später wurde ich in die Kaderabteilung zitiert. Recht unfreundlich und sehr bestimmt. Frau Günzel schien jetzt eine ganz andere Person zu sein. Korpulent in ihrer Statur, wirkte sie nicht mehr so gemütlich wie zuvor, nur im Aschenbecher qualmte die von ihr dort gewohnheitsgemäß abgelegte „Cabinet" stinkend vor sich hin.

Frau Günzel kreischte mich ganz unerwartet an! Das ging mir durch und durch, doch rasch hatte ich mich in „meiner" Gewalt, ...der „gewohnten"... Was ich mir erlaube, wie ich dazu käme, zu verschweigen, dass ich von der Oberschule geflogen sei, und das auch noch aus gutem Grund usw. usw. usw. Sie schien noch besser informiert, als ich. Mir wurde nicht nur die Erlaubnis zum Besuch der Volkshochschule Leipzig entzogen, mir wurde gefährlich gedroht, dass man mit mir ganz anders verfahren könne. Ich solle schleunigst einen „Aufhebevertrag" einreichen, mein Verbleib an der Pforte der Poliklinik sei keineswegs mehr hinnehmbar. Mit „Staatsfeinden" wolle man nichts zu tun haben.

Ich packte meine sieben Sachen. Es gab also für mich nicht die Möglichkeit einer Tätigkeit, auch nicht zu Hilfsdiensten. Und wieder hatte ich etwas zu verstehen, das eigentlich nicht verstehbar war.

Das Postamt in der Weißenfelser Straße hatte wochenlang ein unübersehbar großes Schild ausgehängt, das im Laufe der Zeit schon ganz vergilbt war: *„Aushilfskräfte für den Zustelldienst dringend gesucht!"*

Das Jahr ging seinem Ende zu, Weihnachten stand so gut wie vor der Tür, es fehlte an jedem Groschen daheim. Was hatte ich noch zu verlieren? So fragte ich mich nach dem Mitarbeiter durch, der für die Einstellung von Aushilfspersonal zuständig war. Dann ging alles ganz problemlos und erstaunlich schnell.

„Für die Briefzustellung fehlt es an jeder Kraft, noch schlimmer wird es werden, wenn der Paketzustelldienst beginnt" – wurde mir lapidar gesagt.

Von jetzt ab war ich die „Christl von der Post". Allerdings war diese Tätigkeit von vornherein befristet. Es war eine reine Aushilfstätigkeit, für die ich aber einen Stempel in den Sozialversicherungsausweis bekam – und das war wichtig!

Nun hieß es noch zeitiger aufstehen, um pünktlich an seinem Postsack zu sein. Noch ehe der Morgen graute war man damit beschäftigt, die Briefe sorgsam in kleine Fächer zu sortieren, stets in der richtigen Reihenfolge, damit sie dann in einer großen ledernen Umhängetasche exakt eingeordnet steckten. Ein fehlerhaft einsortierter Brief hätte bedeuten können, auf seiner vorgeschriebenen Route aus dem Lot zu geraten, und das wäre einem Chaos gleichgekommen, denn es hätte so ziemlich viel an Wegstrecke durcheinandergebracht!

Der Weg vom Postamt wurde dann zu Fuß und hinreichend schwer beladen über die Distanz eines guten Kilometers bis zu Beginn der Pistorisstraße zurückgelegt. Von hier an wurden die Postsendungen in die Briefkästen verteilt, bis am Ende die Marpergerstraße erreicht war. Es folgten die Wilhelm-Wild-Straße und noch all die dazwischenliegenden Straßen im Schleußiger Villenviertel, an die ich mich bis heute noch gut erinnere. Bis dann die Nähe der Dammstraße die müde gewordenen Schritte beflügelte, denn damit war das Ende eines solchen Tages eingeläutet. Das war jedenfalls der Bezirk, der für mich vorgesehen war. Es kam vor, dass ich bis zum späten Nachmittag damit beschäftigt war, die Post auszutragen, ehe ich dann wieder daheim war.

In der Adventszeit begann das Austragen der Päckchen und Pakete. Das war körperlich mitunter kein leichter Job, doch oft waren Spaß und gute Laune sehr nützliche Begleiter. Man mühte sich nicht allein ab, war stets zu zweit. Jetzt war es ein Tafelwagen, der mit den unterschiedlichsten Paketen beladen wurde, den es manchmal richtiggehend zu jonglieren galt. Dann nämlich, wenn es über Kopfsteinpflaster ging, wenn man den bekannten Schlaglöchern geschickt auszuweichen suchte, oder wenn der nachts gefallene Schnee von den Schneepflügen noch nicht beiseite geräumt, der Schneematsch unter den Füßen wie zu Schmierseife wurde. Doch wie schon gesagt: es machte oftmals großen Spaß! Denn meist verstand man sich recht gut, saß schließlich gemeinsam im gleichen Boot und trachtete danach, seine Arbeit ordentlich und zügig zu verrichten. Hin und wieder gab es ein paar Groschen Trinkgeld, doch darüber wurde nicht groß geredet. Viel war es meist auch nicht. Doch es erfreute, entschädigte für das Treppauf-, Treppabgehen. Die Route war jetzt eine andere, und die Häuser waren unter ihrem oft schon zerfallenden Putz meist stattlich und hoch. An einen Fahrstuhl erinnere ich mich nicht, den es damals gegeben hätte.

Mit dem Ausklang der Neujahrstage endete für mich dann auch die Arbeit bei der Post. Nach resigniertem Suchen fand ich nach wenigen Wochen eine weitere Gelegenheit, um etwas zu meinem Lebensunterhalt beizutragen. Es gab in der Nähe des „Bayrischen Bahnhofs" eine noch private oder richtiger gesagt halbprivate Firma, ein Familienunternehmen, das per Dekret zu einer Staatlichen Verwaltungseinheit wurde, in Form einer sogenannten Kommanditgesellschaft, einer KG. Hier wurde Speiseeis hergestellt und dazu wurden dringend Arbeitskräfte für den Schichtdienst gesucht. Ich war inzwischen volljährig geworden, konnte mich also wegen der turnusmäßigen Nachtschichten um diese Stelle bewerben. Und ich bekam sie auch. An einem Fließband saß ich nun im Akkord, wickelte das damals so beliebte Eis am Stiel in Papier oder verpackte es in kleine Kartons. Für die Nachtschichten gab es einen kleinen Aufpreis.

Das alles war sehr wichtig, denn ich hatte nun wiederum einen Stempel in meinem Sozialversicherungsausweis: „Speiseeisherstellerin" stand jetzt darin. In erster Linie war es für mich wichtig, um damit eine Tätigkeit nachzuweisen, ohne die man in der DDR nicht grundlos sein durfte. Und es war auch wichtig für eine spätere Rente. Dass ich dann viel, viel später wiederholte Male auf diese seltsame Berufsbezeichnung *„Speiseeisherstellerin"* angesprochen wurde, hätte ich damals nicht für denkbar gehalten. Das war offenbar in den Berufssparten eher eine Rarität.

Einmal abgesehen von den verschiedenen Arbeitszeiten (Frühschicht, Spätschicht, Nachtschicht) hatte diese Tätigkeit für mich etwas Ungutes, da ich es ständig mit erheblicher Unterkühlung der Hände und Finger zu tun bekam. Vor allem, wenn ich am Solebad zu tun hatte, aus dem die Metallbehälter mit dem gefrorenen Stangeneis herausgenommen und zur weiteren Verarbeitung auf das Fließband befördert wurden. Diese Arbeit erfolgte mit bloßen Händen, an Schutzhandschuhe erinnere ich mich jedenfalls nicht. Saß ich dann daheim am Klavier und machte meine Fingerübungen, spielte Etüden und verschiedene Stücke, dann spürte ich, wie klamm meine Finger oftmals geworden waren. Das sollte mich aber von der Beschäftigung bei der Firma „Eis-Mayer" nicht abhalten!

Abgehalten hatte mich dann allerdings eine Vorladung durch den Rat der Stadt ins Neue Rathaus, in eine Abteilung im ersten Stock rechts. Wie der Name des Sachbearbeiters war, weiß ich nicht. Mir wurde gesagt, dass meine Probezeit bei der Firma „Eis-Mayer" abgelaufen sei, „dass man mit mir auch ganz andere Saiten aufziehen könne" – was immer dies bedeuten sollte. Es wurde jedenfalls nicht näher erläutert. Aber dieser Jargon war mir inzwischen ja bestens bekannt...

Ehe ich bei der Firma „Eis-Mayer" ausschied, hatte ich meine Mutter an die damalige Chefin vermitteln können. Diese stellte sie vorübergehend in ihrem Betrieb ein, beschäftigte sie kurze Zeit später privat bei sich zu Hause als „Haushaltshilfe". Meine Mutter genoss sehr schnell das Vertrauen der ganzen Eis-Mayer-Familie und wurde zu einer „kostbaren Perle", zu einem „Mädchen für alles".

Später hatte es sich ergeben, dass meine Mutter eine staatlich anerkannte, doch private Schule zur Ausbildung als „Medizinische Fußpflegerin nach Dr. Scholl" besuchen und abschließen konnte. Mein Onkel Willi streckte ihr die dazu erforderlichen Ausbildungskosten vor, da sie selbst ja keine Ersparnisse besaß, aus denen sie diese Ausbildung an der Schule in Meißen hätte finanzieren können. Nach erfolgreichem Abschluss bekam sie sofort eine Anstellung in einem privaten Fußpflegesalon bei uns in Schleußig, war dort schnell beliebt und wegen ihrer Gründlichkeit und ihrem ausgesprochenen Sachverstand recht bekannt geworden. Den geliehenen Betrag von Onkel Willi bezahlte sie zügig und auf Heller und Pfennig zurück. Von da an hatte meine Mutter keinerlei berufliches Spießrutenlaufen mehr zu durchstehen! Sie wurde und blieb ihr eigener Herr, tat (nicht nur in ihrem Beruf!) noch sehr viel Gutes und wird wohl vielen Menschen damit noch lange in Erinnerung bleiben.

Ohne Tätigkeit und Arbeit durfte man in der DDR nicht sein. Das wurde als „Arbeitsbummelei" bezeichnet und bestraft. Was also tun? Wohl studierte ich privat Musik, absolvierte zwischenhinein auch zwei von insgesamt drei Prüfungen am Konservatorium in Leipzig, die ich jeweils mit dem Prädikat „vorzüglich" bestand. Nur zu der dritten Prüfung wurde ich nicht zugelassen. Statt der damals so erhofften Prüfungsaufforderung erhielt ich auf dem Postwege ein kurzes Schreiben, dessen Inhalt mir aus dem Gedächtnis noch bekannt ist: „...Wir teilen Ihnen mit, dass Sie uns durch die Musikhochschule Leipzig empfohlen wurden. Ihrem Talent wird es förderlich sein, regelmäßig an den Proben des Universitätschores teilzunehmen. Über die entsprechenden Zeiten wollen Sie sich bitte bei Vorsprache erkundigen..."

Was sollte ich bei einem Chor? Ich hatte das Fach „Klavier" und „Orgel" sowie „Komposition" (da ein drittes Fach angegeben werden musste) in den Prüfungen belegt. Von „Gesang" war nie die Rede. Und nach einer erneuten Vorsprache bei dem damaligen Direktor der „Musikhochschule Leipzig" war ich nur um so viel klüger, als mir mitgeteilt wurde, ich sei „...ideologisch für einen Sozialistischen Staat nicht würdig..." Aber ich musste eine Tätigkeit nachweisen.

Das konnte ich ja immer wieder, aber stets nur für kurze Zeit. Denn die Kaderakte…, die war behändig im Folgen! Entweder ich wurde dann nach einer Probezeit nicht weiter beschäftigt, oder ich musste nach jeweils unterschiedlich unangenehmen „Rapports" einen „Auflösevertrag" stellen. „Entlassungen" gab es in der DDR nicht, doch „Auflöseverträge"... Genehmigt wurden diese, wie in meinem Falle, stets.

Heimlich besuchte ich zu meinen zwangsweisen „freien Zeiten" verschiedene Vorlesungen in den Hörsälen der Medizinischen Fakultät in der Liebigstraße und Umgebung. Ich hörte Lesungen von Professor Uebermuth, bei dem es mir fast einmal passiert war, aufgerufen zu werden und eine Befragung über mich ergehen zu lassen. Oh, da rutschte mir das Herz in die Hose! Erstens einmal saß ich verbotenerweise in dem Hörsaal, hatte mich ganz heimlich unter die Studenten gemischt, und zum zweiten hätte ich keinerlei vernünftige Antwort zu geben gewusst. Professor Uebermuth, wie ich mich erinnere, ein untersetzter, charmanter Herr, wortgewandt, mit gewitzter Zunge und meist gerötetem Kopf, fackelte zum Glück nicht lange. Da ich keinerlei Reaktion zeigte, forderte er eine Studentin neben mir auf, zu ihm herunterzukommen. Es fiel also nicht auf, dass ich unter dieser Mannschaft ein „blinder

Passagier" gewesen war. Da fiel mir ein Stein vom Herzen.

Besonders liebte ich es, den Vorlesungen bei Professor Matzen in der Orthopädie heimlich beizuwohnen. Auch wegen Matzens Stil, der nicht selten, wenn auch versteckt, erkennen ließ, dass er nicht geneigt war, sich dem unsinnigen Sozialismusgefasel zu beugen. Auch Lesungen von Professor Sachsenweger in der Universitätsaugenklinik besuchte ich „verbotenerweise". Ich hörte von ihm einiges über das schauderhafte Glaukom, an dem auch meine Tante so leidvoll erkrankt war. Ich erwarb Medizinische Fachbücher, die ich mir autodidaktisch zu erschließen suchte. Dann war ich wieder mal „die Christl von der Post" – aber nirgendwo ließ man mich sein...

Es hört sich gut an, wenn von Vitamin B und „entsprechenden Beziehungen" die Rede ist. Doch meist hat man zu so etwas keinen Zugang. Wenn es dann aber doch einmal der Fall sein sollte, dann gibt es einem ein schon fast sicheres Gefühl.

Onkel Willi hatte aus erster Ehe einen Sohn, der an einer schlimmen Epilepsie litt, seit er als kaum 20-jähriger junger Mann aus russischer Gefangenschaft wieder nach Hause kam. Blutjung wurde er im letzten Kriegsjahr noch eingezogen, geriet in russische Gefangenschaft und bekam dort heftige Schläge mit einem Gewehrkolben auf den Kopf. Sein Vater liebte seinen Sohn über alles und war bereit, keine Kosten zu scheuen, damit sich sein Gesundheitszustand bessere. Privat stellte er seinen Sohn Rolf in der Neurochirurgischen

Klinik in der Johannesallee bei Professor Merrem vor. Merrem operierte ihn kurz darauf, die epileptischen Anfälle waren danach gemildert und medikamentös gut kontrollierbar geworden. Rolf konnte seiner Graphikertätigkeit wieder in vollem Umfange nachgehen.

Aus dieser Begebenheit entwickelte sich eine Bekanntschaft zu Frau Prof. Dr. Waltraude Fischer, der leitenden Neurologin an diesem Hause (die sich viel später dann und über Jahrzehnte hinweg zu einer Freundschaft entwickelte). Frau Professor Fischer behandelte meine Tante wegen ihrer Trigeminusneuralgie, erfuhr durch sie, was mit mir seit meiner Schulzeit geschehen war und dass ich seither durch politische Repressionen weder einer Ausbildung noch einer Tätigkeit nachgehen könne.

Sie bestellte mich zu sich in ihre private Sprechstunde, war über all das, was ich ihr wahrheitsgetreu berichtete, sichtlich erbost! Wir sprachen lange miteinander. Ich erzählte auch von meinen unerlaubten und heimlichen Besuchen bei den diversen Vorlesungen. Sie wollte nun alles daransetzen, diesen bösen Kreislauf irgendwie zu durchbrechen. Persönlich setzte sie sich ein, rief in meinem Beisein die leitende Oberschwester des Klinikbetriebes an und bekam von dieser die Zusage, dass ich als Hilfskrankenschwester ab sofort mit dem Dienst an der Neurochirurgischen Klinik in der Johannisallee beginnen könne. Es würden ja so dringend Kräfte gebraucht!

Jetzt profitierte ich also auch einmal von diesem „Vitamin B"! Ich meldete mich zwei Tage darauf zum Dienst. Meine Unterlagen solle ich nachreichen, das sei überhaupt kein Hindernis. Ich wurde einer Schwester zur Seite gestellt, die schon älter und sehr lieb war, die mir die Einrichtungen gründlich zeigte und mich auch für die ersten Dienste einteilte.

Wie habe ich es doch genossen, die Nachtkästchen in den Patientenzimmern zu putzen, auf diese Weise mit den Kranken in Kontakt zu kommen, die Fensterbretter und den Boden zu wischen, das Essen in Kübeln abzuholen und austeilen zu helfen, Patienten in ihren Krankenbetten bis vor den Operationssaal zu schieben und die Betreffenden zu trösten und ihnen Mut zuzusprechen. Ich durfte bald auch Materialien aus dem OP in die Pathologie hinüberbringen, dazu durchquerte ich den großen Hof der Klinik. Ich fand das alles äußerst spannend, spürte auch, dass mir ein großes Vertrauen entgegengebracht wurde. Oh ja, hier wollte ich weiterhin tätig bleiben! Mich hinaufarbeiten und dann eventuell auch endlich Medizin studieren!

Frau Professor Fischer sah einen solchen Weg für mich „als begehbar" (wie sie sich ausdrückte). Sie war es auch, die mich nach wenigen Tagen ihren Kollegen vorstellte und mir die Möglichkeit schaffte, dass ich bei ärztlichen Behandlungen und schließlich auch während diverser Operationen zuschauen durfte.

„Frau Kollegin in Spe", wurde ich scherzend angesprochen, „bitte sich immer so hinstellen, dass niemand bei seiner Arbeit gestört wird."

Und dann erinnere ich mich an die Aufforderung eines jungen Oberarztes, der mich wiederholte Male zu seinen Behandlungen mitnahm:

„Aber vor dem Umfall bitte raus!", sagte er spitzbübisch lachend, als ich steril vermummt in einem der OP-Säle stand, bereit, bei der Eröffnung der hinteren Schädelgrube eines noch jugendlichen Patienten zuzusehen.

Zum „Umfallen" kam es bei mir jedoch nie. Mein Interesse stieg hingegen mehr und mehr und entwickelte sich – wie kann es anders sein – für die Neurochirurgie und Neurologie!

In der dritten Woche bekam ich eine schriftliche Erinnerung, ich solle meine Unterlagen zwecks meiner bereits erfolgten Einstellung als Hilfskrankenschwester doch bitte umgehend in dem Personalbüro einreichen. Das Schreiben war freundlich, es stand auch dort, wo gewöhnlich „Mit sozialistischem Gruß" stand, „Mit freundlichen Grüßen" geschrieben. Es war selbstverständlich, dass ich dieser Aufforderung so schnell wie möglich nachkam.

Es hatte sich ergeben, dass mich meine Tante zu besagter Oberschwester in das Personalbüro begleitete, da sie einen Behandlungstermin bei Frau Professor Fischer hatte und sich freute, mich auf Station getroffen zu haben. Betreffend diesen Umstand sage ich auch heute noch und im Nachhinein, dass die Anwesenheit meiner Tante gut war, so hatte ich künftig einen Zeugen dafür, denn niemand hätte für möglich gehalten, was da geschah.

Die Oberschwester in der Personalabteilung war mittleren Alters, von recht stämmiger Statur, trug ihre rötlichen Haare zu einer Art Pferdeschwanz zusammengesteckt. Ich meine, sie hieß Johanna. Ich legte ihr die notwendigen Dokumente vor, die sie nachdenklich durchblätterte, so nachdenklich, dass meine Tante und ich uns unversehens ansahen. Wir sagten jedoch nichts, dachten offenbar das Gleiche, uns war alles recht seltsam erschienen.

„Wie ist das denn nun, Fräulein Erdreich (das war mein Mädchenname). Sind sie noch immer der Meinung, dass sie einem Eichmann helfen würden, wenn sie Ärztin wären?"

Ich war bass erstaunt. Wieso kam diese Frau auf diese Frage? Eine Frage, die mir im Oktober 1961 von dem damaligen Schuldirektor meiner Schule, Herrn Fritze, gestellt worden war. Eine Frage, die ich nach bestem Wissen und Gewissen beantwortet hatte, die ich nun wiederum beantworten würde, denn hier würde dafür Verständnis zu erwarten sein:

„Ja, dieser Meinung bin ich. Als Ärztin bin ich der ärztlichen Ethik verpflichtet und dazu, jedem Menschen ohne Ansehen auf seine Herkunft oder seinen Stand ärztliche Hilfe zu gewähren."

Das entgegnete ich in der festen Annahme, nichts Verwerfliches damit geäußert zu haben.

Oberschwester Johanna entpuppte sich nun zu einer regelrechten Furie! Sie habe Zeit genug gehabt, sich über mich entsprechende Erkundigungen einzuholen. Was sie dabei in Erfahrung bringen konnte, spotte jeder Beschreibung. Sie könne nur unterstreichen und bestätigen, dass ich in diesem unserem Sozialistischen Staat keinerlei Nachsicht erfahren könne. Ich sei nicht einmal dazu würdig, den Hof der Klinik zu kehren oder in der Küche als Hilfskraft Kartoffeln zu schälen.

„Ein Arbeitsverhältnis mit ihnen kommt unter diesen Umständen keineswegs zustande. Bitte, verlassen sie noch heute das Haus und unterstehen sie sich ja nicht, weiterhin an ihrer bisherigen Arbeitsstelle zu erscheinen!"

Und bitterböse fügte nun auch sie diesen ominösen Satz hinzu:

„Wir können mit ihnen noch ganz andere Saiten aufziehen!"

Meine Tante erhob sich wortlos und kreidebleich von ihrem Stuhl. So hatte ich sie bisher nie in Erinnerung gehabt! Sie war und ist eine Kämpferin, ja eine Draufgängerin, wenn es sein musste. Vermutlich hatte nun auch sie verspürt: hier gibt es kein Mittel zu einer Gegenwehr!

Es seien die verschiedenen Bereiche meiner „Betätigung", die oftmals auch nur wochenweise erfolgen konnten, in chronologischer Folge noch einmal aufgezählt: in der Schlosserei des VEB Blechverformungswerks Leipzig (hier arbeitete ich abwechselnd an einer Dreh- und Stanzmaschine, stellte in mikromillimetergenauer Maßarbeit Stempel für eine größere Stanze her, usw. usw.); auf dem Bau (als Hilfsarbeiterin für alles Mögliche, das anfiel); an der Pforte der Poliklinik in der Nonnenstraße (als Aufnahmekraft); bei der Post- und später bei der Paketzustellung; als Speiseeisherstellerin in einer „halbprivaten" Firma; als Hilfskrankenschwester in der Neurologischen Universitätsklinik in Leipzig-Johannisallee; in einem Elektroinstallationsbetrieb (hier vorwiegend bei Kabelverlegungen von Steigleitungen im Bereich sogenannter Altbausanierungen); ...und wiederholt suchte ich einen Anlauf für eine Ausbildung im medizinischen Bereich, indem ich als Hilfskrankenschwester sehnsuchtsvoll „eine Bleibe" suchte.

1965, fast unmittelbar nach dem Tode meiner guten, so guten Großmutter..., holte man mich zum MdI (Ministerium des Inneren), einem Verein, der der Staatssicherheit angehörte. Mir wurde unvermittelt offeriert, dass ich mich wegen „Arbeitsbummelei und Herumtreiberei" strafbar gemacht hätte, demzufolge zur „Arbeitserziehung" geschickt werden müsse. In die Steinbrüche, nahe bei Weimar...

Hier war es das erste Mal in meinem Leben, da ich wirklich nicht mehr zu wissen glaubte, wie es weitergehen und was noch sinnvoll sein konnte... Meine Welt blieb in vielen, vielen einsamen und stillen Stunden „meine" Musik.

Ich durfte zu Freunden öffentlich keine Beziehung pflegen; und da auch diese aus Angst scheuten, durch den Kontakt zu mir benachteiligt zu werden, unterließ ich jeden Versuch von vornherein, mit ihnen zu kommunizieren.

Wenn ich am Flügel oder gelegentlich in einer Kirche an einer Orgel sitzen konnte, da war ich bald wieder innerlich von einem Gefühl erfüllt, mit der Welt doch ausgesöhnt zu sein. Und nun in einen Steinbruch? Ich scheute nie vor einer Arbeit zurück. Aber hätten meine Hände hierbei nicht Schaden genommen, und wäre es mir danach noch möglich gewesen, zum Beispiel die Pathetique von Beethoven, seine Mondscheinsonate, sein liebenswürdig-fragendes Rondo Op. 51 Nr. 1 in C-Dur zu spielen? Die Kinderszenen von Schumann? Bachs Präludien und Fugen, seine faszinierend schönen und logischen Zweistimmigen Inventionen, Stücke seines Wohltemperierten Klaviers? Und Chopins Mazurkas, Walzer und Prälüds – sollte ich mir das dann nur noch im Geiste vorstellen, es aber spielen nicht mehr können? Gott Vater im Himmel..., was für einen Weg hast Du vor, mich gehen zu lassen?! Kannst Du mich nicht - - - vielleicht - - - zu Dir - - - holen - - -, Herr?

Zu sich holte mich der Herr nicht. Ich wage auch nicht zu behaupten, dass Er sich darin Vorschriften machen ließe. Aber ich gebe es ganz offen zu, dass so meine Gedanken wirklich waren. Großmutters unmittelbarer Tod zuvor war es ganz bestimmt nicht, der mir noch lange nahe ging, der mir aber nicht all meinen Mut zum Leben nahm. Lebte sie doch in meiner Erinnerung weiter (was sie selbst heute noch tut!), und war sie mir doch auf diese Weise wirklich gegenwärtig geblieben. Würde die Unsterblichkeit einer Menschenseele darin bestehen, dass ihr Vermächtnis, die Erinnerung und das Gedenken an jene Seele in einem anderen Menschen im Gedenken an diese Seele weiterlebt, dann wäre dieses vielleicht für einen Atheisten als „Unsterblichkeit der Seele" nur schwer zu widerlegen;

...wiederum würde manch eine gute Seele sterblich sein, da niemand mehr an sie denkt.

Aus meiner Niedergeschlagenheit und meinem Unmut, meiner ganzen Hilflosigkeit, gegen die ich mich nicht zur Wehr setzen, mir niemand helfen konnte oder wollte, fand ich jedoch bald wieder heraus; jedenfalls konnte ein Strohhalm erst einmal ergriffen werden. Ist das doch manchmal wirklich schon ein Trost.

Während einer Vernehmung durch Beamte des VP-Reviers Leipzig-Südwest, Weißenfelser Straße, einer polizeilichen Einrichtung, die der Staatssicherheit unterstellt war und in der ich mich unverzüglich einzufinden hatte, wurde eine kurze Vernehmungspause eingelegt. Ein höhergradiger Beamter, der zu meiner Sicherstellung in dem Raum mit mir verblieb, sprach mich unverhofft und leise an, eigentlich war es mehr ein Nuscheln, bei dem er erstaunlich menschliche Züge zeigte. Er gab mir zu verstehen, dass er nichts gegen die Anzeige, die gegen mich erstattet wurde, machen könne, auch könne er nicht verhindern, dass ich die angekündigte Strafe anzutreten und zu verbüßen hätte. Aber er wisse einen Ausweg aus dem Schlamassel, ...und er verriet ihn mir. Kurz und schnell und noch ehe sich seine Kollegen wieder einfanden. Durch eine schnelle Heirat, so verriet er mir, könne die Anklage gegen mich wegen „Arbeitsbummelei und Herumtreiberei" nicht länger aufrechterhalten werden. Als Ehefrau sei ich zur Arbeit nicht verpflichtet.

Die ganze Schizophrenie dieses Systems musste sich mir hierbei offenbaren! Ich wollte doch arbeiten. Und es gab genügend Möglichkeiten, zu arbeiten. Meine Kader-Akte war ideologisch „unrein", aber behändig schnell im Nachfolgen! Eine schnelle Heirat also könne mich „schützen". Wundervoll. Zumal ich daran noch gar nicht gedacht hatte, meine Großmutter frisch unter der Erde lag.

Ich heiratete. Einen Mann, den ich kaum kannte, bestenfalls nur beiläufig durch zufällige Begegnungen in der katholischen Pfarrjugend, der einen Beruf hatte und arbeitete, der etwa in meinem Alter war, usw. usw... Aber ich will nicht ungerecht sein. Er war ein guter, eher schon fast einfältig guter Mensch, sonst hätte er mich wohl auch nicht geheiratet. Er hat sein Bestes hinzugetan, ich ehrlichen Herzens versuchte es auch. Dass es auf Dauer vielleicht nicht gut gehen würde? Wer weiß?

Nun musste ich es wohl gut genug begriffen haben, wie es „in diesem Staate Dänemark" nur laufen kann. Etwas lernen ließ man mich nicht. Mich arbeiten, das ließ man mich auch nicht. Aber Kinder zu haben, mich ihnen zu widmen, ...DAS KONNTE MIR AUCH DER STAAT DER DDR NICHT VERBIETEN!!! Und so erwartete ich alle drei Kinder in wirklich großer Freude und war überglücklich über Ludmila, Leokadia und Alexander.

* * *

Nichts Schöneres gab es für mich, als mich an dem Wachsen und Gedeihen meiner Kinder zu erfreuen. Nichts konnte mir in diesem „sozialistischen Staat der

DDR" davon genommen werden! Nun habe ich doch meinen Sieg davongetragen! Das tägliche Einreihen in die Einkaufsschlangen, das Enttäuschtsein, wenn die letzten Äpfel und Zwiebeln unmittelbar vor einem ausgegangen waren, die Freude, wenn es nach zwei- bis dreistündigem „Schlangestehen" gelang, zwei (drei) Bananen (da im Mütterpass zwei (drei) Kinder nachweislich standen) zu erstehen - es gehörte zum selbstverständlichen Alltag. Darüber zu klagen, es hätte nichts gebracht. Damit zu leben gelang. Leicht gelang dies, denn ich hatte „meine Familie", etwas, das nun wirklich mir gehörte, dessen Leben ich mitgestalten konnte.

Mein Ehemann musste 1967 im Frühjahr zum Reservistendienst bei der NVA (Nationale Volksarmee). Der staatliche Unterhalt für mich und meine zwei Kinder (Alexander war noch nicht geboren) betrug 148,– MDN (Mark der Deutschen Notenbank) im Monat. Wir kamen damit aus. Flaschen und Gläser wurden nicht weggeworfen, denn es gab 20, 15 oder 10 Pfennige dafür. Hatten andere Nachbarn ihre Gläser und Flaschen in die Mülltonnen geworfen, so nahm ich sie wieder heraus, wusch sie säuberlich und brachte sie in die Geschäfte zurück. Eine Tüte Bonbons oder ein Eis zum Schlecken für die Kinder sprangen dabei jedenfalls heraus, und so war es möglich, sich kleine Freuden zu bereiten.

Am 21. August 1968 lähmte uns alle die Nachricht, dass eine „Invasion der Russen in die Tschechoslowakei" über Nacht erfolgte. Über Rundfunk und Fernsehen holte sich ein jeder die Nachrichten der westlichen

Medien ein, obwohl dies streng verboten war. Es störte dabei nicht, dass der Empfang über die diversen Sender nur mangelhaft war. Die Nachrichten wurden dann untereinander „vertraulich" ausgetauscht. Die Ohren standen jedenfalls gespitzt! Aber das sah niemand. In Windeseile wusste es bald jeder: die Niederschlagung des „Prager Frühlings" durch die Truppen des Warschauer Paktes erfolgte gerade und erhitzte die Gemüter...

Ich dachte dabei an die Jahre vor meiner Heirat zurück, an die Jahre von 1961 bis 1965, als ich alles verloren und begriffen hatte, dass ich nichts mehr zu verlieren besaß. Aus freien Stücken heraus fuhr ich ungezählte Male zusammen mit meiner Freundin Marita (sie lernte ich in der „staatlich ungeliebten" Pfarrjugend kennen) in die ČSSR. Zu den Verfolgten und den im Untergrund lebenden Christen... Der spätere Kardinal Tomášek (Prag) war damals noch Bischof und lebte im Exil. Unter Lebensgefahr suchten wir ihn seinerzeit dort auf. Der Bischof von Aussig (heute Ústí nad Labem) lebte gleichfalls in Arrest, und wenn wir mit ihm sprachen, gingen wir in einem kleinen ummauerten Gärtchen auf und ab, weil in seinem Zimmer „Wanzen" angebracht und vor der Tür der tschechische Sicherheitsdienst (SNB) postiert war. Prälaten, Dechanten, Priester, Ordensbrüder und -schwestern besuchten wir, bis weit hinein in die Slowakei. Sie arbeiteten in Molkereien, Betrieben, in Seuchenanstalten und Pflegestationen für Behinderte. Herauskommen durfte darüber nichts. Wir gaben uns Spitznamen, denn für den Fall, man werde aufgegriffen und verhört, bestand die Gefahr einfach nicht, einen Namen zu nennen, der ungenannt bleiben musste. Der Bischof von Meißen, Dr. Otto Spülbeck, gab uns jedes Mal vor unseren Reisen seinen bischöflichen Segen. Kardinal Bengsch aus Berlin uns den seinigen. Gott allein nur wusste von unserem Tun und Handeln. Und ich hatte einen Grund, in die ČSSR zu fahren, denn ein Großteil meiner Verwandten und mein Vater (gest. 1966) lebten dort, wurden seinerzeit nicht vertrieben.

Ich musste an jenem 21. August 1968 an diese Situationen zurückdenken, als z.B. in einer Scheune eine Messe zelebriert, plötzlich ein Zeichen gegeben wurde und noch während der Hl. Wandlung Stroh und Heu mit Mistgabeln von uns auf den „Not-Altar" geschichtet wurden, denn es galt ja als verboten, außerhalb der tschechischen „Staatskirche" ein Messopfer zu feiern oder zusammenzutreffen.

Ich musste an jenem 21. August auch an ‚Knöchlein' denken, einen Moraltheologen und Jesuiten, der anfangs zum Tode, dann zu lebenslanger Haft verurteilt, 1964 plötzlich aus seiner Haft entlassen wurde. Wir gaben ihm den Spitznamen 'Knöchlein', weil er so abgemagert und kraftlos war, als wir ihn an einem Bahnhof „in Empfang nahmen" und nach Prag in seine Wohnung begleiteten. Diese befand sich in der großen, prachtvollen Allee, die zum Wenzelsplatz führte. Und hier wurden gerade – Menschen von Panzern bedroht? Wurde auf Menschen geschossen?

Diese Nachricht aus den Medien schmerzte. Darüber mit jemandem reden – das war nicht möglich... Meine

Mädchen waren auf der Welt, Kinder, die sich ihres Daseins freuten, die arglos und treuherzig waren. Allein hatte ich alle Verantwortung für sie zu tragen. Mein Ehemann kam lange nicht nach Hause..., er lag mit seinem Bataillon an der tschechischen Grenze stationiert. Als Feldscher. Kurz vor Weihnachten hatte er seinen ersten „Ausgang" genehmigt bekommen, da sahen wir einander wieder. Er konnte es auch Monate nach der Invasion in die ČSSR nur stockend vor Entsetzen berichten, dass Kameraden aus seinem Bataillon auf das fahrende Auto eines Bäckers nahe von Zinnwald schossen, dieser und seine zwei Söhne von Kugeln verletzt wurden. Mehr wusste auch er nicht. Schon gar nicht „durfte" er darüber sprechen. Oder über einen seiner Kameraden, der seine Waffe reinigte, sich dann plötzlich erschoss, unmittelbar neben meinem Mann. Über einen anderen Kameraden, der Musikstudent gewesen sei, sich um eine halbe Stunde am Abend in der Kaserne verspätet hatte, eine „Gehirnwäsche" über sich ergehen lassen musste, ruhig in den Schlafraum zurückgekommen sei, „eigenartig ruhig" (wie mein Mann mir sagte), das Fenster öffnete und aus dem vierten Stockwerk hinaussprang. Er war auf der Stelle tot. Unter Strafandrohung aber „durfte" darüber nicht gesprochen werden... Wir sprachen auch nicht darüber. Ich hörte meinem Manne nur zu. Er hatte selbst genug daran zu tragen.

Der Jom-Kippur-Krieg, der dritte Israelisch-Arabische Krieg oder auch Sechs-Tage-Krieg erschreckte gleichfalls die Gemüter, im Juni 1967. Da war Leokadia gerade ein Vierteljahr alt geworden. Ich kam vom

Einkauf mit dem Kinderwagen zurück, in den ich beide Kinder gepackt hatte.

Nachdem ich Kinder und Taschen nacheinander drei Stockwerke hinaufgetragen hatte, noch ganz außer Atem war und die Wohnungstür schließen wollte, sprach mich eine Mieterin aus dem ersten Stock an. In einer halben Stunde sei Hausversammlung, sie sei froh, dass sie mich erreichen könne, denn niemand dürfe bei der Versammlung fehlen. Es gehe um „die Juden". Ich bedankte mich für diese Information, zog die Kinder rasch um und steckte sie in ihr Bettchen. Ich bat sie darum, einen Moment allein zu bleiben und ein wenig Geduld zu haben, gab ihnen ihr Spielzeug ins Bett mit hinein und versprach, bald wieder zurück zu sein, um dann mit ihnen zusammen Mittag zu essen. Da gab es niemals Probleme mit den Kindern.

Ich war tatsächlich „bald" zurück. Denn während wir alle im Treppenhaus zusammenstanden, der „Hausbeauftragte" (der immer eine wichtige Funktion innehatte!) mich erblickte, wurde ich namentlich schroff angeredet. Ich hätte „hier nichts verloren", ich solle „gefälligst wieder gehen". Es war für mich erschreckend, wieder antisemitische Parolen zu hören, die mir in meinen frühen Kindheitsjahren vertraut geworden waren, von denen ich glaubte, dass sie inzwischen in Vergessenheit geraten seien.

„Sie überhaupt, Sie verschwinden hier, aber ganz schnell, sage ich Ihnen! Sie haben hier nichts verloren! Oder gehören Sie vielleicht nicht dieser Rasse an, die den Frieden der Welt gerade bedroht?"

Man höre und staune, was in der DDR, wenn auch nicht augenscheinlich an der Oberfläche, so aber doch deutlich genug an der Tagesordnung war!

Zu einem Teil nur gehöre ich „dieser Rasse" an... Das genügte. Offensichtlich. Zumindest wurde es mir deutlich genug vermittelt. Ich kochte unser Mittagessen und sah überhaupt keinen Grund, weshalb ich es mir mit den Kindern nicht hätte schmecken lassen sollen. Sehr wohl aber war mir dabei nicht in meiner Haut.

Das Datum „30. Mai 1968" werde ich ganz gewiss nicht mehr vergessen. Es war jener Tag, an dem die Universitätskirche am Leipziger Karl-Marx-Platz wie in einem einzigen, niederträchtigen Streich dem Boden gleichgemacht wurde. Bereits viele Jahre zuvor wurde damit gedroht, diese völlig intakte Kirche, die Kriege und Wirren schadlos überstanden hatte, zu sprengen und aus dem „sozialistischen Stadtbild zu entfernen", weil sie dieses angeblich „störe" – so äußerte sich Walter Ulbricht unmissverständlich, der einst als junger Mann in Leipzig als Gemüsehändlergehilfe einen Tafelwagen durch die Gegend geschoben haben soll, auf dem mittels eines handgeschriebenen Schildes *frische Flaumen*" feilgeboten wurden! Ich selbst hatte diese Zeit ja nicht erlebt, doch kannte ich Einheimische, die davon Augenzeuge gewesen sein wollten.

Auch wenn das alles offiziell als Legende abgetan wird, so, wie die Zuhälterei des späteren Staatsratsvorsitzenden im Rotlichtmilieu, im Volksmund war dieses Thema stets präsent. Einer der vielen bösen Witze, für deren Verbreitung es drakonische Haftstrafen geben konnte, war dieser:

„Ulbricht ist auf dem Weg nach Peking zu einem Staatsbesuch. Er wird darauf aufmerksam gemacht, dass in der asiatischen Welt eine blumige Sprache gepflegt wird. So begrüßt er den Chinesischen Staatsmann mit den Worten: ‚Sei gegrüßt, gelbe Rose aus dem Fernen Osten.‘ Worauf dieser ehrerbietig an Ulbricht die Worte seiner Begrüßung richtet: ‚Sei gegrüßt, rote Puffbohne aus Leipzig.‘ Dann ging man zur Tagesordnung über.“

Durch Witze werden Dinge angesprochen, an denen auch ein Fünkchen Wahrheit haftet.

Dass Walter Ulbricht bei einer Großveranstaltung kühn seinen Schlachtruf ins Mikrofon rief: *„Quo vadis – wem nützt das“* mit dem Schlussakzent seines berühmten *„ja?“*, bei dem seine Fistelstimme, für die er ja nichts konnte, ganz in den obersten Frequenzbereich umschlug, davon nahm ich seinerzeit selbst Notiz. Eine sogenannte „geistige Leuchte“ – das war Ulbricht für mich und viele, viele andere jedenfalls nicht gewesen. Dass „Quo vadis“ nicht heißt, „wem nützt das“, sondern „wohin gehst du“ – das ist doch ein wirklich großer Unterschied! Er wusste hingegen, was das Sozialistische Stadtbild störte, und das war und blieb die Universitätskirche…

Wir Katholiken hatten die Möglichkeit, an Sonn- und Feiertagen oder zu gegebenen Anlässen die Kirche mit zu nutzen, die unter protestantischer Leitung stand. Die Kirche unserer Pfarrei, der Probsteigemeinde, war im Krieg zerbombt. Auf ihrem Platz sollte die Neuerrichtung unserer Pfarrkirche erfolgen. Nachdem wir alle, groß und klein, die Trümmerziegel ausgebuddelt, geputzt und in Blöcken sauber aufgeschichtet hatten, wurde uns die Genehmigung zur Wiedererrichtung der Probsteikirche sang und klanglos entzogen. Wir waren sozusagen „verwaist", nahmen Zuflucht in der Universitätskirche.

Zur Christmette in der Weihnachtsnacht waren das Kirchenschiff und die Emporen regelmäßig angefüllt bis auf den letzten Platz. Da kamen Menschen von überall her, um die Krönungsmesse von Mozart dichtgedrängt zu erleben, die von Musikern des Gewandhausorchesters und namhaften Künstlern freiwillig aufgeführt wurde. Georg Trexler, den ich kannte, leitete das Orchester, seine Tochter Roswitha, die ich ebenfalls kannte, betörte durch einen wundervollen Kirchensopran.

Wenn Pater Gordian predigte, ein von uns allen wegen seiner klaren und mutigen Worte heiß geliebter Dominikaner aus dem Konvent in Wahren, dann war diese Kirche ebenso bis auf den letztmöglichen Platz mit Christen beider Konfessionen, Horchern der Stasi und anderweitigen Besuchern gefüllt. Sehr zum Groll der Genossen, denn das passte ihnen ganz sicher nicht in den Kram! Die Wahrheit, die da unverblümt ans Licht kam, die störte in dieser realsozialistischen Gesellschaft und war ihr ein spitzer Dorn im Auge. Also weg mit dieser Unikirche!!!

Ich werde es nicht vergessen, wie ich mit meinen beiden kleinen Mädchen, die in einem Kinderwagen miteinander saßen, durch den Clara-Zetkin-Park eilte, die Ferdinand-Lassalle-Straße entlang, durch die Kolonnadenstraße bis zur Innenstadt, wie ich in der Petersstraße vor dem Lichtspielhaus „Capitol" aufgehalten wurde mit dem warnenden Hinweis, mit dem Kinderwagen nicht weiter zu gehen, das sei zu gefährlich. Ich ließ mich jedoch nicht hindern, sah unweit von mir einen Wasserwerfer, der drohend vor dem „Capitol" stand, der mich jedoch nicht ängstigen konnten. Ich ging die Grimmaische Straße in Richtung Karl-Marx-Platz, bis ich von weitem bereits viele Menschen vor einem billigen, hohen Holzzaun stehen sah, der als Sichtschutz weiträumig den Platz und somit die Kirche absperrte. Niemand sollte die morgendliche und klammheimliche Sprengung „stören" können. Aber da lag schon in Schutt und Asche, was mir einst so wundervoll Heimat gewesen war. Was ist aus der herrlichen Eulerorgel geworden, an der auch ich gelegentlich spielen durfte, wenn Professor Köbler anwesend war, den ich ebenfalls gut kannte? Was geschah mit dem wundervollen Flügelaltar? Mir schossen unhaltbar die Tränen in die Augen.

Einen zweiten Versuch wagte ich, die Volkshochschule in Leipzig-Löhrstraße zu besuchen. Es war das Jahr 1969 inzwischen fast wieder vorüber. Ich trug einen ganz anderen Namen, ich hatte mit Kindern, Haushalt und Arbeit auf der Baustelle genug zu tun, ich hoffte auf keine weiteren Repressalien, ich wollte meine Hochschulreife erreichen. Diesmal hatte ich tatsächlich Glück!

Alexander wurde 1970 geboren, aber auch mit drei kleinen Kindern war alles zu schaffen. Im Juni 1971 waren die Abschlussprüfungen zum Abitur. Die schriftlichen Prüfungen waren bereits abgeschlossen. Ich hatte bereits einen Durchschnitt von 2,1 erreicht, ohne das Fach „Staatsbürgerkunde" wäre es ein Durchschnitt von 1,8 gewesen. Aber die mündlichen Prüfungen standen noch an, und jeder wurde dabei einem Fach zugeteilt, für das er sich selbst melden durfte. Die bekannten Prüfungsängste hatte wohl ein jeder in unserer Klasse, doch konnte man ein Fach wählen, in dem man sich weitgehend sicher fühlte.

Ich wählte das Fach „Deutsch". Frau Sorgenfrei, unsere Direktorin, bat mich unerwartet einen Tag vor meiner mündlichen Prüfung zu einem Gespräch unter vier Augen.

„Frau Wiesenberg.", begann sie sehr nachdenklich. „Ich bin in Gewissensnöten... Ich muss Ihnen etwas mitteilen, doch bitte, behalten Sie ihre Nerven. Es ist für Sie kaum eine gute Nachricht. Die Bezirksschulleitung hat eine Kommission erstellt, die dem Prüfungsausschuss beisitzen soll. Ich habe gerade von einer ‚grauen Eminenz' erfahren, die der Kommission vorsitzt".

Frau Sorgenfrei machte eine lange Pause. Dann setzte sie fort:

„Der Vorsitzende ist Ihr ehemaliger Schuldirektor aus der Helmholtz-Oberschule, Fritze. Er weiß bereits um Sie... Bitte, behalten Sie Ihre Nerven. Ihnen kann nun gar nichts mehr passieren. Herr Fritze stellt ja nicht die Fragen, sondern ich. Sehen Sie am besten gar nicht zu ihm hin. Machen Sie Ihre Sache so, wie Sie es können, es kann nichts schief gehen dabei."

Frau Sorgenfrei auf diese Weise zu erfahren, löste zwei Gefühlsempfindungen in mir aus. Diese Frau war eine überzeugte Genossin und Funktionärin, linientreu bewusst, staatstreu - anders bekam sie niemand zu erfahren. ‚Ehrlich und aufrichtig, menschlich!', das stellte ich im Stillen fest. Das beruhigte...

„Mentales Training" nennt man das wohl, was ich unbewusst nun die ganze Nacht hindurch tat. Ich stellte mir die Situation vor, die auf mich zukommen würde, dabei blieb weiß Gott nicht die Zeit, an Goethes „Faust" oder Schillers „Wallenstein" zu denken oder an Erich Weinerts Gedichte, aus denen Prüfungsfragen hätten kommen können.

Die Nacht war schneller vorüber, als mir lieb war. Alle Prüfungen waren bisher geschafft, gut geschafft. Die Hoffnung regte sich bereits, ein Medizinstudium aufnehmen zu können. Als „werktätige Mutter mit drei Kindern", Abitur „auf Abendschule" gemacht, in einem ruhmesglänzenden (das meinte man ja stets) „Arbeiter- und Bauernstaat". Berechtigte und realistische Chancen winkten doch bereits! Und jetzt dieser Fritze, der erneut wie ein Alptraum aufzusteigen drohte? Ein „Beisitzer", wenn auch als Vorgesetzter einer Kommission! Einer, den ich nicht ansehen müsse, wenn ich eine „Deutsch-Frage" zu beantworten haben würde. Und Sympathie, die ich erstmals so deutlich verspürte, die mir entgegengebracht wurde, immerhin von der Direktorin der Volkshochschule, Frau Sorgenfrei! Nein, – ich musste wirklich keine dumme Angst haben. Ich weiß ja nun, dass mir dieser Fritze nicht mehr schaden kann!

Ich musste mich sehr mutig machen, jedes Herzklopfen schon in Gedanken unterdrücken... Noch fünfzehn Minuten – was ist das schon! – dann wird es bald vorübersein. Und die Schule geschafft.

Endlich war ich an der Reihe. Die „Wartezeit" nämlich war es, die nervte. Ich öffnete die Tür, sah im Blickwinkel einen Halbkreis von Stühlen, die alle besetzt waren. Wer wo saß? Ich sollte, wollte, konnte, durfte ja nicht hinsehen, konzentrierte mich auf das Podest, auf das ich ruhig (nach außen hin) stieg, bemerkte, dass ich ohne weiteres in die Lehrergruppe sehen konnte, denn es war mir, als läge ein Nebelschleier vor meinen Augen, und ich erkannte sowieso niemanden. ‚Halte durch! Du willst Medizin studieren! Dies hier ist nur eine Bagatelle', beruhigte ich mich bis zu dem erwarteten Augenblick, als mir die Frage gestellt wurde.

„Frau Wiesenberg", hörte ich die ruhige Stimme von Frau Sorgenfrei. „Ich nenne Ihnen eine Stelle aus „Wallenstein" und Sie sagen uns bitte..."

„Wallenstein"..., das beruhigte blitzartig! Aber: leise, fein, spitz, frivol fiel eine Stimme ein, die ich gut kannte:

„Sie beantworten eine andere Frage. Was versteht man unter ‚Wirkungsgrad'?"

Eine entsetzliche Stille war in dem Raum. Mir war, als habe eine Leere ein Echo geworfen.

„Der Wirkungsgrad ist", begann ich, konnte ein Schlucken nicht vermeiden, spürte eine trockene Kehle. „Unter Wirkungsgrad versteht man... das Verhältnis von abgegebener Energie, die nutzbar wäre zur tatsächlichen Energie, die gebraucht wird...".

Ich stotterte weiter:

„Der Wirkungsgrad ist demnach immer kleiner als 1 ... also kleiner als 100%..."

Ich wartete, ob eine weitere Frage kommen würde. Ich wusste nicht, was ich zu dieser Frage außer einer Definition noch hätte sagen sollen. Keine Frage kam. Bedrückende Stille lag wie schwanger im Raum. Zehn Minuten sollte jeder zu seiner Fragestellung referieren! Was sollte ich nun sagen? Ich trug ein Beispiel anhand einer Glühbirne vor. Stille blieb im Raum. Ich sprach über das Beispiel „Dampflokomotive", erwähnte den Begriff „thermodynamischer Wirkungsgrad". Ich stockte erneut, hoffte auf eine Frage. Nichts. Und zehn Minuten eines Referates waren längst nicht beisammen!

Dann war diese Stimme wieder vernehmbar: schneidend, kalt, leise, frivol...

„Nun, Sie halten das soeben erreichte Prüfungsziel sicherlich auch für verfehlt? Welche Note geben Sie sich selbst?"

Ich schluckte, konnte es nicht unterdrücken.

„Vielleicht eine drei?", sagte ich eher zaudernd.

„Wie bitte??? Wir hören wohl nicht recht!? Das war eine ganz jämmerliche Leistung, von der Sie uns gerade überzeugt haben! Sie dürfen gehen!"

Ich ging, doch zwang es mich nun, in das Gesicht meines ehemaligen Schuldirektors Fritze zu sehen. Klar, ganz klar sah ich es jetzt, die Nebel waren verschwunden. Aschgrau, teigig, glatt war dieses Gesicht. Die Lippen etwas füllig, zynische Ironie spielte um den Mund und schwarz abgegrenzt zeichneten sich gut genährte Wangen von dem Teil des Gesichtes ab, der wohl mit Pedanterie einer Rasur unterzogen wurde. Weder Angst noch Herzklopfen verspürte ich. Dieses feiste Gesicht – ich kannte es doch nur zu gut! Und endlich war diese „Prüfung" für mich vorüber.

Im Oktober des gleichen Jahres erhielt ich von der stellvertretenden Direktorin der Volkshochschule eine Nachricht. Mir wurde angeboten, mich einer schriftlichen Prüfung im Fach Physik zu unterziehen. Damit hätte ich die Chance, die Note „Vier", die ich auf dem Zeugnis statt der bereits erreichten „Eins" erhalten hatte, zu verbessern. In zweieinhalb Stunden schrieb ich dann unter Aufsicht von zwei Lehrern diese Physikprüfung. Die Thematik betraf zu einem Teil das Gebiet der Mechanik, ein zweiter Teil kam aus der Elektrizitätslehre. Und es machte mir sichtlich Spaß, diese schriftlichen Fragen zu beantworten!

„Eine Eins mit Sternchen" – so wurde mir bestätigt. Aus dem Vierer wurde dadurch ein Zweier. Im Gesamtdurchschnitt meines Zeugnisses lag ich nun durchaus in dem Bereich, der ausreichend war, mich an der Universität um ein Medizinstudium zu bewerben. Dies tat ich auch.

Wie unendlich groß war die Freude, als ich durch die Karl-Marx-Universität Leipzig die Nachricht über einen erteilten Studienplatz für Medizin erhielt!!! In der Liebigstraße, gegenüber dem Pathologischen Institut – ich kannte diese Gegend doch nur zu gut, denn war ich nicht heimlich und oft hier? – fand die „Immatrikulation" statt. Wo die Mensa sei, wann die erste Vorlesung wäre usw. usw., alles das wurde mir, wie allen anderen auch, förmlich mitgeteilt. Endlich konnte ein wirkliches Leben beginnen!

Zehn Tage darauf öffnete ich ein Schreiben, das von der Karl-Marx-Universität an mich gerichtet war und von der „Abteilung für Erziehung und Ausbildung" kam. Aus der Ritterstraße in Leipzig. Die Zulassung zum Studium der Medizin sei an mich leider versehentlich ergangen. Man bedaure, mir diese Mitteilung machen zu müssen...

„EINGABE! An den Staatsratsvorsitzenden der Deutschen Demokratischen Republik, Walter Ulbricht..." Dreimal schrieb ich nach Berlin. Eine Antwort auf meine Eingaben steht noch heute aus.

Inzwischen war ich meine zweite Ehe eingegangen. Wiederum war ich dadurch „politisch geschützt". Noch dazu hatte mein zweiter Mann „gute Karten". Er war ein ordentlicher Staatsbürger der DDR, als Jugendlicher gelegentlich aktiv bei der Hilfspolizei tätig, war überzeugter Atheist und selbständiger Elektromeister (der jüngste seinerzeit in Leipzig!). Obwohl er wegen seines selbständigen Meisterbetriebes seinen Wehrdienst bei der Volksarmee (NVA) geschickt verweigerte, wurde ihm verziehen. Er leistete jedoch einen Ersatz- bzw. Reservedienst, justament zur Zeit des „Prager Frühlings." Als Elektromeister bekam er sogar eine Sonderstellung, hatte in Kreisen von Offizieren zu tun und dabei auch deren private Wünsche zu erfüllen (Verlegung von elektrischen Leitungen und das Besorgen von Materialien, worüber sich die angetrauten Offiziersgattinnen freuten).

Mit mir zusammen hatte er dann auch das Abitur auf der Volkshochschule absolviert, mit recht guten Ergebnissen, hatte danach ein Physikstudium an der Karl-Marx-Universität in Leipzig begonnen. Nun gut. Ich hatte ja noch die Kinder, so sollte er wenigstens sein Studium abschließen können. Wie schnell fügte man sich doch wieder in einen allzu bekanntgewordenen Alltag...

Ende 1972 wurde mein Mann in das Dekanat der Sektion Physik an der Karl-Marx-Universität einbestellt. Ihm wurde seine mögliche Karriere deutlich gemacht, – *wenn* er sich von einem Menschen, wie ich es sei, trenne und dadurch sein sozialistisches Bewusstsein unter Beweis stelle. Und wieder begann die gefürchtete Sippenhaft nach unserer Freiheit zu grapschen…

Im gleichen Jahr kam meine Tochter Ludmila zur Schule. In ihren ersten Weihnachtsferien musste sie eine „schriftliche Strafarbeit" anfertigen und unverzüglich abgeben. Was war der Grund? Ludmila verstand den morgendlichen Klassengruß nicht richtig auszusprechen. Da hieß es: „Für Frieden und Sozialismus, seid bereit!" Und: „Immer bereit!" wurde darauf von den Kindern in der Klasse skandierend erwidert. Ludmila aber sagte fatalerweise, wenngleich auch mit leidenschaftlicher Begeisterung über die Pionierkleidung, in der sie liebend gern (kindhaft unbedarft...) steckte:

„Für Frieden und Solamismus, seid bereit!"

Das hätte nicht passieren dürfen. Das Wort „Sozialismus" war doch schließlich etwas, das man bereits mit der Muttermilch aufzusaugen hatte. *„Solamismus"* – das kann man nicht durchgehen lassen!

In dieser Angelegenheit genügte es offenbar nicht, dass die Sechsjährige ihre Strafarbeit feinsäuberlich bis spät in die Abendstunden hinein anfertigte, bei der sie fünfzig Mal das Wort „Sozialismus" aufzuschreiben hatte. Es erreichte mich zudem eine Vorladung zu einem persönlichen Gespräch im Direktorat der Schule, dem „Folge zu leisten" war (wie explizit betont wurde).

Ich saß dem Direktor der 49. Grundschule zum ersten Mal gegenüber, kannte ihn lediglich vom Sehen. Ich wusste allerdings, dass ich es nicht zulassen würde, wenn meiner Tochter „ans Zeug geflickt" würde – hatte ich doch selbst und früher in dieser Schule, die den romantischen Namen „Waldschule" trug, bittere Stunden zu durchstehen gehabt.

Als ich wiederholt darauf hingewiesen wurde, dass es „unverantwortbar, ja nahezu unerklärlich sei, wie ein Jungpionier und ausgerechnet noch eine so tüchtige Schülerin wie Ludmila nicht wisse, wie das Wort ‚Sozialismus' auszusprechen sei", platzte mir innerlich bereits der Kragen. Und als weiter ausgeführt wurde,

„dass dies doch erkennen ließe, dass das häusliche Milieu als bedenklich einzustufen sei bezüglich der Erziehung unserer Jugend zu einer funktionierenden Sozialistischen Gesellschaft", da musste ich mich mächtig zusammenreißen.

„SOZIALISMUS – das nimmt doch ein junger Mensch bereits mit der Muttermilch auf!", echauffierte sich der Direktor jetzt sehr laut und stieß dazu die einzelnen Silben betont laut hervor.

Ungehalten zeigte er sich nun, mit bitterbösem Gesichtsausdruck. Außer Rand und Band war er geraten!

Bis jetzt hatte ich mich ruhig und so diplomatisch wie nur irgend möglich verhalten. Doch wie mit einem Schlag war es dann auch mit meiner Geduld gegenüber diesem Genossen vorbei. Nicht, dass ich persönlich oder ausfallend geworden wäre, oh nein! Da hatte ich mich wohlweislich zurückzuhalten gewusst, so sehr es auch in mir ruckte und zuckte.

Seinen Anschuldigungen war kaum etwas Vernünftiges entgegenzusetzen. So brauste ich auf, mit dem doofsten Gesicht, das ich aufzusetzen verstand:

„Sehen sie, das wird wohl daran liegen, dass ich meine Tochter nicht stillen konnte. Unmittelbar nach ihrer Geburt hatte ich eine Mastitis. Da konnte ich das Kind nur mit KI-NA ernähren. Mit Muttermilch ging da leider nichts. Und die KI-NA-Erzeugnisse waren auch oftmals nur schwer zu bekommen."

Ich weiß nicht, was sich mein Gegenüber dabei dachte, ob er meine bitterböse Ironie dahinter erahnte, jedenfalls reagierte er sehr verblüfft und verkniffen. Im Übrigen hatte ich ja die Wahrheit gesagt und bis auf den Mangel an Konsumgütern für den Alltag keine weitere kritische Bemerkung fallen gelassen. Wie die allgemeine Versorgungslage war, das dürfte auch dem Herrn Direktor zur Genüge bekannt gewesen sein! „KINA" war die Abkürzung einer Trockenmilchkonserve für Säuglinge aus dem VEB Diätawerk Halle, das es zu kaufen gab – das heißt, wenn auch dieses Produkt nicht „gerade vergriffen" war.

Leokadia ging halbtags in den Kindergarten, „Vorschule" hieß das in der DDR. Diese nicht zu besuchen, zog Schwierigkeiten nach sich. Wenigstens erreichte ich für meine Tochter die Erlaubnis für einen nur stundenweisen Aufenthalt, der zur Mittagszeit endete. Täglich holte ich Leokadia aus dem Kindergarten ab. Da gab es nichts Besonderes, das auffallend gewesen wäre. Einmal jedoch wollte mich die Leiterin des Kindergartens sprechen. Mir wurde mitgeteilt, dass sich Leokadia „nicht genug einfüge". Ja, sie habe der Kindergärtnerin sogar gegen das „Schienbein getreten". Ich solle meine Tochter sofort und unverzüglich, ja, noch an Ort und Stelle zur Rechenschaft ziehen.

Sofort und an Ort und Stelle? Vor all den anderen Müttern, die gleichfalls ihre Kinder abholten? Ich dachte nicht im Traume daran! Ich entgegnete, dass ich erst einmal selbst und unter vier Augen mit meinem Kind reden wolle, dass ich wissen mochte, was sich *wie* und *warum* ereignet habe.

Die Leiterin rief eine andere Erzieherin hinzu und beide fühlten sich plötzlich sehr kompetent, mir zu erklären, was ein richtiges Klassenbewusstsein bedeute.

Da gehe es einfach nicht, dass sich ein Kind außerhalb eines Kollektivs stelle. Es kostete mich Überwindung, daraufhin ruhig und freundlich zu bleiben. Ich beharrte darauf, dass ich zunächst allein mit meiner Tochter sprechen wolle, auch, um von meiner Tochter zu erfahren, was ihrer Meinung nach geschehen sei. Ich machte lediglich von meinem Recht als Mutter Gebrauch!

Leokadia weinte den ganzen Weg bis nach Hause still in sich hinein. Ich sagte nichts, hielt ihre Hand in der meinen, in der Hoffnung, sie würde mir selbst etwas dazu sagen. Stunden später schluchzte sie heraus:
„Nur, weil ich ordentlich sein wollte, bekam ich eine geknallt."

Es stellte sich heraus, dass die Kinder nach einer Ruhepause in den Garten gehen sollten, dass sich Leokadia noch einmal aus der Reihe der Kinder entfernte, zurücklief, um eine Schlafdecke, die schlampig aus einem der Regale heraushing, wieder an ihren Platz zurückzulegen. Sie habe dann ganz plötzlich und unerwartet eine Ohrfeige bekommen, die sehr weh getan habe, und erst daraufhin habe sie der Erzieherin gegen das Schienbein getreten.

Sie musste mir gar nichts Näheres dazu weiter erklären, ich wusste doch selbst genug Bescheid... Ich ließ sie sehr deutlich fühlen, wie schön und richtig sie alles mache, wie ordentlich sie sei – über viele Tage hinweg. Erst dann wurde sie wieder zu dem fröhlichen und unbeschwerten Mädchen, das sie war. Der Erzieherin im Kindergarten gab ich am kommenden Morgen unmissverständlich zu verstehen, dass sich in Zukunft niemand mehr erdreisten möge, die Hand gegen mein Kind zu erheben! Ich würde in einem Wiederholungsfalle Mittel und Wege suchen und finden, dagegen nachhaltig vorzugehen.

Kurze Zeit darauf kam ein Brief vom „Stadtbezirk Süd-West". Ich hasste solche Briefe mittlerweile, ließen sie doch nie etwas Gutes ahnen. So war es auch. In dem Brief stand die Nachricht, dass Leokadias psychische und geistige Entwicklung zu bedenken gebe, ...die Vorstellung bei einem Psychiater sei daher erforderlich... Kategorisch und explizit stand auch hier wieder der Hinweis, „dass dieser Vorladung Folge zu leisten ist", um weitere „Maßnahmen" zu vermeiden.

Der Gang in die Psychologische Kinder- und Jugendberatung in der Erich-Zeigner-Allee war für mich innerlich ein Martyrium! Gegenüber meiner Tochter ließ ich mir davon nichts anmerken. Im Gegenteil. Wir scherzten und lachten, ich erklärte dem Kind, dass wir jetzt zu einem Onkel Doktor gingen, der bestimmt ganz verrückte Fragen stellen würde, die sie alle ganz leicht beantworten könne. Der sie mit Bauklötzchen spielen oder zeichnen lassen würde, was auch ihr Freude machen werde, der ganz bestimmt sehr lustig sei und ihr viel Spaß bereiten werde.

Jedenfalls hatte ich diesbezüglich richtig „vorgearbeitet". Die Begegnung mit dem Psychiater hatte durchaus ihre Reize. Ich stellte mein Mitteilungsbedürfnis gleich nach der Begrüßung und recht überschwänglich in den Vordergrund, nämlich dass ich selbst mit der Psychiatrie liebäugle, da ich beabsichtigte, Medizin zu studieren, mich mit der speziellen Thematik seines Fachgebietes bereits in Lehrbüchern auseinandergesetzt habe. So groß sei dafür mein Interesse.

Bingo! Ich hatte erreicht, was ich wollte. Der schon etwas ältere Herr mit gepflegtem Schnauzer und in schneeweißem Kittel blickte fröhlich durch seine John-Lennon-Brille und unterhielt sich angeregt mit mir, stellte dann in einem Nebenzimmer und ohne meine Anwesenheit meiner Tochter ein paar Fragen, die sie problemlos beantwortet haben soll, ließ sie mit Klötzchen etwas bauen, was ihr geschickt gelungen sei – das war dann aber auch schon alles. Nein, es war noch nicht alles! Ich wurde unverblümt bei der Verabschiedung gefragt, wie es eigentlich dazu gekommen sei, dass ich mit meiner Tochter eine Vorladung zu ihm bekommen habe. Meine Verwunderung darüber gab ich arglos und unverhohlen preis!

„Na, vielleicht hat man da etwas verwechselt und es handelt sich um ein ganz anderes Kind…", so brummelte er noch in sich hinein.

Den Psychiater konnte ich jedenfalls auf meine Art und Weise „umgarnen" und in seine eigene Falle tappen lassen. Ich hatte genug Unterricht darin erteilt bekommen, wie so etwas anzustellen ist. Von der Schule musste ich gehen, ein Studium durfte ich auch nicht antreten, die Schule des Lebens aber hatte mich sauber im Griff! Wollte ich am Leben bleiben, musste ich „Klassenziel" um „Klassenziel" erreichen.

Unser Sohn war inzwischen zur Welt gekommen. Durch eine Verwechslung der Blutproben bei der letzten Schwangerschaftsvoruntersuchung bekam ich die Diagnose einer „Blutarmut" mitgeteilt, die die sofortige Einleitung der Geburt am darauffolgenden Tag erforderlich machte. Alexander kam wohlbehalten und unbeschadet zur Welt, allerdings durch diese forcierte Maßnahme gute zweieinhalb Wochen zu früh. Die Folge war, dass ihm ein bestimmtes Plasmaprotein fehlte, das für einen Antikörpermangel verantwortlich war. Fieberschübe in nahezu regelmäßigen Abständen von ein oder zwei Wochen waren die Folge, wiederholt traten dabei beängstigende Fieberkrämpfe auf.

Der Nachweis der Diagnose konnte „unter der Hand" erfolgen. Der dazu erforderliche Test war teuer und speziell und stand nicht für jeden werktätigen Menschen so einfach zur Verfügung. Mit Unterstützung von Freunden gelang die Erstellung einer Elektrophorese, eine Untersuchung aus dem Blut, die eindeutig den Mangel an sogenanntem Gammaglobulin aufzeigte.

Damit konnte unser Kinderarzt aktiv werden. Ich bekam ein Medikament rezeptiert, das ich selbst käuflich in einer Apotheke erwerben musste, das aber nicht immer in jeder Apotheke vorrätig war. So bekamen wir es, wenn es in Leipzig nicht aufzutreiben war, in Halle, Dresden oder Berlin – oft genug jedenfalls außerhalb unserer Stadt und stets in der drängenden Sorge, es vierzehntägig zur Verfügung zu haben, damit der Kinderarzt dem knapp zweijährigen Buben damit eine Injektion verabreichen konnte. Das führte sehr rasch zu dem Ergebnis, dass das Kind kein extrem hohes Fieber mehr wegen irgendeines banalen Schnupfens bekam.

Einmal suchte ich mit der ärztlichen Rezeptur eine Apotheke in der Leipziger Innenstadt auf, in der es am ehesten wahrscheinlich war, dass das Medikament zu bekommen wäre. Ich staunte nicht schlecht, als ich nach einer gewissen Wartezeit von dem Leiter der Apotheke gefragt wurde, ob ich Mitglied der SED sei und dieses nachweisen könne. Das konnte ich natürlich nicht. Postwendend wurde mir eine rüde Abfuhr erteilt, dass „ein solch rares und wichtiges Medikament zuallererst den Bürgern in unserem Sozialistischen Staat zur Verfügung stehen muss, die ihre Pflichten kennen und erfüllen" – ich ging also leer aus. Jetzt war der Punkt gekommen, wo ich wusste: in der „Deutschen Demokratischen Republik" ist für uns kein Leben.

Noch im Jahre 1972 entschlossen wir uns – mein Mann und ich – dazu, das Land illegal zu verlassen. Ein exakter Plan wurde aufgestellt, und das während vieler Spaziergänge, um keine „Mithörer" oder „Mitwisser" zu schaffen. Jeder bekam jetzt seine eigene Aufgabe zugewiesen. Ich belas mich emsig in der „Deutschen Bücherei" in Leipzig, Philipp-Rosenthal-Straße, las intensiv dazu in Büchern über Geographie und Navigation.

So einfach konnte ein Lesesaal jedoch nicht betreten werden. Ein ehemaliger Schulfreund, gemäßigter Parteigenosse, der aufgrund seiner Forschungstätigkeit und vermeintlichen Linientreue einem sogenannten „ausgewählten Benutzerkreis" angehörte, lieh mir seinen

„Ausweis", den wir salopp nur „Giftschein" nannten, und niemand forschte jemals nach, ob ich auch die Person sei, die auf diesem Dokument ausgewiesen stand. Das war ein wirklicher Glücksfall. Von meinen Fluchtabsichten und den Vorbereitungen dazu wusste dieser Freund natürlich nichts!!!

Ich suchte mir alle erforderliche Literatur zusammen, die unserem Vorhaben dienlich sein konnte, nämlich über Bulgarien und das Schwarze Meer die Türkei zu erreichen. Das jedenfalls war unser fester Plan. Eine Flucht über die „Grüne Grenze" oder die Ostsee kam für uns nicht in Frage. Auch Gedanken an irgendwelche Fluchthelfer schieden von vornherein aus. Mit drei kleinen Kindern sollten Wege gefunden werden, die eine Flucht am ehesten gelingen lassen konnte. Da spielte unter anderem auch die Wassertemperatur eine Rolle, für den Fall, dass man mit dem nassen Element hautnah in Berührung kommen würde.

Alle Eventualitäten spielten wir gedanklich bei unseren „Spaziergängen" durch, auch die, die wir uns als die härtesten vorstellen konnten. Eine gute Vorbereitung war für uns das A und O bei der ganzen Planung. Und ich suchte mich nun für die geographischen und navigatorischen Gegebenheiten aus Büchern und Atlanten zu belesen und vorzubereiten. Erforderlich war, keinerlei Aufzeichnungen darüber anzufertigen und alles im Kopf zu behalten, was dazu wichtig war.

Gleichzeitig beschafften wir uns ein Motorfaltboot. Das war nicht einfach, denn erstens einmal gab es so gut wie keine und zweitens: es fällt grundsätzlich auf, wenn man sich ein „Motorfaltboot" kauft, besonders, wenn man nur ein „einfacher Bürger" und kein „Funktionär" ist.

In der Zschocherschen Straße gab es einen kleinen, privaten Bootsbauer, der sich auf zweisitzige Faltboote spezialisiert hatte. Wir suchten ihn in seiner bescheidenen Werkstadt auf, taten, als würden wir uns für eines seiner Exemplare interessieren. Bei dieser Gelegenheit sahen wir auf ein paar einzelnen Katalogseiten Abbildungen von Motorfaltbooten, die unsere besondere Beachtung fanden. Wir sahen die Abbildung des Motorfaltbootes „Delphin 140", lasen darüber, auch wo es hergestellt wurde, nämlich bei der VEB Mathias-Thesen-Werft in Wismar. Somit gab es für uns eine erste, mögliche Anlaufstelle.

Als sogenannte „Bückware" ergatterten wir Teile eines „Delphin 140", die uns von einem Verkäufer der Spowa (Sport- und Wanderbedarf) in der Petersstraße auf gezielte Nachfrage verkauft wurden, die, wie es der Name schon erahnen lässt, *unter dem Ladentisch hervorgebracht* und gegen einen nicht unbeträchtlichen zusätzlichen Bonus an uns abgegeben wurden. Ein Anfang war gemacht.

Da uns der Bootsbauer in der Zschocherschen Straße die Unterlagen und teilweisen Bauanleitungen zu diesem Motorfaltboot überlassen hatte, konnten wir fehlende Ersatzteile immer unter der Prämisse, dass uns dies oder jenes kaputt gegangen sei oder Schaden genommen habe, frech nachbestellen. Ich sage frech, denn es gehörte schon etwas Mumm dazu, so zu tun, als sei man bereits langjähriger Motorfaltbootbesitzer und stecke gerade in der Klemme, einen „Verschleißschaden" beheben zu müssen. Man musste nur forsch genug auftreten, auch wenn einem dabei das Herz fast in die Hose rutschte.

Immer bewusster wurde uns, *wo* überall Gefahren lauerten. Selbst hinter einer Flügelmutter, die in Halle oder Magdeburg oder Rostock gekauft wurde, die zu dem Spiegel eines „Motorfaltbootes" gehörte.

Da wir unser Boot zusätzlich stabilisierten, benötigten wir erheblich mehr an Ersatzteilen. Diese wurden im Verlauf eines guten Jahres zusammengetragen. Mit List und Tücke also beschafft, besaßen wir nach einem Jahr alles das, was ausschließlich einer geplanten Flucht über das Meer dienlich war. Der Alltag aber, der musste ablaufen wie bisher. Nichts durfte auffallen, niemand durfte stutzig werden. „Leben wollen, als Mensch unter Menschen" – zu diesem Ziele wurde alles!

Eine besondere Absicherung sollte sein, dass ich mich bei der GST (Gesellschaft für Sport und Technik) darum bemühte, einen sogenannten „Befähigungsnachweis zum Führen von Sportbooten" zu erwerben, der für Binnen-, See- und Küstengewässer gültig war und den Zusatzeintrag „auf Seewasserstraßen erweitert" besaß, der damit auch für Bereiche von Seeschifffahrtsstraßen gültig war.

Eine Anmeldung gelang leicht, da ich mich mit meinem alten GST-Ausweis bewarb, der mir 1960 ausgestellt wurde und in dem „Fallschirmspringen" und „Motorsport" eingetragen waren. So ganz außerhalb des „gesellschaftlichen Lebens", wie es mir allzu gerne negativ unterstellt wurde, bewegte ich mich also nicht…

Jetzt besuchte ich die speziellen Kurse bei der GST, legte die erforderlichen Prüfungen jeweils fehlerfrei ab und erhielt am Ende einen blauen vierseitigen und wasserfesten Ausweis, der mich zur Führung eines Motorbootes berechtigte. Besonders im Hinblick darauf, dass es während der geplanten Flucht dazu kommen könnte, auf See aufgegriffen zu werden, schien es günstig, eine Art Legitimation zu besitzen, um nicht so ganz schablonenhaft einer Fahrlässigkeit bezichtigt werden zu können. Dass am Ende auch dieses in solch einem Falle nicht viel nützen würde, das war so oder so gewiss, aber man glaubte doch, damit eine gewisse Chance zu haben.

Getestet haben mein Mann und ich den „Delphin 140" an der Müritz, haben dabei auch die Grenzen seiner Geschwindigkeit ausgelotet und diese mit einfachsten Mitteln geloggt. Wenigstens annähernd kamen wir dabei auf ein zufriedenstellendes Ergebnis. Angetrieben wurde unser „Delphin" von einem Außenborder, einem 2-Takt Heckmotor Typ „Forelle", dem eine Leistung von 6 PS zugeschrieben wurde. Zusätzlich führten wir für einen eventuellen Notfall noch einen kleinen 2-Takt Seitenbordmotor vom Typ „Tümmler" mit. Zwei kräftige Ruder gehörten zur Grundausstattung, die wurden innen seitlich an der Bordwand postiert.

Ebenso gehörte zu unseren Vorbereitungen, unser Alltagsleben *nach* der Flucht zu bedenken und dafür zu sorgen, dass erste Schritte aus eigener Kraft möglich sind. Ich strickte zum Beispiel für alle drei Kinder zweiteilige, warme Anzüge in unterschiedlichen Farben, auch Pullover und Mützen. Da ich eine Strickmaschine besaß, ging das recht zügig von der Hand. Der Gedanke dahinter war, dass nach unserer Flucht der Herbst beginne, danach die Wintermonate Einzug hielten, und Stricksachen – diese Erfahrung hatte ich bereits gemacht – wachsen nicht nur eine Zeitlang mit den Kindern mit, sie lassen sich auch wieder auftrennen und dann zu neuen Sachen erneut verarbeiten.

Auch Westgeld, das wir während der Leipziger Messe von Messebesuchern notfalls auch weit über den Wechselkurs hinaus kauften, wurde fein säuberlich in die Holzstiele zweier Werkzeuge eingearbeitet, so dass von außen davon nichts zu sehen war.

Von wichtigen Dokumenten fertigten wir Schwarzweißfotos an, entwickelten selbst die Filmrollen und verbrachten die Negative gut geschützt in Stanniol- und Cellophanpapier bei der Erneuerung eines Unterputzstromkabels hinter eine der Verteilerdosen. Das geschah in der Wohnung meiner Tante und meines Onkels, die in der Pölitzstraße in Gohlis wohnten. Beide wussten davon nichts! Ich hatte mich auch bemüht, die Ziegel hinter der Verteilerdose tief genug auszustemmen, es fiel jedenfalls niemandem davon etwas auf. Wir hatten somit die Gewissheit, für den Fall aller Fälle noch Nachweise über authentische Unterlagen zu besitzen.

Die Daunenbetten der Kinder ließen wir in einem kleinen, privaten Geschäft für „Bettfedernreinigung", die auch Betten und Steppdecken nach persönlichen Wünschen anfertigten, in Schlafsäcke umarbeiten. Damit war für uns das Wichtigste erst einmal bedacht: warme Kleidung für die Kinder, warme Betten für sie, erste bescheidene Geldmittel zur Bestreitung der nötigsten Ausgaben und eine gewisse Sicherheit über persönliche Dokumente, die nicht verloren gehen durften. Wir wollten niemandem zur Last fallen und unser Schicksal, wann immer nur möglich, selbst in die Hand nehmen. Das Ziel unserer Flucht war ausschließlich darauf gerichtet, Sicherheit und Freiheit für unser Leben zu gewinnen, vor allem einer drohenden Zwangsadoption der Kinder durch den Staatsapparat zu entgehen!

Meine Mutter erfuhr erst später von der geplanten Flucht. Von dem, was unser Ziel war und welcher Weg dorthin führte. Bald hatte dann auch sie bei diesem „Spiel" ihre Rolle zugeteilt bekommen. Unter dem Vorwand, dass sie von ihrer Familie und den drei Enkelkindern dringend gebraucht würde, kündigte sie ihre Tätigkeit im Salon „Christiane". Das wurde nicht nur von den Salonbesitzern bedauert, auch viele Kunden beklagten dies zutiefst. Und niemand ahnte auch nur im Entferntesten, was der wirkliche Grund gewesen war. Nicht einmal meine Tante, ihre Schwester, wurde in unser Geheimnis eingeweiht. Jede Mitwisserschaft wäre zu einer unsagbar großen Gefahr für den betreffenden Mitwisser und für uns selbst geworden.

116

Schweigen war oberstes Gebot, das eingehalten wurde, wirklich bis zur letzten Stunde. Die Kinder waren ahnungslos in ihrer Kinderwelt belassen. So fuhren wir anlässlich von Ludmilas Schulanfang im September 1972 mit ihr nach Berlin, denn wir hatten ihr zuvor bereits versprochen, zur Feier dieses großen Ereignisses den Fernsehturm am Alexanderplatz und das sich hoch oben drehende Restaurant zu besuchen. Für das Kind war es ein lustiges Wochenende, bei dem uns eine klare Wetterlage beste Aussicht gewährte. Meinen Mann und mich berührte es mit tiefer Traurigkeit, …die schreckliche Mauer und ihren Verlauf in ihrem fürchterlichen Ausmaß zu sehen. Eine Stunde lang „genossen" wir diesen Ausblick aus dem sich währenddessen einmal um seine Achse drehenden Café. Der Besuch von „Ulbrichts Rennomierstengel", wie wir den Fernsehturm hinter vorgehaltener Hand nannten, war jedenfalls ein Erlebnis, von dem Ludmila in ihrer Klasse begeistert berichtete. Auch saß sie während der Zeit unserer emsigen (doch absolut stillen) Fluchtvorbereitungen oft am Flügel und übte nicht nur fleißig für ihre Klavierstunden bei Frau Stephan-Doergé, sondern ganz besonders an zwei kleinen Stücken, die sie zum Schuljahresabschluss im Juni 1973 vor dem Elternkreis, den ihre Lehrerin organisierte, vorspielen durfte. Das tat die Siebenjährige mit regelrechtem Eifer und großem Ehrgeiz. Und es gelang ihr ganz vorbildlich! Vor allem aber schöpfte *niemand* Verdacht...

Unsere stillschweigenden Fluchtvorbereitungen, sie spielten sich währenddessen im Zimmer nebenan ab. Anlässlich der Markleeberger-Gartenbauausstellung gelang uns nahezu ein Bubenstreich. In der Leipziger Volkszeitung wurde an die Hilfsbereitschaft der Bürger appelliert, den Ausstellern „leihweise" geeignetes Mobiliar zur Verfügung zu stellen, das abgeholt und nach der Ausstellung wieder seinen Besitzern zurückgebracht werde. Es handelte sich 1972 um „20 Jahre AGRA Markleeberg", immerhin jetzt auch mit internationaler Beteiligung. Man wollte sich offenbar dazu nicht blamieren. Es mangelte vor allem an Schrankwänden, mit denen die jeweiligen Stände und Büroräume ausgestattet werden sollten.

Hier führte mein Mann die kurzen Verhandlungen, fernmündlich, denn durch seinen Elektroinstallationsbetrieb gehörten wir zu den privilegierten Einwohnern Leipzigs, die über einen eigenen Telefonanschluss verfügten. Er gab vor, dass wir eine Schrankwand nicht nur leihweise, sondern ganz zur Verfügung stellen könnten, da ein Umbau in seinem Betrieb vorgesehen wäre. Am anderen Ende der Leitung wurde dieses Angebot mit Kusshand angenommen! Die Schrankwand wurde in Windeseile von meinem Mann und mir ausgeräumt, auseinander geschraubt und danach umgehend abgeholt.

Jetzt hatten wir den Platz in unserem Wohnzimmer, den wir benötigten. Tisch, Stühle und Couchecke hatten wir bereits innerhalb unserer Wohnung verstaut, das Stichwort hierfür war: „Renovierung". Wir hatten immer unsere Zimmer selbst gestrichen und tapeziert, das war für niemanden ungewöhnlich. Es war auch nicht ungewöhnlich, dass wir dazu die Fenster mit Zeitungspapier beklebten, um nach dem Vorstreichen und der

118

Lackierung keine ungewollten Streifen auf dem Glas entfernen zu müssen. Von außen sah das jedenfalls „normal" aus. Das Zimmer wurde konsequent verschlossen gehalten. Darin „gemalert" und „tapeziert", das haben wir in der Zeit, die uns beim Alltag im Elektroinstallationsbetrieb noch blieb. Meist waren das nur wenige Stunden am Tag.

In Wirklichkeit hatten wir etwas ganz anderes vor. Wir hatten ein nach außen hin verdunkeltes Zimmer geschaffen, konnten unbemerkt während der Nächte, wenn die Kinder schliefen, an unserem „Delphin 140" arbeiten. Das Motorfaltboot nahm nahezu den gesamten Bereich des Zimmers ein. Niemand schöpfte Verdacht. Nur meine Mutter wusste Bescheid, musste darüber schweigen.

Eine riskante Situation trat ein! Unserem Haus gegenüber und gleichfalls im Parterre, wohnte eine sehr engagierte SED-Genossin, die nicht nur zu allen entsprechenden Anlässen die rote Fahne und die „schwarz-rot-goldene Fahne mit dem Werkzeugkasten", also die DDR-Fahne, zum Fenster hinaus hängte, sie war auch Straßenbeauftragte und hatte dafür zu sorgen, dass alles seine Ordnung hatte.

Frau Bauer war aufgefallen, dass unsere Fenster für eine auffallend lange Zeit mit Zeitungspapier zugeklebt waren, sich daran auch nichts zu ändern schien. Kurzum, einmal sprach sie meine Mutter auf der Straße deswegen an. Meiner Mutter sei der Schrecken augenblicklich durch alle Glieder gefahren, doch dann habe sie losgelegt. „Bühnenreif!", wie sie uns versicherte..

„Ja, da sehen Sie's, Frau Bauer! Das ist wieder mal so ganz typisch meine großschnäuzige Tochter und mein Schwiegersohn! Erst große Töne spucken: ‚wir wollen tapezieren…, wir wollen die Fenster und Türen streichen…, wir wollen noch ein paar Kabel verlegen…‘ und was kommt am Ende dann raus? Sie fangen alles an und lassen dann alles wieder liegen, diese faulen Schweine! Und dann denken die vielleicht noch, dass ihre Alte ja noch da ist und alles fertig macht. Nee, nee! Diesmal nicht! Diesmal sollen sie ihren Mist allein fertig machen. Ich denke doch gar nicht daran, diesen faulen…"

„Aber beruhigen Sie sich doch, Frau Erdreich, das ist doch alles gar nicht so schlimm! Ihr Schwiegersohn hat sicher viel mit seinem Elektrobetrieb zu tun und Ihre Tochter hilft ihm ja mit und hat auch noch die drei kleinen Kinder…!".

Frau Bauer sei nur noch bemüht darum gewesen, meine Mutter wieder von der Palme herunter zu holen, auf die sie sich tatsächlich glaubwürdig gebracht hatte!

Das war unser Glück! Denn die Dame hätte durch ihre Beobachtung eine böse Lawine auslösen können. Es war nicht auszuschließen, dass sie bei ihrer SED-Zugehörigkeit und ihrem emsigen Politfleiß auch zu jener Gruppe Menschen gehörte, die der Staatssicherheit zuarbeiteten. Sehr wahrscheinlich gehörte auch sie dazu.

* * *

Dann kam die entscheidende Ferienzeit, und wirklich niemand hatte von unserem tatsächlichen Ansinnen etwas mitbekommen. Getrennt fuhren wir „in unseren Urlaub". Um auch hier keinerlei Argwohn für irgendwen aufkommen zu lassen, planten wir alles akribisch genau.

Mutter und Leokadia flogen von Berlin Schönefeld nach Sofia, zu einer „lieben Freundin", die sie besuchen wollten, was in diesem Sinne allerdings nicht stimmte. Meine Mutter hatte lediglich die Adresse einer Dame aus Sofia bei sich getragen, die Anschrift einer früheren Kundin, die einmal während der Leipziger Mustermesse und ganz zufällig meine Mutter wegen eines schmerzenden Hühnerauges im Fußpflegesalon aufgesucht hatte und danach erleichtert war, dass ihr so schnell geholfen werden konnte. Dabei hatte sie meiner Mutter tatsächlich ihre Adresse hinterlassen mit dem Hinweis, sie würde sich über einen Besuch von ihr in Sofia freuen. So ganz aus der Luft gegriffen war dieses Unterfangen jedenfalls nicht. Bezüglich unliebsamer Eventualitäten suchten wir in allen Dingen, gewisse Vorbereitungen zu treffen, hofften dabei stets auf eine gewisse Schlampigkeit der Behörden, die es selbst in einem Überwachungsstaat wie der DDR gab.

Mein Mann, Ludmila, Alexander und ich fuhren mit unserem „Wolga", polizeiliches Kennzeichen „SB 33-88", der jeden Moment auseinanderzufallen drohte. Wir nahmen unsere Route in die Tschechoslowakei, nach Ungarn an den „Balatonsee" (der nur fingiert auf unserem Reiseantrag stand) und schließlich nach Bulgarien, um etappenweise „eine Tante" oder „einen Onkel" zu besuchen, die uns natürlich nicht eingeladen hatten, da es sie gar nicht gab. Brav tauschten wir auch die vorgeschriebenen Summen von Mark der deutschen Notenbank (MDR) in Ungarische Forint und Bulgarische Lew ein. Nach Bulgarien sollte es „zum Baden ans Schwarze Meer" gehen.

Auf dem „Wolga" war ein stabiler Dachgarten befestigt Auf diesem verstauten wir all unsere Bootsteile zwischen den Campingsachen, dem Zelt und dem Überzelt. Wir hatten alles dort oben so verstaut, dass eine gründliche Kontrolle, die an jeder der Grenzen zu unseren Bruderländern hätte stattfinden können, kein so rechtes Vergnügen geworden wäre. Es war meine Idee, alle Teile möglichst klein zu halten und mit einer durchgehenden Wäscheleine und dem Gestell auf dem Autodach zu verknüpfen und zu verknoten.

Das Boot hatten wir von seiner Originalverpackung vollkommen befreit, dafür viele kleinere Säcke, Säckchen und Behältnisse aus verschiedenen Decken und festen Stoffen genäht, in denen alles gut durchdacht verstaut war. Das heißt, meine Mutter hatte diese Meisterarbeit geleistet! Sie hatte auf der alten SingerNähmaschine meiner Großmutter die Stoffumhüllungen geschickt genäht, zuvor entworfen und zugeschnitten. Es stellte sich später heraus, dass diese Idee eine ganz hervorragende gewesen war und uns so manche Kontrolle erspart geblieben ist, die unnötige und vielleicht auch riskante Fragen aufgeworfen hätte und dann am Ende ganz fatal für uns geworden wäre.

Mein Mann und ich wechselten uns im Fahren ab, fuhren quasi im Non-Stop-Verfahren. Die jeweiligen Grenzübergänge passierten wir grundsätzlich nachts zwischen zwei und drei Uhr. Da schien uns eine gewisse menschliche Unlust wegen Müdigkeit bei den Grenzern am höchsten zu sein. Es stellte sich dann in der Praxis heraus, dass diese Theorie durchaus ihre Berechtigung hatte!

Die Rücksitze im Auto wurden so hergerichtet, dass die beiden Kinder bequem darauf sitzen und ebenso bequem darauf liegen und schlafen konnten. Vor allem Alexander bevorzugte öfter die liegende Fahrweise, wenn ihn nämlich leichte Übelkeit plagte, ein Symptom seiner „Reisekrankheit". Nicht stark ausgeprägt, doch manchmal lästig genug. So hatte er es selbst in der Hand, damit umzugehen, ohne auf die interessanten und lustigen Eindrücke dieser Ferienfahrt verzichten zu müssen.

Die Familie nahm somit jedenfalls getrennte Urlaubswege, mit jeweils ungleichen Zielen. Das sah ziemlich „legitim" aus und ließ keinerlei „dummen Verdacht" aufkommen. Und es klappte auch.

Meinen Hund wollte ich töten lassen. Die Vorstellung, ihn in fremde Hände zu geben, war bitter und nahezu unerträglich. Denn gerade ihn und mich verband doch so einiges. Dass ich ihn dann doch einer Bekannten „für die Zeit unserer Urlaubsreise" anvertraute – das war die richtige Entscheidung!

* * *

DASKO

…aus dem Leben eines Deutschen Boxer erinnert

Fast 14 Jahre lang warst du mir treuer Freund – oft der einzige Freund, um den ich wusste. Es gab gute und weniger gute Zeiten; die schlimmste Zeit deines Hundedaseins waren wohl die letzten Wochen deines Lebens, in denen du, krank und müde geworden, so hinfällig wurdest. Hab ich dich erlösen können durch die Spritze, die ich dir am 10. Dezember 1981 schnell und zielsicher mitten ins Herz gab? Du bekamst dein Lieblingsfressen aus der Hand gereicht, du kamst ja schon nicht mehr auf die Beine. Und noch während deiner Lieblingsbeschäftigung erreichte dich so sanft der ewige Schlaf...

Mach's gut, alter Freund – ...

Schon immer hatte ich einen Hund haben wollen. Früher, als ich selbst noch Kind war, nun, da ich zwei kleine Mädchen im Alter von zweieinhalb und eineinviertel Jahren hatte. Dieser Wunsch sollte in Erfüllung gehen, meine Mutter wollte mir einen Zwergpudel schenken. Die Freude war groß und ich will durchaus nichts gegen Pudel sagen. Doch wollte ich etwas handfesteres von Hund, etwas, mit dem ich mir vorstellen konnte, Entsprechendes anzufangen. Arbeit hatte ich durch Haushalt und Kinder genug. Von dem Vater der Kinder lebte ich getrennt, mit 280,– Mark hatte ich im Monat auszukommen. Das war noch in Leipzig. Es war das Jahr 1968. Es waren böse Jahre vorausgegangen, die noch kommenden sollten nicht wesentlich besser werden. Das konnte ich damals jedoch nicht wissen. Doch wusste ich, dass mir ein „kleiner" Vierbeiner guttun könnte...

An einem Kiosk kaufte ich mir eine Zeitschrift; unter dem Titel „Hundesport" wurde sie geführt. Die Annoncen hinten auf den letzten Seiten interessierten, dort schlug ich nach. „Acht Wochen alte Boxerwelpen abzugeben, nur in gute Hände", so stand es unter anderen Anzeigen. Der Hundezwinger befand sich nicht in Leipzig sondern in Weißenfels, und mir war es so klar geworden, dass ich einen Boxer und keinen Zwergpudel haben wollte. Kurzentschlossen setzte ich mich mit dem Zwingerbesitzer in Verbindung und fuhr dann noch kürzer entschlossen mit dem Zug nach Weißenfels. Weiß Gott – Knall auf Fall das Ganze, mit 378,– Mark in der Tasche. Das war alles, was ich zu dem

Zeitpunkt im Hause hatte. 350,– M sollte der Hund kosten...

Gemütlich ratternd rollte die Eisenbahn über die Schienen, gen Weißenfels. Meine Gedanken sprangen voller Freude von einer Vorstellung in die andere. Es soll ein Rüde sein; er könnte von mir vielleicht den Namen „Cliff" bekommen; er wird seinen Platz auf meinem Bettvorleger im Schlafzimmer erhalten, in dem ich während der Nacht sowieso manchmal entsetzlich allein war (die Kinder hatten ihr eigenes Zimmerchen); er wird die mittelgroße Backschüssel zur Futterschüssel bekommen und er wird viel mit den Kindern und mir spazieren gehen. In solchen und ähnlichen Gedanken versunken schien die Zeit bis zum Zielbahnhof schneller vergangen als sonst. Bahnhofstraße 7, dort befand sich der Zwinger. Es ist kaum zu glauben, wie lange man nach einem Anwesen suchen muss, ehe man es findet, zumal vielleicht anzunehmen ist, dass sich eine Bahnhofstraße in der Nähe eines Bahnhofes befinden müsse...

Die Zwingerbesitzer waren schon ältere Leute. Dem Manne begegnete ich zuerst, er führte mich gleich hinter das Haus in den Hof und den Garten. Über den Zaun des ersten kleinen Gärtchens begrüßte mich eine gestromte Boxerhündin, mit demutsvoll angelegten Ohren und einem so freundlichen Gesicht, dass ich wirklich erstaunt die erste Feststellung machte: ein Boxer hat ein Gesicht... „Birgi", so war der Name der Hundedame. Im Anschluss an das Gärtchen befand sich ein kleines Gehege, in dem sechs kleine lustige Hundekinder verwegen umher hüpften, in dem sich eine ältere Frau zu schaffen machte. Sie strich sich ein paar graue Haarsträhnen aus der Stirn, wischte sich ein wenig umständlich die derben Hände an ihrer Kittelschürze ab, hatte ein liebes, freundliches Lächeln im Gesicht und hieß mich willkommen. Über jeden der kleinen Fratzen wusste sie zu erzählen, und ich hörte ihr aufmerksam zu. Der Mann war etwas verschlossener.

„Wollen Sie wirklich einen Rüden und keine Hündin?", fragte er dann ganz unerwartet.

Ich bekräftigte meinen Wunsch und auf die zwei Rüden aus dem Wurf wurde ich hingewiesen. Der eine war gestromt und neugierig frech, der andere war hirschrot mit einem blitzsauberen weißen Westchen auf der Brust, war ein klein wenig kräftiger dem Aussehen nach, saß dagegen recht traurig und missmutig in der Ecke.

„Ja, ja, das ist der Dasko. Er hat das Kupieren von Schwanz und Ohren noch immer nicht so recht verwunden. Sie glauben ja gar nicht, wie der ängstlich und weinerlich ist. Eine Nacht lang hab ich ihn sogar mit mir hereingenommen, weil er gar nicht zu beruhigen war".

Das sagte mir die Frau in fast liebevoll mitfühlendem Ton.

„Diesen nehme ich", sagte ich kurz entschlossen, und ich kann nicht einmal sagen, warum ich mich ausgerechnet zu ihm so hingezogen fühlte.

„Oh je, dann rechnen Sie die ersten Nächte mit allerhand Theater", suchte mich die Frau aufmerksam zu machen.

Mir huschte blitzschnell durch den Kopf, dass ich im dritten Stock eines Mietshauses ja nur eine kleine Wohnung hatte, doch sollte mich der Gedanke von meinem Vorhaben nicht zurückhalten. Ich holte mir den kleinen Kerl, der „Dasko" hieß, und „Cliff" und „Astor" und alle anderen mir zuvor eingefallenen Namen waren damit erledigt. Das Kerlchen zitterte in meinen Armen. Ich suchte es zu beruhigen, indem ich ihm zärtlich den Kopf zwischen den Ohren streichelte, vorsichtig, dass ich seine noch wunden Schnittränder der Ohren nicht berührte. Ich behielt ihn auf meinem Arm während die Quittung ausgeschrieben wurde und ich noch allerhand Ratschläge mit auf den Weg bekam. Die beiden älteren Eheleute verabschiedeten sich jeder auf seine Weise von dem Tier und beide hatten dabei Tränen in den Augen.

„Seien Sie immer gut zu dem Tier.", das waren die letzten, bittenden Worte der alten Frau, die ganz tief drinnen die eigene Seele rührten...

Dasko wurde in einer großen Badetasche, in der eine weiche Decke lag, im Arm zum Bahnhof getragen. Mit den letzten Groschen konnte ich eine Fahrkarte für mich bezahlen. ‚Kinder und Hunde die Hälfte‘, stand über dem Fahrkartenschalter auf einem schon vergilbten Schildchen ausgeschrieben. Und nun fing es eigentlich schon an. Eine Hälfte für den Hund hatte ich nicht mehr. Doch musste ich nach Leipzig zurück, zu meinen Kindern. Der kleine Hund war erstaunlich ruhig geworden auf dem Wege zum Bahnhof. Ich hoffte darauf, dass er es blieb und stieg in der Erwartung, dass vielleicht keine Kontrolle kommen würde in ein Abteil zweiter Klasse. Es waren viele Leute darin. Ich fand gerade noch einen Platz gleich hinter der Tür. Ich freute mich unendlich über diese neueste Errungenschaft und fühlte befriedigt die Wärme, die durch die Plastiktasche ausstrahlte. Hin und wieder blickte ich hinein: Dasko schien zu schlafen.

„Die Fahrscheine bitte!", klang es unerwartet und schrill durch das Abteil.

Und wie es der Teufel wollte, begann es plötzlich aus meiner Tasche heraus zu gackern, als hätte ich ein Huhn darin versteckt! Alle Blicke waren sofort auf mich gerichtet. Ein eiförmiger Hundekinderkopf reckte sich mit aller Energie heraus und die losgelassenen Laute waren tatsächlich dem eines Huhnes ähnlicher als denen eines Hundes. ‚Na Mahlzeit‘, dachte ich im Stillen, doch kam es glücklicherweise nicht so schlimm, wie es hätte kommen können. Die Kontrolleurin kam ganz angeregt zu mir, drängte sich mit auf den Platz, auf dem Dasko und ich saßen und bewunderte ganz aufgelöst den „blinden Passagier". Sie habe selbst einen Rottweiler; ob es mein erster Hund sei; ob ich alles genau wisse, wie man mit einem Welpen umzugehen habe. Das alles fragte sie mich und gab mir liebgemeinte und wertvolle Hinweise, solange, bis der Zug in Leipzig-Hauptbahnhof einrollte... Das war die erste Erfahrung mit meinem Hund.

Daheim angekommen, erwartete mich eine ganze Anzahl von Leuten: Freunde und Bekannte, denn es hatte sich herumgesprochen: ‚Die Christl holt sich heute einen kleinen Boxer‘. Neugier war von jeher eine Eigenschaft des Menschen, in private Bereiche anderer einzudringen, aus welchen Motiven es auch immer geschehen mag. Meine Mädchen waren gewiss noch zu klein, sie erinnern sich an diese Zeit beide nicht mehr.

Auf die Liege, die wie ein Raumteiler im Wohnzimmer stand (dahinter der Blüthner-Flügel, sogenanntes Musikzimmer; davor der Tisch mit den vier Stühlen dicht an dem Berliner Kachelofen, sogenanntes Wohnzimmer), setzte ich die Badetasche ab, öffnete sie weit – doch Dasko dachte nicht daran, herauszusteigen. Ganz still war er wieder geworden, sah mich unter dicht gerunzelter Stirn mit großen Augen an. Nur mich, als gäbe es niemanden anderen in dem ‚dicht bevölkerten‘ Zimmer. Ich blies ihm zärtlich ins Gesicht, fasste ihn unter dem Bauch und hob ihn heraus. Da stand er nun, mitten auf der Liege – und blickte mich unentwegt an.

„Ist der goldig! Ist der süß! Ist das ein niedliches Kerlchen!"

Alle möglichen „Ohhh" und „Ach"-Ausrufe drangen an mein Ohr. Ich setzte mich neben den Hund. Da tappte er ganz dicht an mich heran. Er kroch unter meinem Arm hindurch auf meinen Schoß und jetzt erst, sich wohlgeborgen wissend, beäugte er all die Gesichter um uns her. Ich glaube, das war der Moment, wo ich es ganz sicher wusste: wir zwei sind Freunde...

Menschen haben die Eigenart an sich, wieder zu gehen, wenn ihre Neugier befriedigt ist. Mitunter ist das recht wohltuend. An jenem Tag, einem 16. August, war mir das sehr recht. Dasko bekam zunächst sein Plätzchen auf dem Korridor eingerichtet, in einer kuscheligen Ecke, von der aus er besten Einblick in die Küche genießen konnte.

Die Küche, aus der es so gut roch! Damals konnte ich es noch nicht ahnen, wie groß Daskos Vorliebe für Küchen werden konnte. Später legte ich es bald ab, mich dafür zu genieren, dass mein Hund bei allen Leuten immer zuerst vor den Küchentüren saß. Da war sein Trieb einfach der stärkere und ich gab's halt auf...

Doch noch einmal zurück zu jenem Augusttag. Ich richtete alles her, was herzurichten war, badete die Kinder in einer Plastikbadewanne, wie allabendlich, aß mit ihnen zusammen das Abendbrot, zu dem ich Dasko ein Mehlsüppchen herrichtete (in meiner mittelgroßen Backschüssel, die von da ab die seine blieb).

Nachdem ich die Kinder zu Bett gebracht hatte, machte ich den ersten Versuch, Dasko aufs Gässchen zu führen. Er war ein Zwingerhund und ich dachte, dass er doch irgendwann einmal ‚müsse'. Die drei Stockwerke hinab trug ich den kleinen Kerl, auf der Straße standen wir dann beide herum. Keinen Schritt machte der Hund. Also machte ich für ihn anfangs noch die Schritte und setzte ihn mal hier, mal da ab. Mit dem Erfolg, dass Dasko wie ein traurig unwissendes Schäfchen überall da stehen blieb, wo ich ihn hinstellte. Von ‚Pfützchen machen' konnte überhaupt keine Rede sein. Mit diesem Erfolg trug ich ihn dann in die Wohnung zurück. Ich blickte wohl nicht schlecht drein, als ich mit ansehen musste, wie der Hund sich mitten auf den Korridor setzte und von sich weglaufen ließ, was ich mir eigentlich vorstellte, das besser hätte auf dem ‚Gassi' passieren sollen. Oh je, wie heißt es doch? Die Erziehung habe von Anfang an zu beginnen. Und sie begann: von Anfang an.

Mit sehr strengen Worten redete ich dem Hund ins Gewissen, in ein Gesicht, das zusehends faltiger wurde. Da hat er schon etwas mitbekommen, was nicht recht angenehm schien. Die Pfütze wischte ich weg, hielt dem Boxerkind aber noch einmal den Scheuerlappen unter die Nase, mit strengen Worten, dann sollte aber auch schon alles Unliebsame wieder vergessen sein. Aus Daskos Brust vernahm ich erstmals einen tiefen Seufzer, von denen ich im Verlaufe der Jahre noch viele zu hören bekam, stets dann, wenn ihm etwas peinlich war...

Der Hund schlief keineswegs mit mir im Schlafzimmer auf dem Bettvorleger. Er liebte von Anfang an seinen Platz im Korridor so sehr, dass er nur dort die Ruhe für seinen Schlaf während der Nacht suchte. Ich habe ihn auch nie jaulen oder winseln gehört, auch nicht während seiner allerersten Nacht in meinem Hause. Das Pfützchen machen hatte er nach schon drei Tagen auf der Straße erledigen gelernt, überhaupt entwickelte er recht schnell alles Interesse fürs ‚Gässchen‘. Ich weiß nicht einen einzigen Tag, an dem ich nicht ohne Hund und Kindern das Haus verlassen hätte. Sei es zum Einkauf oder zum Spaziergang gewesen. Lediglich eine Schwierigkeit gab es. Nämlich die, dass Dasko wohl die Treppen hinauf, jedoch nicht hinunter gehen wollte. So trug ich zu den Kindern, die ja noch zu klein waren, auch den Hund hinunter. Ich glaub, das ging ziemliche vier Wochen lang so. Dann allerdings war dem Hundekind gegenüber meine Geduld bald am Ende. Auf halber Strecke setzte ich ihn einfach ab und ging weiter. Kein Bellen, kein Jaulen, kein Winseln –

lediglich ein erregtes Schniefen und ein auf der Stufe Hin- und Herlaufen, als ich für das Tier nicht mehr sichtbar war. „Komm nur komm, Schnuffel, ich denk nicht daran, dich zu holen und ich hab Zeit". Es dauerte zugegeben recht lang, dann sah ich meinen kleinen Freund zaghaft um die Ecke des Zwischenstockwerkes jonglieren, als befände sich Schmierseife unter seinen Pfoten. „Brav so, Dasko, brav..., komm her zu mir, braver Hund!". Und er wurde mutiger und mutiger und wenige Tage darauf war er immer der Erste von uns, der unten ankam, und er wartete freudig und brav neben dem Kinderwagen, der vor der Kellertür abgestellt stand.

Dasko lernte schnell und gründlich. Doch musste eines zuvor immer erst geschehen: ich musste selbst stur genug sein, gegen seinen Dickschädel den meinen mit Erfolg durchzusetzen. Das war nicht immer leicht, doch hinterher umso erfreulicher. Was einmal zwischen uns als ‚ausgemacht' galt, das wurde eingehalten. Und dies blieb so, wirklich bis zur letzten Stunde seines Lebens...

Dasko wurde von mir selbst in allen Disziplinen abgerichtet. Es war nicht immer einfach, manchmal brauchte es eine gehörige Portion Durchsetzungsvermögen meinerseits, manchmal traten Missverständnisse zwischen uns auf, die es zu klären galt. Mit Menschen tut man sich darin vielleicht leichter, doch wage ich die Behauptung: ein Hund ist, wenn er begriffen hat, verlässlicher! Ich habe guten Grund, dieses so zu sagen.

Mit Dasko holte ich einige Medaillen und Urkunden, aus Bezirksentscheidungen und im Rahmen von sogenannten Wettkämpfen innerhalb der DDR. Doch nur in den ersten Jahren. Dann trat ich mit meinem Hund nicht mehr in Erscheinung. Dieses war nämlich bald nicht mehr möglich. Aus folgendem Grund. Eine ‚Leistungsprüfung‘ bestand in der sogenannten langen Flucht. Dazu wurden die Hunde von ihrem Besitzer kurz an der Leine gehalten, während ein Figurant alle möglichen Anstalten eines Angriffes unternahm und dann wegrannte. Man sagte nun zu seinem aufgebrachten Hund:

„Fass den Kerl!“

Und der Hund zeigte dann, was er drauf hatte. Dieses Spielchen, das es ja nur war, was der Hund jedoch nicht ahnen konnte, trieb ich nur ein einziges Mal. Dasko „fasste“ den „Kerl“, sielte sich mit ihm trotz der Schläge, die ihm vom Figuranten versetzt wurden, in der schlammigen Wiese herum und ließ brav aus, als ich mit dem Befehl zu ihm kam:

„Aus! Brav so.“

Die Regel ist, dass der Scheintäter in diesem Falle dann abgeführt werden muss. Dazu geht der Hund zwischen den Beteiligten in höchster Wachsamkeit. Das tat Dasko ganz vorzüglich. Und der „gefasste“ Sportsfreund war auch von Daskos Leistungen angetan. Dem gab er Ausdruck noch während wir die Prozedur des Abführens vornahmen, uns also über den zwischen uns aufmerksam patroulierenden Hund hinweg unterhielten, und dies auch noch freudig und lebhaft angeregt wegen Daskos tollem Erfolg. Das musste irgendwie in die Hose gehen…

Dasko bekam die beste Benotung, doch ein zweites Mal war diesbezüglich nichts mehr drin. Da konnte toben und hüpfen vor mir wer wollte, Dasko fand viel mehr Spaß daran, auf dem Rasen zu schnüffeln oder sich gar herumzudrehen und zu schauen, wo vielleicht etwas viel Interessanteres für ihn zu sehen sei. Gerade im Entstehen begriffene Maulwurfhügel zum Beispiel erweckten viel mehr sein Interesse. Über aufgestellte Eskaladierwände zu springen oder balancierend über Baumstämme zu laufen, ...das überließ er bald mir, mich dabei vom Boden aus beobachtend. Dumm war er jedenfalls keineswegs! So waren wir alsbald von der ‚Diensthundepflicht' befreit und ich hatte anderweitig noch viel, viel mehr an meinem Hund (und er an mir...) zu erleben.

Was es mit dieser „Diensthundepflicht" auf sich hatte, lief ebenso dem gesunden Menschenverstand zuwider, wie so manch andere Dinge in dem Arbeiter- und Bauernstaat auch.

Ich hatte mir einen rassereinen Boxer aus einer Boxerzucht gekauft, weil ich einen solchen Boxer haben wollte. Damit war aber leider der Tatbestand erfüllt, dass es sich bei der Größe meines Tieres um einen „Gebrauchshund" handelte.

Nach der Gründung der DDR im Jahre 1949 wurde die Zucht und Ausbildung von Gebrauchshunden von Spezialzuchtgemeinschaften organisiert und bestimmt. Im Herbst 1969 wurde die „Sektion Dienst- und Gebrauchshundewesen" (SDG) von der „Gesellschaft für Sport und Technik" (GST) abgenabelt und als eigener Verein geführt. Von nun an unterstanden alle Gebrauchshunderassen der „Sektion Dienst- und Gebrauchshundewesen". Wohl lag das Hauptaugenmerk auf der Rasse des Deutschen Schäferhundes, doch Boxer gehörten ebenso mit in diese Gruppe.

Ziel war es, gut ausgebildete, charakterfeste Hunde heranzubilden, um die Polizei und andere sogenannte „Organe der DDR", wenn notwendig, damit auszurüsten. Es war somit auch Pflicht, die jeweiligen Impfungen und Tierarztvorstellungen vorzuweisen und den Nachweis auf eigene Kosten zu erbringen, dass bei seinem Junghund keine Hüftgelenksdysplasie (HD) vorliege. Es wurden sehr hohe Maßstäbe an Hund und Besitzer gestellt. Vor allem galt es, sehr gute Gebrauchshundeeigenschaften vorzuweisen.

Nun, diese wurden dann ja meinem Hund aufgrund seiner „Eigenmächtigkeiten" bald nicht mehr zuerkannt. Daher also „unsere Befreiung vom Hundesport", dieser Form von vormilitärischer Ausbildung! Wir beide genossen diesen Umstand jedenfalls sehr! Die Sektion Dienst- und Gebrauchshundewesen (SDG) bestand übrigens noch bis zur Wende im Jahr 1989.

1968 lernte ich, wie schon gesagt, meinen zweiten Mann kennen. Dasko akzeptierte ihn wie eigentlich jeden, der in unser Haus kam. Jedes aufgeschlossene Interesse war ihm eigener als es Eifersucht hätte sein können.

Einmal, es war der erste gemeinsame Winter, gingen wir zusammen mit Kindern, Hund und Schlitten spazieren. Es war ein herrlich klarer und frostiger Sonntag. Auch andere Leute liebten den Spaziergang durch den

Leipziger Auenwald. Die Hauptwege waren von Schneepflügen geräumt.

Ein witziger Versuch nur sollte es sein? Er fand dann wohl ein allzu drolliges Ende. Mein Mann setzte sich triumphierend auf den Schlitten, nahm Daskos Hundeleine fest in die Hand und rief:

„Na, nun mal los, Dasko! Zeig mal, was du kannst!"

Dasko hörte den Unglauben an die gesprochenen Worte vielleicht nicht heraus? Jedenfalls schoss er wie eine Rakete davon, zog den Schlitten mit meinem Mann darauf in immer schneller werdendem Tempo hinter sich her, war keineswegs mehr zu bremsen, denn wenn er selbst etwas allzu schön fand, brauchte es viel, ihn wieder in die Gewalt zu bekommen. Ich hörte meinen Mann nur immer wieder „Vorsicht!"... „Vorsicht!!!" rufen, sah in letztem Moment die Spaziergänger zur Seite springen, hörte bald gar nichts mehr und sah nur noch, wie der Ausbund von Hund rechts über einen Schneewall sprang, wie der Schlitten samt seinem Passagier einen hohen Flug machte, wie sich eine Person aus dem Schnee fluchend herausarbeitete, und ich sah meinen Hund recht schuldbewusst mir entgegentraben. Vielleicht tat ich da etwas Falsches? Jedenfalls konnte ich den Hund nicht dafür schimpfen... Befehle, die an ihn ergingen, nahm er stets ernst – und er erledigte sie meist sehr gründlich.

Manchmal kam es vor, dass Haushalt, Abendschule, Arbeiten auf der Baustelle (im Installationsbetrieb meines Mannes) eine ziemlich arge Belastung für mich waren. Dann passierte es nicht nur einmal, dass es am

138

späten Nachmittag oder am Abend an der Tür läutete und jemand mit der Frage davor stand:

„Sagen Sie, bitte, der Hund, der an dem Baum vor dem Konsum angebunden ist, ist das vielleicht Ihr Hund? Der sitzt schon seit heute Morgen dort."

Da fiel es mir wie Schuppen von den Augen:

„Dasko! Mein Gott, dich hab ich ja ganz vergessen!"

Dann fand ich ihn so vor, wie ich ihn beim Einkaufen vor dem Laden zurückgelassen hatte, und immer bei guter Laune und hocherfreut, selbst wenn es zwischendurch regnete oder die Sonne brannte. Er grollte mir darum nie!

Dasko war knapp ein Jahr alt, da war wieder einmal Leipziger Mustermesse mit viel Betrieb auf den Straßen, besonders von Messebesuchern aus dem westlichen Ausland und der Bundesrepublik. Ich wollte morgens mit meinem Hund die Brötchen vom Bäcker Wagner holen, als ein Mercedes neben mir anhielt und eine elegante Dame begann, mich in einen Handel zu verwickeln. Sie wollte den Hund kaufen, bot mir dabei 500,– DM ‚Westgeld'. Für Menschen in der DDR eine Traumsumme!!! Und ‚harte Währung'. Die Dame machte nicht einmal einen unangenehmen Eindruck auf mich. Doch musste ihr Wunsch durch meine Hartnäckigkeit unerfüllbar bleiben. Meinen – m e i n e n Hund verschachern? Niemals! Und ist unser Alltag noch so karg bemessen!

„Ein wunderschönes Tier", hörte ich die letzten Worte aus dem Mercedes, dann setzte ich meinen gewohnten Weg fort, der Wagen fuhr davon.

Den Dasko wollten schon viele Leute haben. Aber das blieb aussichtslos...

Dasko sollte geröntgt werden. Eine Auflage, der ich Folge zu leisten hatte. Es sollte ausgeschlossen werden, dass eine HD (Hüftgelenksdysplasie) vorliegt. In der Leipziger Universitätstierklinik, damals noch unter Professor Christoph, hatte dies zu geschehen. Der Tierarzt vom Dienst, zu dem mein Hund ebenso aufgeschlossen ging wie zu jedem anderen Menschen, jagte meinem Boxer ohne jede Vorwarnung eine Injektionsnadel offensichtlich so schmerzhaft in die linke Gesäßhälfte, dass der Hund aufschrie – wirklich! Er schrie auf! –, und nun wurde mein gutmütiger Freund ausgesprochen bösartig. Alle verließen fluchtartig den Raum. Ich erteilte dem Hund die schärfsten Kommandos, die er von mir kannte, bekam ihn in meine Gewalt und zog ab.

Von diesem Augenblick an sollte es unmöglich sein, mit Dasko jemals wieder einen Tierarzt aufzusuchen. Einmal hatte er ein verrenktes Knie und es sollte ausgeschlossen werden, dass eine Fraktur vorliege. Es war ein Drama in der Klinik. Eine notwendige Röntgenaufnahme war schließlich nur noch in Vollnarkose möglich. Ein andermal wurde er von einem Auto erfasst, als er unerlaubt und unbemerkt einen ersten Frühlingsspaziergang unternahm. Mit inneren Verletzungen und schweren Beckenprellungen kam er zu mir zurück. Ein ehemaliger Schulfreund begleitete ihn aus der Ferne und berichtete mir von dem, was geschah. Er war damals selbst Medizinstudent, stand an der Bushaltestelle an einer Schnellstraße in Schleußig, kannte Dasko gut, holte ihn oft zu Spaziergängen und hatte alles mit angesehen. So arg zugerichtet und angeschlagen der Hund damals war, er ließ außer mir niemanden an sich.

Und wieder ein andermal, es geschah bei einem unserer nächtlichen Spaziergänge, sah er im Gegenlicht der Straßenlaternen einen Stacheldrahtzaun nicht, raste hindurch und riss sich querherüber die Brust tief auf. Die Tierärzte weigerten sich, sich dem Hund zu nähern. Dasko war dann wirklich sehr gefährlich, das kann ich nicht leugnen! Man gab mir damals alles Mögliche an Naht- und Verbandsmaterial mit nach Hause, da ich es anbot, meinen Hund selbst zu versorgen. Dort musste ich jeden aus dem Zimmer verweisen; der Hund war unruhig und erschien auch mir zunächst unnahbar. Und gerade dieses werde ich wohl nie vergessen – Dasko legte sich seitlich auf den Boden, drehte den Kopf schräg zur Seite und nach hinten, jammerte still in sich hinein und – ließ mich ohne jede Gegenwehr seine schlimme Wunde versorgen. Das war zutiefst beeindruckend für mich..., er war mir weiß Gott ein unendlich treuer und vertrauender Freund...

Daskos leidenschaftliche „Fressgier" war schon manches Mal erschreckend. Einmal wollte ich es ganz genau wissen. Insbesondere wollte ich herausfinden, wann er denn eigentlich satt genug sei und zu fressen aufhörte. So stellte ich ihm eine Waschschüssel randvoll mit Futter hin. Hätte ich dies nicht selbst beobachtet, ich würde es nicht glauben wollen! Dasko fraß und fraß und fraß, ließ sich durch nichts ablenken. Den schon blanken Boden der Schüssel schleckte er ab, kein Bröcklein ließ er übrig. Aber dann!!! Der Hund setzte sich neben die Schüssel, plumpste regelrecht um – sein dickgefressener Bauch schien ihm buchstäblich im Wege. Als ich ihn zu mir rief, machte er umständliche Aufstehbewegungen, die aber nicht den erforderlichen Erfolg brachten. Nun wusste ich auch dies: ein Boxer hört freiwillig mit dem Fressen nicht auf! Ein zweites Mal testete ich seine Fressgier jedenfalls nicht.

Angemessen rationierte Futterportionen gaben ihm die so klassisch schöne Form seines Aussehens, für die er mehrfach ausgezeichnet wurde. Dabei muss ich unbedingt erwähnen: Dasko stahl *nie* etwas vom Tisch oder aus den Taschen, da konnte man ihm uneingeschränkt vertrauen. Er nahm auch von niemand Fremden etwas aus der Hand an, fraß nichts Herumliegendes im Freien. Mein damals zweijähriger Sohn, der neben dem sitzenden Dasko eher wie ein Zwerg aussah, hielt ihm einmal eine Wurstsemmel entgegen, direkt vor seine Schnauze und mit den Worten:

„Da, Dako, nimm das mal" (Dasko konnte er noch nicht aussprechen).

Dasko drehte seine Augen zur Seite weg, dann folgte seine Schnauze der Richtung seines Blickes, und dann – wie wäre es anders möglich gewesen – war ein langanhaltender, tiefer Seufzer zu hören. Wie gern hätte er doch diese duftende Semmel gehabt!

Ja, unsere nächtlichen Spaziergänge... Sie blieben mir oft als einziger Ausgleich, und durch meinen Hund war ich dabei auch nicht allein. Wollte ich die vielen vertrauten Stunden zählen –, es ginge nahezu ins Unermessliche. Je nach gegebener Situation war meine eigene Stimmung. Dasko wusste ihr recht sensibel zu begegnen. Und immer waren wir zwei: *Freunde*.

Hatte ich recht frohen Sinn, dann sagte ich nur:

„Muff, komm, wir gehen".

Da sprang der kräftige Kerl um mich herum, dass ich manches Mal Mühe hatte, ihm Halsband und Leine anzulegen. War ich verärgert, aus welchen Gründen auch immer, dann erging nachts gegen l Uhr meist die ernste Aufforderung an ihn, die nur darin bestand, dass ich sagte:

„Dasko, komm."

Da machte er „sitz" an meiner linken Seite, Kopf an Knie, wie zu seinen Schulzeiten. Vielleicht wollte er mich nicht zusätzlich verärgern. War ich sehr traurig und hatte es satt, dann sagte ich nur:

„Hund."

Dann kam Dasko flach am Boden kriechend an und Seufzer auf Seufzer brachte er dabei heraus. Dann begleitete er mich besonders aufmerksam... Was fühlt so ein Tier, was denkt so ein Tier, was weiß .so ein Tier? Oft musste ich an solchen Gedanken festhalten... Und – man mag denken von mir, was man will: für viele, viele Stunden der Gegenwart danke ich meinem Hund.

Mit Vorliebe nahm Dasko herumliegende Äste und Knüppel im Walde auf und sauste damit durch die Gegend. Oft wunderte ich mich über seine Kraft, wenn er mit stattlichen kleinen Bäumen, die geschnitten lagen, über die Wege fetzte. Davon konnte ich ihn nicht immer abhalten. Besonders dann nicht, wenn er bereits gute fünfzig Meter von mir entfernt seinem Spieltrieb nachgab. Das mag ja weiter nicht schlimm sein, doch wenn sich zufällig (meist gingen wir einsamere Wege miteinander) Spaziergänger auch auf unserer Route befanden, dann sah es doch oft erschreckend aus und

Dasko musste sich dann eine Rüge von mir gefallen lassen.

Ein einziges Mal nur kam solch eine Auseinandersetzung wirklich zu spät. Aus einem Kaffeehaus am Waldeck kamen zwei Damen, fein geputzt mit edlen Hüten auf ihren Köpfen. Ich kann über die Damen nicht viel sagen, ich kannte sie nicht. Ich hatte mich nur bei ihnen zu entschuldigen, für eine böse Tat meines Hundes. Mit einem vielleicht drei Meter langen, wundervollen Bäumchen raste er den Weg entlang. Stolz trug er es quer und hoch erhobenen Kopfes in der Schnauze – mein Ruf erging um den Bruchteil von Sekunden zu spät an ihn. Die Damen kamen nicht mehr auf die Seite, gleichzeitig wurden beiden die Knie gebeugt durch den Baum, der sie in der Kniekehle traf, – und beide fanden sich nebeneinander sitzend auf einem schön gestalteten Parkweg wieder. Es war ihnen nichts geschehen, lediglich die Hüte flogen von den Köpfen. Mit Flüchen aus zweierlei Kehlen wurden Dasko und ich noch lange verfolgt. Mein Bedauern war natürlich kaum ein entsprechendes Schmerzensgeld. Meine Adresse hinterließ ich, doch kamen im Nachhinein keinerlei Beschwerden. Ach, Dasko, es gab doch so einige Episoden...

An sie werde ich wohl noch lange denken. Auch daran, wie schwer und aussichtslos es zunächst schien, dich aus der DDR zu mir nach München nach unserer Flucht zu bekommen. Ich will mir weitere Aufzeichnungen sparen. Du bist deinen Weg gegangen, bis zum bitteren Ende... Servus – alter Freund, und hab DANK!

* * *

144

Flucht in die Freiheit?

Es war so geschehen in einer einzigen Nacht, der vom 8. zum 9. August 1973. Die Schilderung eines Erlebens, dem nichts hinzugefügt wurde, was den tatsächlichen Geschehnissen nicht entsprochen hätte. In der Wirklichkeit jener Nacht war viel mehr geschehen. Es ist oft schwer – manchmal vielleicht auch nicht nötig – alles erfassen zu können, zu wollen oder zu sollen.

Gegen den Strand läuft eine drohende Brandung aus. Neumond ist. Schwärzer noch, als der Himmel eh schon erscheint, ziehen dicht geballte Wolken an ihm wild dahin. Die Luft schmeckt salzig. Jeder Handgriff tut sich wie von selbst. Kein Wunder, denn in monatelangem Training, in stockfinsterem Zimmer, hat man ihn gelernt: den groben, kräftigen und den, der allerfeinste Geschicklichkeit verlangt. So wachsen an dem Kiel die Spanten, von denen ganz bestimmte noch durch ein hinzugefügtes Eigenbauverfahren verstärkt werden. Die schwere, derbe Bootshaut des bis zu sechs Personen tragenden Motorfaltbootes fordert das Schwierigste des Manövers. Sie muss exakt über dem Rumpf gespannt liegen, darf die dazwischen gelegten eigentlichen und zusätzlichen Luftschläuche nicht beschädigen oder verklemmen.

Die Arbeiten, die dann noch folgen, sind eine Spielerei. Den Zweitaktmotor am Spiegel befestigen, die Sitze und Rückenstützen einbauen, die Seile von Kupplung und Steuerung vom Bug zum Heck hineinlegen, derart, dass sie nicht stören und in ihrer Funktion nicht gestört werden.

Da ist der große, bunte Wasserball... Die Kinder hatten ihn schon Tage zuvor mit vereinten Kräften aufgeblasen und der Erinnerung ist es für einen ganz kurzen Moment lang gegenwärtig, wie sich ein unbefangenes Scherzen und Lachen der beiden Größeren und schließlich ein bitterliches Schluchzen des kleinen Dreijährigen, dem es noch an Geschicklichkeit fehlte, ineinander mischten. Und als der bunte Ball dann auf den Wellen tanzte, war in übermütigstem Spiel bald alles vergessen und das aufgeblasene Ding wurde über alles geliebt. Nun bekommt dies Spielzeug eine andere Funktion: den Bug auszufüllen, zur Sicherheit für alle Fälle.

Es war bereits eine Stunde nach Mitternacht. Die Kinder lagen im feuchten Sand des Strandes, eingehüllt von ihren Schlafsäcken, die wir aus ihren Daunenbetten hatten fertigen lassen. Die fest und sicher angebrachten Schwimmwesten, unter denen sie warme Trainingsanzüge trugen, schienen sie nicht zu stören. Tief und selig waren sie in Schlaf versunken, so unbekümmert der schwarzdunklen Nacht und der drohend raunenden Brandung.

Alles, was notwendig und entsprechend vorbereitet war, wurde verstaut. Nach festgesetztem Plan und eisernem Training. Warme, wollene Kleidungsstücke, wasserdicht verpackt. Luftmatratzen und Luftkissen. Wohlpräpariertes, lange erspartes Geld. Werkzeug, ein kleinerer Ersatzmotor, zwei Gummibadeboote mit zurechtgestutzten Bambusstangen zur Stabilisierung, drei Zwanzigliterkanister mit dem entsprechenden Benzingemisch. Thermosflaschen mit heißem Tee, ein mit Trinkwasser gefüllter Plastiktank, zwei Aktenmappen mit ein paar persönlichen Dingen, von denen man sich nicht trennen wollte. Die protzigen Paddel kamen dann zum Schluss noch innen an die Seitenwände. Das Verdeck wurde festgespannt, die Kinder sachte geweckt und in das startklare Boot gesetzt.

Dem Kleinen war sein Nachttöpfchen am Schlafsack befestigt. Man brauchte es bestimmt einmal ganz notwendig. Die ganze Prozedur dauerte kaum eine Stunde.

Allein das Boot stand in neunzehn Minuten. Laut Beschreibung schaffte man seinen Aufbau am kürzesten in 30 bis 45 Minuten. Das allerdings ohne der vielen eigenen Zusätze und Verstärkungen... Wir hatten ausgiebig trainiert. Jede Schraube hatte, ‚ihren Mann' und befand sich an ihrem vorbestimmten Platz.

Noch einmal hieß es, alle Kraftanstrengungen aufzubieten und das ganze bepackte Gefährt durch den nassen, buckeligen Sand bis in den Schaum des unruhigen Wassers zu bringen. Die Zeit brannte unter den Nägeln. In jeder Form. Die der Nacht, in der man verborgen bleiben musste, und die der Ferienzeit, die schon so weit fortgeschritten war. Wir glaubten nicht mehr an eine Besserung der Wetterverhältnisse.

Das Schwierigste war, das Boot einigermaßen über die Brandung zu bekommen. Noch hatte niemand von den umliegenden Zeltplätzen Notiz von uns genommen, durch verfrühten Motorlärm sollte nichts provoziert werden.

Wir waren sechs Personen: ein Mann, zwei Frauen, drei Kinder. Es lässt sich mir auch im Nachhinein nicht erklären, wie es möglich war, einer so einheitlich mächtigen Kraft der Natur entgegenzuwirken, bis wir das Boot weit genug hinter die Brandung gebracht hatten. Es erhob sich der Bug und es drängte ihn gefährlich zur Seite. Alle Konzentration war darauf gerichtet, dieses lächerliche Spiel, das das Meer mit uns trieb, zu vereiteln. Mit verbissenen Zähnen allein war dies sicher nicht zu schaffen; Angst, Zorn und unnachgiebiger Wille standen ganz gewiss in einer Front dagegen an. Schweigend – wissend – schweigend...

Dann, endlich, trieb eine Kraft von hinten an, doch es hatte keinen Sinn, das Steuerrad festzuhalten. Die Nadel des Kompasses an meinem linken Handgelenk schien verrückt zu spielen. Sie bestimmte die Richtung, auf sie hatte ich unentwegt zu achten und das Rad mal linksherum, mal rechtsherum zu drehen. Man hatte sich mit zwei Gefühlswahrnehmungen auseinanderzusetzen. Der, dass man von einem Wellenberg aus wie in abschüssiger Fahrt scheinbar bis auf den Grund des Wassers schoss und der, dass es in Bruchteilen von Minutenabständen dann träge wieder herausging, mit hochaufgerichtetem Bug, in die Nacht hinein. Ein robustes Wechselspiel der Dinge! Mühevoll und immer wieder das Gleiche. Und nur die Nadel des Kompasses: sie bestimmte.

Es war wenige Minuten nach zwei Uhr in der Nacht. Neumond war. Es heulte und gischte um uns. Es war weder ein Horizont in Sicht, noch sah man die Lichter vom Land. Ganz selten nur, wenn von dem Kamm einer Welle aus das Boot allzu schnell wieder abwärts schoss.

Zwei der Kinder weinten. Ihnen sei schlecht, sie müssten erbrechen. Ihre Großmutter band das Töpfchen los und widmete sich ihrer Aufgabe. Ich weiß noch, dass ich dabei den Gedanken in Erwägung zog, in großem, hinterlistigem Bogen die Wellenzüge des Wassers zu bezwingen und die entgegengesetzte Richtung einfach anzusteuern. Das Boot schaffte bei ruhigem Wasser 10-12 Knoten. So hatten wir es bei wiederholten Fahrten auf der Müritz selbst geloggt. Bei mäßigem Sturm auf dem Binnensee schaffte es bestenfalls 8 Knoten. Hier dürften es kaum 4 gewesen sein. Aber man hatte sich an die Unheimlichkeiten irgendwie erfolgreich gewöhnen können. Einhundertundacht Kilometer Landstrecke bis zur Türkei wären etwa vergleichbar zu überwinden. Irgendwie musste dies zu schaffen sein. Das Notwendigste war an Bord. Ich legte den Gedanken ab.

Der wechselhafte Klang des Motors – vom schweren Stöhnen bis zu verspielter, fast witzelnder Unbekümmertheit –, er wurde auch sehr schnell Bestandteil einer Gewohnheit. Die Kompassnadel zeigte fast konstant in ihre Richtung. Es gelang immer selbstverständlicher, sich auf all das einzustellen.

Auf das Klagen der Kinder suchte ich mich ein wenig taub zu stellen. Da glaubte ich mich guten Gewissens auf die Mutter verlassen zu können. So ging es für einige Zeit dahin. Die Arbeit gegen das Meer tauchte bereits in das fade Grau der Eintönigkeit. Es mag paradox klingen.

Aber dann gab es neue Herausforderungen. An die Windschutzscheibe schlug es mit unheimlicher Kraft. Unter den Füßen und unter dem Gesäß vibrierte es kurz, dann fühlte es sich wie in einem schwerelosen Raum. Nur den Bruchteil einer Sekunde lang. Dann erfolgte das Ganze von der anderen Seite her. Ein müdes Schnorcheln von Motorgeräuschen –, dann nur noch ein Tosen und Toben, Schlagen und Drehen, und

150

hoch hinaus blieb der Bug aus dem Wasser ragen. Welle auf Welle kam von dort oben herunter und klatschte an die Kunststoffscheibe. Ich glaubte zunächst, dass die Kupplung versagt hätte und nur der Gang herausgesprungen sei. Bald wusste ich, dass das nicht der Fall war.

Ich spürte, dass alle Aktivitäten, die vom Heck aus geleistet wurden, zu schwach sein mussten. Der Mann und die Mutter schöpften mit den größten Gefäßen, die an Bord für solch einen Fall vorgesehen waren, Wasser aus dem Boot. Mit aller Kraft und Schnelligkeit, die nur aufzubringen waren.

Ich saß mit den Kindern eingezwängt unter dem Verdeck und werde den einen Moment wohl nicht wieder vergessen, der mich die Worte nur hat denken lassen:

‚Aus... Und jetzt muss es anders weitergehen...‘

Am Leben bleiben –, erst einmal am Leben bleiben. Alles andere war nicht mehr wichtig, hatte keine Bedeutung mehr.

„Schafft ihr's?!!“, das war meine Frage nach hinten. Und zweifach hörte ich:

"Nein!“.

Mit jedem Wellenstoß bäumte sich der Bug höher auf. Die Werkzeugkiste, die Tanks, der schwere Motor. In Sekundenschnelle musste dieser Ballast über Bord gewesen sein, doch der Bug, ...er bäumte sich nur auf.

„Raus mit den Kindern!“, rief ich der Mutter zu, die uns am nächsten war.

Die Älteste war die Erste, die draußen war. Der Kleine krietschte und schrie, wie es nicht zu beschreiben ist. Er steckte noch in seinem Schlafsack, den eine einzige Welle dann von ihm riss, als zöge man jemandem ganz zornig einen Strumpf aus. Sein Vater erwischte ihn an den Hüften und konnte ihn erst an den Fußgelenken fassen und halten. Die Andere verkrampfte sich um meinen Hals mit ihren kleinen Händen. Sie wurde von meiner Mutter weggezogen, zog mich mit, doch hatten sich die Kupplungsseile um meine Füße geschlungen und hielten mich eisern fest. Es muss alles blitzschnell gegangen sein.

Mit einem einzigen Hieb zerschlug die Mutter den niedrigen Sperrholzbügel des Verdecks und dieses wurde weggerissen. Ich konnte mich, einem Wurme gleich, aus dem Wasser winden, entlang der Bordwand.
„Nimm mir die Leo vom Hals!" – Das soll ich gebrüllt haben.
Mutter schaffte es. Danach gelang es mir, aus den Drahtseilen der Kupplung zu finden.

Wir hielten uns dicht aneinander, an dem im Wasser schwebenden letzten Drittel des Bootes fest. Damit uns die Kraft der Wellen nicht auseinanderreißt, knüpften wir uns zunächst an einer Plastikwäscheleine an. Die Kinder und der Mann trugen Schwimmwesten.

„Jetzt wird mein Trolli ganz nass!", weinte Leo. Ein Stoffhund, den sie unter den Arm gepresst noch hielt.
„Lass den Trolli schwimmen. Der rettet sich selbst!"

Ich meinte es wirklich so, wie ich es in diesem Moment brüllte... Und Leolein hörte auf zu weinen. Nur der Kleine schrie, schrie, schrie...

„Seht mal Kinder. Ihr könnt gar nicht untergehen... Seht ihr?... Die Schwimmwesten tragen euch."

Es war das Wichtigste, die Kinder an ein Vertrauen zu fesseln. Aber der Kleine schrie:

„Auaaa… das tut so wehhh…!!!" – unentwegt. Und er schluckte eine Menge Wasser dabei.

Der Mann hatte – irrsinnig schnell – mit dem Mund die beiden Badeboote aufgeblasen und jedes an einer Leine zusammen festgebunden. Ich hatte ein Paddel erfasst, vielleicht zufällig oder intuitiv. Ich weiß es nicht. Mutter schnappte eine Thermosflasche und eine von den Aktentaschen. Die Thermosflasche blieb nicht lange in unserem Besitz. Das Meer fand größeren Gefallen daran.

Zunächst schien es wie ein Atemholen, keine unmittelbare Gefahr. Ich werde wohl auch aus dieser Episode etwas nicht wieder vergessen. Ich trug einen zweiteiligen Badeanzug unter einem Baumwollnicki und einer Windjacke. Ich erinnere mich, dass mich plötzlich etwas dazu zwang, unter mir in das Wasser zu sehen. Durch die phosphoreszierenden Phänomene hinweg gewahrte ich einen scharfen Lichtschein – lange, ziemlich lange... – und es kamen mir ganz ekelhafte Gedanken dabei. Weil es bald aussah wie ein Scheinwerfer – breitgestreutes Licht –, hatte ich die entsetzliche Vorstellung, es könne irgendein Militär-U-Boot auftauchen. Das Schwarze Meer ist von den Russen beherrscht... Der Gedanke muss aus einer furchtbaren Angst in mir entstanden sein, deren Ursachen ganz gewiss älteren Ursprungs waren. Aus dieser Angst erlöste mich dann bald ein Wissen darum, dass ich in dem Gürtel der Badehose eine Taschenlampe stecken hatte, dass diese sich vielleicht durch das Gerangel im Wasser eingeschaltet hatte und schließlich in das Wasser entglitten war. Ich war so unendlich beruhigt...

Das Boot war nicht mehr zu retten. Es gab einen kurzen, bösen Streit... in dieser Situation! Ich wollte um alles in der Welt die Kinder so schnell als möglich an Land bringen. Etwa fünfzehn Kilometer waren zu überwinden. Mein Mann glaubte daran, das Boot noch einmal flott zu bekommen. Ohne Motor? Ohne Benzin? Ohne alles? Denn alles war weggespült, auch der Proviant und das Trinkwasser.

Ich gebe zu, es war meine Eigenmächtigkeit, dass ich die Kinder in eines der Badeboote hievte, mich mit dem Paddel in das andere, die Kinder somit in Schlepptau nehmend. Die Mutter schwamm an den Bambusstangen des Kinderbootes, darum bemüht, dass es nicht umschlug. Dann gab der Mann sein Vorhaben auf, er schwamm angebunden an meinem Boot.

Der Kompass war gute DDR-Ware. Angeblich wasserdicht, offensichtlich aber doch nicht dicht genug. Er erfüllte keinerlei Dienste mehr und es blieb, sich an der Strömung – soweit dies möglich sein konnte – und an karg erhaschten Lichtpunkten, die vom Land kamen, zu orientieren.

154

Die Kinder saßen ziemlich sicher in ihrem Gummiboot. Die Plastikleine hielt, das Paddel in meinen Händen schien der einzige Segen des Himmels zu sein. Wenn nur sehr mühsam und manchmal für lange Zeit an einem Ort scheinbar – wir kamen vorwärts, trieben nicht zurück. Die Geduld, die man weiß Gott nicht hatte, sie war trotzdem da. Man dankte ihr, sicher ohne es bewusst zu tun, mit jedem spärlichen Erkennen irgendwelcher Lichter vom Land, von denen man sich ein Panorama einer Landkarte zusammensetzte, aus dem man für die notwendigen Maßstäbe zum Erreichen eines einzigen Zieles suchte: zu überleben. Und diese Maßstäbe setzten sich zusammen aus Richtung, Entfernung und dem sinnvollsten Einsatz seiner körperlichen Kräfte.

Ich weiß, dass für mich zu diesem Zeitpunkt der Glaube an den Tod ganz nahe war. Dass der Gedanke, aus dem Meer wieder herauszufinden zu einer weit entfernten Hoffnung wurde, von der ich mich zaghaft nur habe berühren lassen. Das drohend finstere Wasser, die Nacht, die reißenden Kräfte – sie bestanden doch als die Gegenwart und sie waren so mächtig..., so wahnsinnig mächtig. Ich hätte es nie für möglich gehalten, wie sehr die Direktheit eines Geschehens – ist sie nur wirklich nahe genug! – alle Angst wie in ein Nichts zu zerrinnen lassen versteht. Tod und Angst – sie stehen zu einem anderen Zeitpunkt einander gegenüber.

Das Schreien des Buben war ebenso ein Aufgebot aller Kräfte, vor das gestellt man ahnungsloser Betrachter wird. Wie kann so ein kleiner, zarter Körper derartiges vollbringen, mit einer Ausdauer, die man ihm nicht zutrauen möchte! Und wie schnell ist dabei ein solches Geschöpfchen gezeichnet von den Spuren unsagbaren Schreckens. Ich weiß nicht, wie oft ich in das Gesicht des Kindes sah. Mit jedem zweiten Paddelzug durch das aufgepeitschte Wasser, den ich linkerhand meines Gummikissens machte, weil das in Schlepp genommene Kinderboot nach dieser Seite hin abdriftete? Vielleicht.

Es war jedes Mal ein Mobilmachen aller meiner Kräfte, die ich besaß. Die nassen, kurzen Haarstoppelchen, die so plötzlich eingefallenen Wangen, die die Augen so groß und viel dunkler, als sie waren, haben erscheinen lassen. Ich sah immer wieder diesen weit aufgerissenen Kindermund, aus dem heraus die Brust jenen immer wiederkehrenden Schrei presste, der nicht mehr Stimme war, sondern ureigenste Forderung auf Leben. Und es ballte sich in mir alle Wut zusammen, wenn ich mit ansehen musste, wie brutale Wasserschwälle in dieses zarte, hilflose und doch so tapfere Gesichtchen schlugen, mitten hinein in den so offenen Mund; und wenn ich sah, wie der ganze kleine Körper damit zu kämpfen hatte, mit dem beizenden Salzwasser in fast hilflos ergebenen Hustenstößen fertigzuwerden. Ich wusste nur das Eine: ich werde dem Meere solange nicht gehören, solange Leben in meinen Kindern ist! Glaube und Hoffnung. Sie standen beide weit entfernt. Es gab keinen Kompromiss, der in dieser Situation hätte geschlossen werden können. Und so stand Kraft gegen Kraft. Nichts weiter.

Meine Zehen, die Füße, Knie, Oberschenkel, meine Hüften, der Rücken, die Schultern, meine Arme, meine

Hände, die schon tauben Finger und das dicke Holz des klobigen Paddels – es schien alles eins zu sein, als ließe es sich nie voneinander trennen. Meine Augen, Ohren und Sinne suchten alles, aber auch alles zu erfassen. Und dem Herzen wurde ein einziger Befehl gegeben: schlage! Und ich verlangte von ihm, es zu tun, für sich allein und selbständig. Ganz gleich, welche Anforderungen kommen würden. Somit geriet ich in den Besitz einer möglichen Ruhe, die Bedingung dafür war, dass die Vorgänge in meinem Kopf ungestört ablaufen konnten.

Bald hörte ich, wie sich auf das Schreien des Kleinen etwas Müdes – so Verständliches – legte. Über die tiefliegend gewordenen Augen sanken die Lider herab und wie in hilfloser Ergebenheit beugte sich der Kopf nach vorn... tief... müde... in das Wasser, das bis zur Randwulst das Kinderboot füllte. Es war nicht Kapitulation. Es triumphierte eine überwältigende Kraftlosigkeit.

„Leo! ... Alexanders Kopf! ... Halt ihn aus dem Wasser! ... Fest! ... Rüttel ihn wach! ... Rüttel ihn!"

Leokadia, die in das ihr erklärte Vertrauen ihr eigenes kindhaft treu legte, gab einer Schläfrigkeit noch vor einer Erschöpfung den Vorrang, und das war gut so. Sie saß direkt hinter Alexander, an die Brust ihrer älteren Schwester gelehnt, die ebenso wie sie vertraute, doch in aller Wachheit alles wahrnahm. An Leo musste ich meine fordernden Rufe richten. Und sie war zur Stelle! Im richtigen Moment, mit bewundernswert festem Griff, mit stiller, handelnder Entschlossenheit. Tapferes, großartiges Kind! Denn es begann endlich... endlich... wieder das Schreien – und ein Jammern gesellte sich hinzu aus des Buben Mund.

„Ich muss mal... Ich muss mal so nötig... Ich muss lullern...“

Und es war drastische Wirklichkeit. Wir alle befanden uns in einer Riesenpfütze, bedroht bis zum Letzten, und da laufen Mechanismen ab, wie sie in zivilisierter Umgebung doch nur verlangt sein können. Aber *dass* der Bub dieses klagte, es machte fast Mut.

Ist das die Form der Ironie des Schicksals?

„Pullere ruhig, Xandl, ... pullere ruhig. Wir sitzen doch alle schon im Wasser, im Nassen. Das darfst du schon, das macht überhaupt nichts. Immer pullere, soviel du magst.“

„Neiiiiin...“, kam es langgezogen: „Erst auf der Wiese...!“

Ich habe dem Jammern des Kleinen noch ein paar Male Zuspruch und Aufforderung geben müssen. Ich hatte mit dem Ergebnis meiner eigenen Erziehung einen konträren Kampf auszufechten. Heute erinnert mich dieses Erlebnis noch manchmal daran, dass die Erziehung in gewisser Weise notwendig ist, jedoch niemals zu etwas Absolutem werden darf...

Es geschah dann noch einige Male – dieser Wechsel von Forderung an das Sein, bis zum Erschöpfen bebender Einsatz des noch empfindlichsten Menschleins unter uns gegen Heulen, Peitschen und alle Schrecken, ohnmächtiges Ergeben in den Kräfteschwund. Und Wachrütteln... Wachrütteln... Wachrütteln.

Die älteste Tochter, erst sieben Jahre alt, schien einen Glauben an etwas zu gewinnen, vielleicht helfend für den Kleinen und die Schwester. Ein zartes Stimmchen hörte ich zwischen dem Pfeifen des Sturms an meinem Ohr vorbeiklingen, als sei es gleichsam wie zur Besänftigung an einen anderen gesungen... „Fliege, weiße Friedenstaube, fliege übers Land" und „Im Garten steht ein Blümelein"... Zwei von den Liedern, die sie aus ihrem Kindergarten einst mitbrachte, die im ersten Jahr der Schule so oft gesungen wurden. Ein „Frieden" wurde in den Sturm getragen, dem eine eigenartige Symbolik anhaftete. Nicht einmal eine so fremdartige. Denn kamen wir nicht aus einem Land, in das wir nicht mehr zurückwollten, weil „Frieden" und „Freiheit" dort nicht waren? Oh, wie sehr waren wir doch gerade dabei, den Preis dafür zu bezahlen...

In ein gefährliches Manöver mussten wir uns einlassen. Alexander musste einen anderen Platz in dem Gummiboot erhalten, denn er hatte kaum mehr die Kraft, sich aufrechtsitzend zu halten. Er musste zwischen seine beiden Schwestern zu sitzen kommen. Und es musste schnell sein. Das Boot durfte nicht seitwärts an eine Welle geraten, denn sie hätte in ihrer wilden Lust zu unters gekehrt, was Luft zum Atmen, zum Schreien, zum Singen und Rufen brauchte. Die Wogen, die von vorn kamen –, sie wärmten den vom Wind ausgekühlten Körper, sie schlugen nicht um, wenn man rechtzeitig und geschickt genug durch die Führung des Paddels und der entsprechenden Kraft dahinter auszugleichen suchte.

Das Manöver konnte gelingen. Dem Kleinen konnten wenige Minuten eines erschöpften Schlafes gewährt werden, auf dem Rücken von Leo, umfasst von der großen Schwester. Anders ging es nicht.

Die Zeit ging brutal mit uns um, denn sie ließ uns kaum eine Hoffnung zu, sich dem ersehnten Land – der felsigen Küste – genähert zu haben.

Das Boot der Kinder schloss am oberen Rand mit der unruhigen Oberfläche des Wassers ab. Das meine auch. Doch fühlte ich, dass es die Kinder ängstigte. Ich beobachtete auch, dass die beiden Mädchen immer wieder mit ihren Händen Wasser aus dem Boot zu schöpfen suchten. Von allem, was ich erflehte, war das eine besonders groß, dass keine Angst aufkommen möge, die vielleicht Panik ausgelöst hätte.

Ich presste das Paddel – das Wertvollste im Augenblick – fest zwischen die Knie. Ein heißes Brennen an beiden Oberschenkeln und Hüften ließ meine Zähne wie im Schüttelfrost aufeinanderschlagen. Die Haut war an diesen Stellen wund aufgerieben an den Gummiwülsten des Bootes, gegen die ich mich mit jedem Paddelzug durch das Wasser abzustemmen suchte, einer besseren Kraftausnutzung wegen. Auf beiden Seiten große, aufgeriebene Flächen und das salzige Wasser biss wie mit tausenden nadelspitzen Zähnen hinein. Es war dies nur ein Moment, der, wie so vieles andere auch, in eine Nichtbeachtung verbannt wurde.

Schnell befreite ich mich von meiner Windjacke, die ich mir unter das Gesäß stopfte, um sie zu behalten. Ich streifte das Nicki über den Kopf, befahl meiner linken Hand, es in jedem Falle festzuhalten und titschte damit Male um Male Wasser aus dem Kinderboot. Wenigstens soweit konnte es gelingen, dass das Wasser nur bis zur Hälfte an den Randwulst stand. Das beruhigte die Kinder sehr. Dann stopfte ich das Nicki zu der Windjacke, damit es mir nicht verlorengehen könne. Ich fasste – bereits wie gewohnt – das Paddel, und so ging es fort.

Selbst heute weiß ich es noch nicht, ob mein letzteres Handeln richtig gewesen war, ob es hat sein müssen. Denn zusätzlich hatte ich nun noch gegen eine erbarmungslose Kälte und das Peitschen harter Wasserschläge auf der nackten Haut anzukommen. Wie war ich dankbar für jede hohe Woge, die über mir zusammenschlug, die mich für einen Augenblick lang wärmte.

Alles wurde – zur Gewohnheit... Neuneinhalb Stunden lang... Dann war es geschafft. Wir hatten in diesen Stunden erfahren, dass eine Strömung, wenn sie vor einer Bucht mit einer anderen interferiert, an einer Stelle festzuhalten versteht. Wir haben gelernt aus dieser Situation zu finden, dadurch, dass man im Wechsel das offene Meer und dann wieder die Küste anzusteuern hatte. Das offene Meer..., dem wir allzu notwendig entflohen wären...

Wir haben die Erfahrung gemacht, dass das offene Meer nicht das Schlimmste ist, dass die Brandung die heimtückische Wächterin seiner Grenzen ist. Heimtückisch –, denn sie versprach Trost, für den sie in gemeiner Härte ihre Rechnung präsentierte. Es gibt nichts umsonst. Alles hat seinen Preis...

Wer es selbst schon einmal erlebt haben sollte, der muss es besser kennen, als es sich je beschreiben ließe. Das Gefühl, aus einem Teufelstreiben heraus auf einen ruhigen, langgezogenen Wasserteppich zu geraten, mit einem Aufatmen der Seele, dem die angespannten Sinne so schnell noch nicht folgen können. Kann der Wechsel von einem Extrem in das andere wirklich so wahr sein?

Er ist wahr, denn man fühlt, dass keine bösen Gewalten mehr herausfordern. Und wie schnell ist man bereit, den überforderten Sinnen Rast zu gewähren, an ein einziges Glück zu glauben, gerettet zu sein... Freudentränen möchten fließen, aus Augen, denen Tränen der Not und Verzweiflung nicht gekommen waren. Den eigenen Herzschlag begann man wieder zu fühlen, der nicht mehr Maschine zu sein brauchte, dem es zugelassen wurde, in Dankbarkeit zu pochen. Aber dann begegnete man ihr! Dieser Bestie Brandung! Deren Strömung feig genug war, in die Weite des Meeres hinauszulassen, um sicher zu sein, dass es sich ihr nicht entfliehen lässt, sucht man von dort zurückzukommen.

Es war nur der Bruchteil von Sekunden, in denen ich noch sah, wie der Mann, brutal von stürzendem Wasser erfasst, wie in einen Schlund gezogen wurde. Wie ein Ruck an der Leine die Wulst meines Bootes nach unten zog. Ich muss plötzlich nach hinten aus dem Boot gesprungen sein, das Paddel dabei weit von mir weggeworfen haben. Ich muss noch geschrien haben:

„Die Kinder!!!"

Und dann sah ich sie –, denen ich entgegensprang, kopfüber alle drei in das Wasser stürzen. Das Boot schwamm mit dem Gummiboden nach oben über ihnen... Mein Gott! Was geschieht nicht alles in einem einzigen Augenblick...

Irgendein Kind geriet wie zufällig in meine Hände, die nicht recht fassen konnten. Aber sie haben gestoßen, mit aller Macht; in die Richtung, in der das Festland war. Ich sah einen blonden Mädchenschopf, eine leuchtend orangene Schwimmweste, einen blauen Trainingsanzug. Ich sah, dass sich dieses Kind auf seinen eigenen Füßen bewegte, der nur noch um wenige Meter entfernten Felsenküste zu.

Der Mann hatte den Buben, mit dem zusammen er aus einer Welle gespuckt wurde. Nicht weit genug, um den Stand auf eigenen Füßen schon zu schaffen. Ich suchte selbst an gleicher Stelle Halt, zwischen groben, scharfen Steinbrocken. Auf den Knien – irgendwie. Gemeinsam hielten wir den wie willenlos gewordenen Kinderkörper fest, damit der Sog vom Meer ihn uns nicht wieder entreißen konnte.

Die Mutter hatte sich an den Bambusstangen des umgeschlagenen Bootes verkrallt. Unter ihm glaubte sie das dritte Kind. Wie mag sie es nur geschafft haben, das schwere Gummiboot noch einmal umzuschlagen! Da kam unbeschadet Leokadia zum Vorschein, und sie weiß es noch heute zu berichten, dass sie gar keine Angst hatte, weil die Schwimmweste sie trug, weil unter dem Boot noch genug Luft war. Meine Mutter muss ihr, ähnlich wie ich zuvor der Großen, einen Schups gegeben haben, der genug beschleunigte, sie damit aus dem Strudel des Küstenwassers herauszubringen.

Mein plötzliches „Raus mit euch!!!" war vielleicht eine notwendige Drohung, die ich ihnen in den Rücken warf, bis ich sie ganz in Sicherheit sah.
„Meine Schuhe!", rief Ludmila ängstlich, ein „Lass sie!" beendete diese Phase für sie. Die Mädchen waren an Land.

Alexander war ein lebloses Bündel zwischen unseren Armen, um das wir bangten, bis wir uns gegenseitig aneinander vorbeiziehend bis dorthin gerettet hatten, wo den Beinen ein Halt belassen wurde. Ein paar wenige, schleppende Schritte, dann fanden wir zum ersten Male Sicherheit auf einem kleinen Stückchen Wiese, das von der Sonne halb verbrannt und von Dornengestrüpp umrandet war.

Alexander gab noch immer kein Lebenszeichen von sich. Sein braungebranntes Gesicht bekam eine merkwürdige Blässe, unter den halbgeschlossenen Lidern erschreckten mich seine Augen, die, sonst dunkelbraun, grau geworden waren. Zwischen blassen, zarten Lippen stand ein weißer, zäher Schaum...

Ich rief seinen Namen, schüttelte ihn – er blieb stumm, und nur die Brandung dröhnte.

So schnell es irgend möglich war, hatten wir ihn von seiner Schwimmweste, dem Trainingsanzug und dem Pullover befreit. Ich wusste nur ganz vage von Herzdruckmassage und Mund-zu-Mund-Beatmung. Ich tat wie ich glaubte, spürte, fühlte... Das Meer, die Nacht, der Sturm – alles das schien weit weg, als hätte ich derartige Schrecken nie erfahren. Mir war, als spürte ich jetzt erst etwas von einer Angst, ... einer Angst, unendlich viel zu verlieren. Ich wollte dies um keinen Preis der Welt!

Was ich und wie ich tat, ich weiß es heute nicht mehr. Ich erinnere mich nur an die Momente, in denen ich sah, wie ein sanftes Rot in die Wangen meines Kindes stieg, wie die Augenlider, noch halb geschlossen, so aber doch wieder Bewegung in sich zeigten. Ich fühlte schwache Atemzüge, denen ich hin und wieder noch eine feine Unterstützung zu geben meinte und danach tat. Ich handelte, wie ich glaubte, es richtig zu machen. Gewusst habe ich zu wenig darüber... offenbar aber doch genug, um der Natur die Chance wiederzugeben, nach ihren eigenen Gesetzen zu funktionieren.

Alexander versank in einen tiefen Schlaf. Die Mädchen suchten sich Schatten unter den Dornenbüschen. Die Sonne brannte heiß. Ganz erschöpft schliefen auch sie. Über ihren Körpern hatten sie Notenblätter ausgebreitet, sich somit vor allzu lästiger Sonneneinwirkung zu schützen. Die Noten kamen aus der Aktentasche: „Pischna", „Bach", „Chopin", „Schumann", „Beethoven"... So konnte man von den Umschlagseiten deutlich lesen...

Ich lag schwer und kraftlos am Boden, dankbar darum, dass ich keinen meiner Körperteile mehr zu bewegen brauchte. Es war so wohltuend. Und ich dachte an nichts. Nicht an das, was war und nicht an das, was kommen würde...

Wir sind am Leben geblieben. -

* * *

Gescheiterte Flucht?

Die Nacht – die schwarze – die Gefahr, der wir entronnen... sie waren momentan nicht mehr. Noch steckte alle Schwäche in den Gliedern. Die geschlagenen Wunden, vor allem an den unteren Gliedmaßen, die von schroffen und spitzen Felsgesteinen herrührten, gegen die die Brandung heftig schlug, waren blutverkrustet und spannten über den Gelenken. Die Sonne brannte heiß herab.

Die ersten körperlichen Schwächen schienen verwunden; es gesellte sich nun ein quälender Durst hinzu. Das Haar war stumpf und verklebt, grau verfärbt durch das angetrocknete Meerwasser. Die Lippen schmeckten bitter-salzig. Durst, Durst, Durst... Doch um uns herum stand schneidend derbes, gelblich verdorrtes Gras, Dornen- und Distelgestrüpp. Keine Menschenseele war zu sehen, worüber wir in unserer unmittelbaren Situation jedoch eher froh waren.

Alexander erwachte bald aus einem tiefen Schlaf. Nun begannen die Mädchen zu klagen, es brenne die Sonne so heiß, sie hätten Durst. Somit tat sich für uns ein nächstes Problem auf: Trinkwasser zu finden und ein schattiges Plätzchen. Das Meer hatte sich noch immer nicht beruhigt. Weit draußen war das eine der Gummibadeboote zu erkennen. Unserem Schicksal schienen wir erneut überlassen.

Ich sah auf der Anhöhe eines angrenzenden Felsplateaus, kaum zwanzig Meter weit entfernt, eine weißgetünchte Hütte mit einem kleinen, verschlossenen Fensterladen; auf der Seite zum Meer hin eine Tür, an der sich ein Riegel mit einem Vorhängeschloss befand. Ob es die Hütte eines hier ansässigen Fischers gewesen ist? Offensichtlich schien sie zum Zeitpunkt unbewohnt.

Eine kurze „Lagebesprechung" erfolgte. Die Mutter sah eine unabdingbare Notwendigkeit darin, nach Trinkwasser zu suchen. Sie wolle am Strand entlang gehen; irgendwann werde sie sicher auf einen Campingplatz und somit auf Wasser stoßen. Wir vereinbarten einen geraumen Zeitpunkt, an dem sie zu uns zurückkommen sollte. Weit in der Ferne gen Süden sah man ein helles, steinernes Haus, vielleicht könnte man dort Erfolg haben. Sie zog los. Ihren Weg über die Felsen am Strand konnte man lange noch verfolgen: in kurzen Abständen fanden sich Blutstropfen, die von Wunden an Schienbeinen und Knien stammten. Zuvor suchten wir noch, die schmerzenden Fußsohlen gegen Sand, Gras und Gestein zu schützen. Nun war es die Schwimmweste des Mannes, die herhalten musste. In der geretteten Tasche befand sich ein Taschenmesser. Mit diesem schnitten wir aus dem Schaumstoff der Weste Streifen, passten sie den Fußsohlen an, umwickelten sie und die Füße mit dem orangefarbenen Überzugstoff. Es war als Wohltat zu empfinden, damit und nicht barfuß herumzulaufen!

Der Mann blieb bei den Kindern liegen, während ich mir die Hütte, die ich sah, näher betrachten wollte. Es war nur der kleine Hang einer Sanddüne bis zu ihr zu überwinden, aber die Beine waren schwer wie Blei. Ihnen musste bewusster Befehl gegeben werden, Stück für Stück an Boden zu erringen. Und endlich war es geschafft!

Nun sah ich die Bescherung. Ein dicker Eisenriegel war in das Holz der Tür genietet, aus dem Balken des Türrahmens ragte eine massive metallene Öse, und durch sie hindurch war eine Kette gezogen, durch ein Vorhängeschloss gesichert. Es ruckte und zuckte sich nichts. Das Holz, bleich und ausgedorrt von Wind und Wetter, es gab keinen Millimeter nach. In dieser Situation war es fast zum Verzweifeln. Die Sonne brannte und biss auf der Haut, der Durst quälte. Die Kinder saßen mit hochroten Köpfen beieinander, ohne schattengebenden Schutz, durstig, abgeschlagen, müde...

„Gott Vater im Himmel, schenke uns Deine Gnade. Lass uns überleben, ich bitte Dich inständig darum."
Kann man Gott eigentlich tiefer anflehen, als aus der Not seines Herzens heraus? Kann es nicht wirklich wahr sein, dass Gott solch Flehen erhört?

Ich sah nun bewusst erst zu dem Fenster, das winzig klein neben der Tür angebracht und von einem dicken Holzladen verschlossen war. Ich suchte ihn aufzuklappen, – ein unwirsches Knarren, dann sah ich in das Innere der Hütte. War es denn nur zu glauben? Ich sah zwei Bettgestelle mit Decken darauf liegen, an der Seite einen Tisch, auf dem neben einer Kerze ein Topf stand, eine grüne Glasflasche, deren Hals abgeschlagen war. Und ein dreibeiniger Holzhocker stand vor dem Tisch. DAS IST DIE RETTUNG!!!

Ich signalisierte sofort nach unten, man möchte zu mir heraufkommen. Mein Mann gebot den Kindern, einstweilen ganz still sitzenzubleiben und kam zu mir. Ja..., das musste wohl die Rettung bedeuten. Die Rettung vor der Glut der Sonne! Vielleicht auch konnten wir etwas finden, den Durst zu löschen?

Wiederum stellte sich uns ein erneutes Problem: das Fenster war so schmal und klein, dass wir Großen nicht hätten hindurch kommen können... Ich holte Ludmila zu mir herauf, die auf ihren Füßen stand, wie ein unkundiger Schlittschuhläufer auf dem Eis. Sie zu tragen, dazu fehlte mir jedoch die Kraft. Und doch schafften wir es mit vereinten Kräften, notfalls auf allen Vieren - dieses winzig kleine Stückchen Weg...

Dann schien aber auch das Kind wie von allen Kraftreserven erneut beseelt. Ludmila passte, als sei sie eigens dafür geschaffen, durch das Fensterloch, zeigte keinerlei Anstalten von Furcht oder Angst und machte sich bald in der kleinen Fischerhütte „zu schaffen". Gleich einem sicheren Siegeszeichen hielt sie uns in ihren Kinderarmen eine schwere Axt zum Fenster hinauf, und nun waltete der Mann seines Amtes. Schloss und Riegel der Tür waren bald abgeschlagen, uns war ein rettender Zugang in das Häuschen möglich. Leokadia „robbte" ihrer Schwester nach und den Hang hinauf; Alexander konnte weder stehen noch gehen und wurde getragen. Weil er nichts, aber auch gar nichts sprach, fragte ich ihn, ob er jetzt nicht wieder froh sein könne? Mich erschreckten seine lallenden Wortfragmente, wusste ich doch, dass er zuvor keinerlei Mühe hatte, etwas auszusprechen. Hätte ich noch die Fähigkeit besessen, Tränen zu weinen, sie wären mir wohl wie Ströme über die Wangen geflossen. Der schmerzlich wehe und quälende Gedanke, mein Junge würde vielleicht nicht wieder richtig sprechen können..., denn oft las ich früher darüber, was Schocksituationen auszulösen vermögen. Aber er lebte und – lallte wenigstens.

Die Kühle in der Fischerhütte, die weichen Bettgestelle – es war das reinste Labsal. Was störte schon dieser moderne Geruch, was machte es schon aus, dass die Decken verfilzt und von Ungeziefer befallen waren. Wie köstlich war das kleine Stückchen vertrockneten Weißbrots, an dem die Kinder herumlutschten, bis es genügend aufgeweicht und essbar war. Nur Wasser –, das fanden wir nicht. Doch in der grünen Glasflasche, deren Hals abgeschlagen war, befand sich bodenbedeckend ein wenig Flüssigkeit. War es Wasser? War es eine Art Petroleum, da sich auch ein primitiver Petroleumkocher auf dem Tisch befand? Ich schüttete mir ein paar Tropfen davon auf den Handrücken, roch daran und schmeckte vorsichtig davon. Es muss Wasser gewesen sein! Und wenn Wasser in einer scharfkantig abgeschlagenen Glasflasche war, dann hat man es in ihr bestimmt nicht hierhergebracht, dann müsste dergleichen hier in unmittelbarer Nähe zu finden sein! Erneut wurde „Kriegsrat" gehalten. Die Kinder und ich sollten in der Hütte „die Stellung halten", der Mann wollte sich in der Gegend nach Wasser umsehen. Auf die Mutter musste wachsam gewartet werden.

Die Kinder schliefen erneut den Schlaf der Gerechten. Alexander wachte Male um Male mit krampfartigen Zuckungen auf, lallte schwach und stotternd:

„I-i-i-ch... ha-a-a-b... s-s-sol...s-s-sol… ch-chen... D-d-d-u-urst – d-d-d-a-as t-t-ut...s-s-s-o-o...w-w-weh-h-h...“

Nun sah ich das erste Mal bewusst die nackten Körperstellen meines Buben: von beiden Hüften herab bis zu den Unterschenkeln hingen großflächige Hautfetzen, darunter zeigten sich bläulich-rote Stellen, die nässten. Ich zog ihm die restlichen Kleidungsstücke aus, hüllte ihn lose in eines der schmutzigen Laken, die auf den Betten unter den Decken lagen. Das schien ihm eine Erleichterung zu sein. Es konnte Luft an die wunden Stellen von Hüften und Beinen gelangen. ...Mehr habe ich zu diesem Zeitpunkt nicht tun können. Ich hatte keine andere Wahl, als alles Weitere in mein ganzes Gottvertrauen zu setzen..., zu warten, warten, warten.

Plötzlich sah ich einen einsamen Strandgänger seiner Wege ziehen. Ich sagte zu den Kindern, sie sollten sich jetzt ganz ruhig verhalten, ich wolle „zu dem Herrn da unten gehen“ und sogleich wieder zurückkommen. Es war die erste Menschenseele, die sich offensichtlich hierher verirrt hatte?

Ich weiß es auch heute noch nicht, weshalb ich „alles auf eine Karte“ setzte. Ich fühlte nur, dass es viel schlimmer gar nicht mehr hätte kommen können. So rutschte und stolperte ich, ungeachtet des mühevollen

Weges, zum Strand hinab, stapfte dem Herrn hinterher und rief (auf Tschechisch, anderes viel mir nicht ein!):

„Prominte prosim, rozumite německy?" (Entschuldigen Sie bitte, verstehen Sie deutsch?), worauf mir wie selbstverständlich geantwortet wurde:

„Ano. Bitte, was wünschen Sie?"

Diesen Glücksfall zu begreifen oder darüber nachzudenken, dafür war scheinbar weder Raum noch Zeit gegeben. Und so wusste ich mich verstanden, konnte dadurch einem Menschen – ganz gleich, welcher Gesinnung er gewesen ist – über unsere unmittelbare Not sagen, erfuhr, dass dieser Mensch weder Ohren noch Herz verschlossen hielt, erfuhr, dass er zu jeder Hilfe engagiert bereit schien, und ich erfuhr es wirklich.

Nach den ersten notdürftigen Schilderungen und Erklärungen hastete er mit mir in die Fischerhütte. (Von dem Fluchtversuch sagte ich allerdings nichts! Jemanden zu ängstigen oder gar zu kompromittieren, das stand selbst im Unterbewusstsein als ein Tabu; meine Schilderung bezog sich auf einen unternommenen ‚Ausflug' mit einem Boot, bei dem wir durch den Sturm zu Schaden kamen. Was sich ein anderer dazu denken würde, das musste ein unbeschriebenes Blatt bleiben!).

„Der Retter in der Not" zeigte sich dann wirklich als ein solcher. Er bewohne mit seiner Frau zusammen einen Bungalow etwa sechs Kilometer von unserer Stelle entfernt. Er habe einen langen Spaziergang gemacht, da er das stürmische Meer sehr liebe. Seine Frau sei nicht mitgekommen.

Als er die Kinder sah, kramte er alles aus seinen Taschen, was er bei sich hatte. Es waren ein paar Bonbons, ein paar Kekse und zwei Apfelsinen. Das Interesse der Kinder galt ausschließlich den Apfelsinen, die unter sie aufgeteilt wurden; das andere schien sie momentan kaum zu interessieren. Ich glaube mich daran erinnern zu können, dass der „einsame Strandgänger" feuchte Augen bekam, als er meinen Buben und seine Verletzungen sah. Er gab dem Jungen sein T-Shirt zum überhängen, in dem der kleine Kerl wie ein Gnom aussah. Er versprach, sich sofort „um entsprechende Hilfe" zu bemühen, wobei er betonte:

„Sie wissen es, zu der Polizei kann man nicht gehen. Aber ich kenne sehr gut ein paar junge Leute, sie arbeiten in einer Fabrik. Sie gehören einem nicht legalen katholischen Kreis an. Sie besitzen eine kleine Organisation. Ich werde veranlassen, dass Sie geholt werden. Doch merken Sie sich den Campingplatz, auf dem wir wohnen. Dort wird bei der Rezeption ein Brief für Sie bereit liegen. Diesen nehmen Sie. Aber fragen Sie dann nicht nach uns. Ich denke, wir werden jetzt etwas frühzeitiger die Heimreise antreten."

Das für alle möglichen Eventualitäten „getrimmte" Gehirn merkte sich alles, was an Information überlebenswichtig war. Dann sahen und hörten wir nie wieder voneinander...

Kurze Zeit darauf vernahm ich die Stimme meines Mannes:

„Hallo, hört mich jemand? Ich habe Wasser gefunden. Hier ist es. Christl, komm bitte her zu mir. Ich kann nichts mehr sehen. Meine Augen!"

174

Die Kinder waren bereits daran gewöhnt, sich ruhig zu verhalten, zu vertrauen und Mut zu haben. Alle Drei.

Knapp hinter dem Fischerhäuschen fand ich meinen Mann. Er hockte auf seinen wunden Knien. Vor ihm stand der Topf, gefüllt mit klarem Wasser. Bei aller Tragik, aber das war augenblicklich unser notwendigster Reichtum: Wasser.

Zunächst rettete ich den Topf samt seinem Inhalt. Dann holte ich meinen Mann und führte ihn in die Hütte. Es war tatsächlich wahr: er konnte nichts mehr sehen... Furchtbare Schmerzen habe er in den Augen. Alles um ihn herum sei wie in einen milchig-weißen Schleier getaucht, von den Gegenständen seien nur ganz schattenhaft die Konturen zu erkennen.

Wollte uns das Schicksal denn noch immer nicht aus seinen Klauen entlassen? Auf dem kurzen Weg bis zur Hütte berichtete ich von dem Zusammentreffen mit dem „tschechischen Strandwanderer". Die Reaktion darauf kam unerwartet und fast erschreckend, ja, unangemessen:

„Mir ist jetzt alles egal! Von mir aus! Dann krepieren wir eben! Oder sollen sie uns doch einsperren! Das hat doch alles keinen Sinn mehr!"

Ich wertete dieses als einen nur zu verständlichen Ausbruch eines Menschen. Es ist keine Schande, wenn einen die Kräfte verlassen. Aber ich wollte und konnte jetzt nicht mehr aufgeben. So lenkte ich von der Begegnung mit dem Fremden ab und ließ mir darüber berichten, wie es möglich sein konnte, in dieser gottverlassenen dürren Gegend Wasser zu finden. Da erzählte mir mein Mann, dass er unweit der Hütte das ausgetrocknete Bett eines Baches gefunden habe. Seiner Logik folgend, lief er in dem Bett des Baches, bis der Boden feuchter und feuchter wurde. Dann sei er an ein Rinnsal gelangt, noch ein Stück weiter zu einer Quelle gekommen. Als erstes habe er seinen Kopf in das Wasser der Quelle gehalten und gemeint, „dies müsse das Himmelreich sein" (mein Mann ist überzeugter „Atheist"). Als er hernach den Topf füllen wollte, habe er alles bereits wie durch weiße Schleier gesehen und es sei merklich schlechter und schlechter geworden...

Alexander bekam zuerst von dem Wasser zu trinken. Seine kleinen Hände verkrampften sich um den Topf, er gab ihn nicht wieder her. Ich traute meinen Augen kaum, als er den Inhalt fast bis zum Boden ausgetrunken hatte. Ein tiefer, langer Seufzer – dann kam es ganz klar gesprochen, ohne Lallen:
„Ich muss nun ganz schnell lullern!"
Verblüffend, wie schnell sich eine missliche Situation wieder zum Guten verändern kann! Aber nun konnte von dem Wasser reichlich nachgeholt werden, und als unser aller Durst gestillt war, sah die Welt schon recht anders aus.

Zu unserer großen Freude sahen wir in der Ferne die Mutter kommen. Sehr behutsam hielt sie eine Zweiliterflasche voller klaren Wassers in Händen, kam schleppend zu unserer Hütte herauf. Wir berichteten über das bisher Geschehene, sie aber –, sie hatte aus der Flasche nicht einen Schluck Wasser genommen. Dafür hatte sie zu ihren wunden Knien auch noch aufgeschundene Füße, denn die Schaumstoffsohlen hielten dem harten Boden nicht lange stand. Aber wir hatten reichlich Wasser, an dem sie sich nun endlich laben konnte; und wir hatten vielleicht die Hoffnung, unbemerkt in Sicherheit gebracht zu werden? Jedenfalls fassten wir erneuten Mut. Alexander klagte noch einige Male über seine Schmerzen, schlief aber von Zeit zu Zeit tief und fest ein.

Von der bittersten Last erlöst war uns möglich, dem Schicksal ein paar freundliche Seiten abzugewinnen. Schon zu dem Zweck, der belasteten Seele etwas an Spannung zu nehmen. Ludmila entdeckte eine zur Hälfte noch gefüllte Schachtel Zigaretten. Ein netter Anblick, wenn man über ein schon unbekannt gewordenes „Bedürfnis" schmunzeln muss, weil „trocken rauchen" kaum einen Sinn ergeben kann. Wie mussten wir doch plötzlich herzlich lachen, als Ludmila diebisch verschmitzt hinter einer Bastwand ein Kärtchen mit Zündhölzchen „hervorzauberte". Ein kurzer Spaß nur, hinter den man die Sorgen zu verstecken suchte. Ein kleines Vergnügen wenigstens blieb.

Kurz vor Einbruch der Dunkelheit hörten wir in unserer Nähe Stimmen. Zunächst verhielten wir uns ruhig. Bald schaute ein junger, dunkelhaariger Mann zu unserer Tür herein:

„Ihr Deutsche? Ja? Ihr auf Boot im Meer Unglück? Wir da. Wir euch helfen. Bitte, ganz ruhig bleiben."

Fünf junge Bulgaren kamen nun zu uns herein, drei Männer und zwei Frauen. Wortlos trugen sie die Kinder zu einem Jeep, der im Gebüsch verborgen stand. Dann führten sie auch uns gewandt zu ihrem Gefährt. Wo sich unser Zelt befinde, fragten sie. Auf dem Landweg fuhren sie uns gute zwei Stunden lang bis dorthin zurück. Am Rande eines Weinfeldes, in dem Winzer tätig waren, hielt der Jeep an. Einer der jungen Bulgaren lief zu den Arbeitern, kam schnell wieder zurück und hatte die Hände übervoll mit Trauben, die er an uns verteilte. Die Trauben waren klein und sehr sauer, taten uns allen dennoch unendlich gut.

Unser Zelt mit seinem Überzelt stand ganz unberührt auf dem nur spärlich beleuchteten Campingplatz. Niemand nahm von unserer Ankunft Notiz. Im Schein einer Taschenlampe gaben uns unsere Retter eine Adresse mit dem Namen eines Arztes, notiert auf einem Fetzen Papier. Der Name wurde gemerkt, der Zettel sofort vernichtet. Der betreffende Arzt befinde sich in einer Art Poliklinik. Wir müssten uns am kommenden Tag selbst um alles Weitere kümmern, doch sollten wir nicht darüber sprechen, dass man uns aus der Bucht geholt und hierher gebracht habe.

Am Morgen des kommenden Tages suchten wir den Arzt auf. Alexander musste ich tragen, er hatte noch immer starke Schmerzen; den Mann führen, der immer noch nicht sehen konnte, dem das Licht in den Augen schmerzte. Und so kamen wir bis zu der Bulgarischen Poliklinik und zu jenem Arzt, der über uns aber schon informiert gewesen sein musste. Denn er kam zielstrebig auf uns zu und führte uns ohne viele Worte und rasch in ein separates Sprechzimmer. Hier waren wir mit ihm allein. Alexander bekam eine Spritze und wurde dann chirurgisch versorgt. Die losen Hautfetzen wurden entfernt, Hüften und Beine mit Salben bestrichen und verbunden. Der Verband sollte über vier Tage nicht gewechselt oder abgenommen werden.

Mein Mann wurde gleichfalls untersucht und behandelt. Die Hornhaut seiner Augen sei durch Sekrete verletzt worden, die von Medusen abgesondert wurden. Er bekam Salben und Tropfen für die Augen und zwei Augenklappen zum Schutz gegen das Tageslicht. Er solle seine Augen noch zwei, drei Tage bedeckt halten, dann müsse sich sein Zustand bald bessern, so wurde versichert. Und dann sagte der behandelnde Arzt in fast akzentfreiem Deutsch:

„Mein Bruder hat auch fliehen wollen. Er wurde leider gefasst, bald darauf aber nach Deutschland abgeschoben. Er ist Zahnarzt."

Schweigend drückten wir einander Verständnis aus, enthielten uns dabei jeglichen verbalen Kommentars...

Den Namen des Zeltplatzes, der mir von dem tschechischen Wanderer genannt wurde, hatte ich mir gemerkt und suchte ihn auf. Er war etwas weiter entfernt. Im Zuge einer morgendlichen Strandwanderung hatte ich ihn bald erreicht.

Zunächst lief ich wie beiläufig vor der Rezeption des Campingplatzes auf und ab. Dabei entdeckte ich ein Couvert sichtbar an der vorderen Glasscheibe befestigt, auf dem ich meinen Namen las. Ich ließ es mir geben, erhielt es auch anstandslos. Nachdem ich es geöffnet hatte, fand ich 50 Lew und einen Zettel darin vor:

„Alles erdenklich Gute und viel Glück."

Ich bekundete im Stillen meinen tiefen Dank an „Unbekannt", an einen Menschen...

Das Sehvermögen meines Mannes war nach bereits vier Tagen wieder hergestellt, Schmerzen blieben aus. Dagegen hatte Alexander noch lange Mühe, ehe ihn seine Wunden nicht mehr quälten. Nachts lag er neben mir im Zelt, auf ein paar restliche Sachen gebettet, die wir zurückgelassen hatten. Unsere Luftmatratzen und die Schlafsäcke hatte uns ja das Meer genommen. Ein paar Handtücher und restliche Kleidungsstücke waren im Zelt verblieben, aus denen wir vor allem den Kindern ein Lager bereiteten, denn die Nächte wurden bereits sehr kalt.

Es stellte sich heraus, dass wir durch den Zwangsumtausch in die Ungarischen Forint vor unserer Abreise aus Leipzig jetzt eine Art Glücksfall erlebten. Die Forint waren in der dem Meer abgetrotzten Aktenmappe und wurden zum Trocknen auf eine der Zeltleinen in den Wind gehängt. Unter der Hand tauschten wir sie in Lew ein. Das Allernötigste konnte davon bezahlt werden.

Ich habe von nun an Alexander nicht mehr weinen gehört. Stattdessen flüsterte er mir Nacht für Nacht in größeren Abständen leise zu:

„Mutti, kannst du mich bitte mal auf die andere Seite drehen?" Oder: „Mutti, ich muss mal. Kannst du mir bitte mal helfen?"

Dieses „Bitte" des Jungen, es war mir bisher nie so deutlich aufgefallen. Weil er so tapfer war, kaufte ich ihm in einer Spielbude von ein paar aufgesparten Lew eine Stoffkatze, denn die seine war dem Meer zum Opfer gefallen. Wie strahlten doch seine dunklen Augen als er fast quiekte:

„Nun ist die Minka ja wieder bei mir!"

Mit „Minka" hat es in späterer Zeit noch manche unschönen und bitteren Erlebnisse gegeben, die dem Verständnis eines Kindes fremd sein mussten.

* * *

Fremd unter Fremden

Die bitterkalten Nächte machten uns mehr und mehr zu schaffen. Es wurde immer schwieriger, den Boden unter den Kindern gegen die Kälte zu isolieren. Zum Glück besaßen die Drei noch ihre Trainingsanzüge und ihre Schwimmwesten, die nun einen anderen Zweck zu erfüllen hatten. Die Augusttage gingen bereits ihrem Ende zu, nur am Tage wärmte uns noch eine kräftige Sonne.

Das wenige Geld, das uns verblieb, musste streng für das Nötigste eingeteilt werden. Das Nötigste war: Nahrung für die Kinder (auch wenn es nicht viel sein konnte), Geld zum Telefonieren nach der Bundesrepublik (denn hier befand sich ein ehemaliger Schulfreund von mir und dessen Frau, die wir vor unserer Flucht über unser Vorhaben für eventuell möglich werdende Hilfe informiert hatten), Benzin für das Auto (die Anrufe mussten aus Gründen der Sicherheit stets aus einem anderen Ort erfolgen). Den Bulgarischen Behörden wollten wir kein Vertrauen schenken. Und es brannte die Zeit nach wie vor heiß unter den Nägeln. Wir hatten sie für unseren „Ferienaufenthalt" bereits überschritten. Spätestens wäre dieses aufgefallen, wenn Ludmila zum Unterricht in der zweiten Klasse Grundschule nicht pünktlich erschienen wäre, noch dazu unentschuldigt. Wir kannten die Gepflogenheiten in dem DDR-Regime nur zu gut!

Hier sei es nicht verschwiegen, dass wir nachts auf angrenzende Felder gingen, um uns von dort Paprikaschoten, Kartoffeln, Weintrauben und gelegentlich Maiskolben und Gemüse zu stehlen. Soviel, dass wir davon leben konnten. Entdeckten wir Sauerampfer oder Schafgarbe auf den Wiesen, dann bereitete Mutter daraus einen schmackhaften „Rohkost-Nachtisch". Den Durst löschte Wasser, das wir zuvor auf unserem Benzinkocher abkochten. Schaden haben wir dabei nicht genommen.

Mit unserem Auto war das so eine Sache. Selbst heute noch meine ich, ein unangenehmes Kribbeln in den Fingern zu verspüren, wenn ich an dieses Gefährt zurückdenke. Wir hatten den „Wolga", der schon alt und eine anfällige, klapprige Kiste war, zwischen Feldrain und Waldrand stehen gelassen, als wir an dieser Stelle unser zerlegtes Boot die steile Küste bis in die Bucht hinunter schleppten, um es dort unbemerkt „startklar" machen zu können. Aber nun hatten Naturgewalten uns ja ausgiebigst unserer Habe beraubt...

Es war *unser* Auto, das noch unbemerkt an seinem Platze stand, und wir brauchten es jetzt dringender denn je! Wir machten uns an ihm zu schaffen, als wären wir zu Dieben geworden. Es gelang, die Türen zu öffnen, das Zündschloss auszubauen und durch jeweiliges Kurzschließen den Motor zu starten. Das Starten des Motors auf diese Weise war von meinem Beifahrersitz aus meine „ehrenvolle" Aufgabe, bei der ich, z.B. an Tankstellen, dem Personal noch freundlich zulächeln durfte, wenn es durch die Finger zuckte, als hätte ich gerade an einen geladenen Kondensator gefasst. Jedenfalls will ich solches nicht als nachahmenswert empfehlen!

Ich dachte etwas länger darüber nach, ob es schicklich sei, an dieser Stelle auch über eine Erfahrung zu berichten, die wir immerhin tatsächlich machten! Es kämen dabei sehr unschöne – und ich bezeichne es näher: unmenschliche – Dinge zutage, die sich persönlich niemand gern vorwerfen ließe. Auch niemand würde dabei denken wollen: ‚mea culpa‘... und sich dabei an die Brust schlagen.

Unsere Not war nicht nur wirklich groß, sie blieb uns unbarmherzig an die Fersen geheftet. Eine nach außen hin gespielte „Teilnahmslosigkeit" war zwingend zu unserem Schutze erforderlich. Auch das fällt nicht immer leicht! Dabei hatten wir gar keine andere Wahl, als Augen und Ohren nach helfenden Möglichkeiten in dieser unmittelbar bedrängenden Situation offenzuhalten.

Kontaktaufnahme zu Bundesdeutschen Urlaubern – das war ein wesentlicher Gedanke hierzu. Ihn in die Tat umzusetzen, das war keineswegs so einfach, wie man es sich vorstellen mag. Wie schnell konnte man dabei an „den falschen (deutschen) Mann" geraten... Denn Angehörige des drübigen DDR-Parteiapparates verbringen ebenso in erholsamer Freude ihren Urlaub am Schwarzen Meer – warum auch nicht – wie „bundesdeutsche" Touristen.

Nun kommt die Schwierigkeit, von der gesagt werden muss: äußerlich unterscheiden sich diese beiden Gruppen voneinander kaum. Denn sei es ein „westliches" Oberhemd, „westliches" Plastikspielzeug der Kinder, der Duft von „westlichen" Zigarettensorten; ...

auch in der DDR konnten sich Menschen über Inter-
shop, Verwandte, Freunde und dergleichen, über „Onkel Walters Wucherbude" (wie wir die sogenannten
Exquisitläden bissig-scherzhaft nannten, die noch zu
Ulbrichts Zeiten ins Leben gerufen wurden) derartige
Artikel beschaffen. Nach den äußeren Dingen konnten
wir nicht zu unterscheiden wagen. Wir versuchten es
also auf eine uns als möglich erscheinende Art und
Weise, die ein ziemliches Maß an Nervenkraft abver-
langte.

Man hockte sich irgendwo in die Nähe von Urlaubern in den Sand. Belanglos. Meist auf das Meer hin-
ausschauend, doch dabei wachsam mit den Sinnen und
im Blickwinkel bleibend... Man hörte den Gesprächen
zu, versuchte den gesprochenen Dialekt einem geographischen Gebiet zuzuordnen, wobei ein besonderes
Kriterium war, auch den Kindern zuzuhören... Und man
lauschte auch (was sich nicht gehört!) den Inhalten der
Gespräche zu. Da gibt es entscheidende Unterschiede,
die sich im Verlaufe der Geschichte herausbildeten!!!
Auf diese „unanständige" Weise gelangen Vermutun-
gen, die man noch zu erhärten suchte, über die man sich
absprach, auf die dann die Tat folgte: „Jemanden" an-
sprechen.

Ein erstes Mal gerieten wir an eine Gruppe älterer
und jüngerer Männer, die uns „astrein" zu sein schienen. Vorsichtig pirschte man sich im Gespräch heran.
Gottseidank! Kein Fehlschlag! „Westdeutsche"! Man
wurde offener und offener im Gespräch und – deutlicher. Jedes Mitgefühl wurde uns entgegengebracht
(dem Mann und mir, denn Mutter und die Kinder waren

nie dabei!). Wir wurden zu einem Abendessen eingeladen, anschließend erforderte es der Anstand, der gastfreundlichen Bitte eines Barbesuchs zu folgen. Später und später wurde der Abend, feuchtfröhlich für die anderen, wir hielten uns bewusst zurück. Und plötzlich, lauthals, mit einem freundschaftlichen (?) Schlag auf die Schulter, war zu hören:

„Also abhaun wollt ihr? Zu uns nach Deutschland kommen? Und wenn das jeder täte? Bleibt doch bei den Lumpen da drüben!"

Uns hatte die Angst fast gelähmt. Weg, nichts wie weg von hier! Hat auch kein „Unrechter" davon etwas mitbekommen? Hoffentlich nicht! Weg, weg von hier! Wir hatten die erste Erfahrung mit den „Richtigen" gemacht...

Ein anderes Mal war es eine Familie, deren erwachsener Sohn mit einem großen Schlauchboot, angetrieben von einem PS-starken „König"-Motor, auf das Meer hinausfuhr. Als er später wieder Kurs zurück nahm, sank der Bug dieses Schlauchbootes mehr und mehr ab, der Motorlärm verstummte. Der junge Mann gestikulierte aus der Ferne, signalisierend, dass etwas nicht in Ordnung sei. Zuvor hatte er den Papa noch Wasserski-fahrend elegant in Nähe der Küste vorbeiziehen lassen. Es dauerte ein Weilchen. Dann kam der junge Mann mühsam und erschöpft an den Strand gepaddelt. Wir halfen mit nachsehen an dem Boot. Am Boden war ein triangelförmiger Riss zu erkennen.

„Scheiße, verdammt noch mal!"
Diesem Ärger somit Ausdruck zu geben, war wohl ganz verständlich. Kurz und gut. Alle Klebeversuche,

die von den Leuten unternommen wurden, brachten nicht den gewünschten Erfolg. Wir boten unsere Hilfe an, die dankend angenommen wurde. In einer Eisenwarenabteilung eines im Ort befindlichen Shops kauften wir Alu-Scheiben, Schrauben und Muttern, was fast die Zeit eines ganzen Tages in Anspruch nahm. Dann reparierten wir auf unsere (primitive) Weise das Leck. Es sah bestimmt nicht schön aus, aber das Boot blieb dicht und war wieder gebrauchsfähig.

Wir versuchten einen Handel mit den Leuten, nachdem wir hörten, dass ihr Urlaub drei Tage später beendet sei. Das Oberhaupt der Familie lud uns dazu am Abend zu sich in das Hotelzimmer ein. Dort standen ein paar Flaschen Bier bereit, von denen wir uns bedienen durften. Dann wollte uns die Mitteilung von ihm schon erfreuen, als er sagte, das Boot könnten wir für unsere Flucht haben. Groß war es und es hätte uns alle aufnehmen können! Und schnell war es!

Die darauf folgende Mitteilung aber konnte uns leider nicht erfreuen. Eine Bedingung war an das Ganze geknüpft: über eine Bundesdeutsche Bank sollten wir telegraphisch den Betrag von 20.000,– DM auf das Konto seiner Bank überweisen lassen und ihm einen Beleg darüber – wie, das sei unser Bier – als Unterpfand zukommen lassen. Nun, damit musste dies als gescheitert gelten. Wir hatten kaum genug zum Essen, geschweige denn ein „Konto auf einer Bundesdeutschen Bank". Wir hatten unser aller Leben in Sicherheit zu bringen!

Wenn aller guten Dinge drei sind, dann hatten wir zwei Tage später tatsächlich Glück, obgleich wir nicht mehr vorhatten, einen solchen Versuch zu wagen. Die vorangegangenen hatten so bitter enttäuscht! Nicht deshalb enttäuschten sie, weil uns nicht geholfen werden konnte, sondern deshalb enttäuschten sie, weil eine „Lebens-Philosophie" vor diesem Hintergrund entstand, die Menschliches und Unmenschliches nebeneinander und vereint miteinander aufzeigt: den „Menschen" tatsächlich... nicht „leider", sondern „wirklich".

Kurzum: bei dem dritten Versuch hatten wir Glück! Eine Familie aus Celle bereitete uns nach allen ihren bescheidenen Kräften „den Himmel auf Bulgarischen Erden"... Was ihnen möglich war, taten sie. Jeden Tag holten sie die Kinder und die Mutter und luden sie zum Essen ein. Am Morgen und am Abend auch uns, meinen Mann und mich. Denn wir mussten uns ja tagsüber „weiterbemühen".

Hierüber muss eigentlich nichts Ausführlicheres gesagt werden. Wir trafen auf Menschen, die sich Menschlichkeit bewahrt hielten.

„Ach hätten wir doch nur ein Boot für euch! Menschenskind, das wäre jetzt die größte Hilfe und Freude.", das sagten sie immer wieder.

Aber sie hatten keines. Auch keine Mittel. Und die Mittel, die sie hatten, verwendeten sie dazu, unsere allzu menschlichen Bedürfnisse zu stillen –, und das war sehr, sehr viel!

Sie brachen ihren Urlaub verfrüht ab, aus finanziellen Gründen. Denn auf eine „Großfamilie" waren sie bei ihrem Urlaub nicht eingerichtet. Ein Fernglas, das sie sich von ihrer daheimgebliebenen Tochter ausgeliehen hatten, gaben sie uns. Es leistete uns viel später noch gute Dienste... und noch viel, viel später erbaten sie es von mir zurück: nicht des materiellen Wertes wegen, – eines *ideellen* Wertes wegen, „...zur Erinnerung an euch. Wir haben doch richtiggehend mit euch gelitten." Und dies war zweifelsfrei glaubhaft!

Von Zeit zu Zeit patrouillierten Milizposten auf den Campingplätzen, gingen auf ihre Streif- und Kontrollgänge. Diese waren für uns insofern ganz und gar nicht angenehm, da wir jede Konfrontation mangels vorzuweisender Papiere, die ja verloren gegangen waren, meiden mussten. Je mehr die Zeit für unseren Aufenthalt verging, umso bedenklicher musste das für uns werden. Zurück hätten wir auf gar keinen Fall gekonnt! Es hätte „daheim" nur eines der Kinder davon zu plaudern brauchen, dass wir nachts „auf das Meer gefahren" und dort „ganz schlimm in einen Sturm gekommen und ins Wasser gefallen sind" – allein dieses hätte für uns allesamt zum Verhängnis werden können! Für DDR-Bürger ist es in Bulgarien verboten, mit einem privaten Boot auf das Meer hinauszufahren. Somit mussten wir damit rechnen, dass durch solch einen „dummen Zufall" die Staatsgewalt aktiv geworden wäre, denn:

„Bereits der Gedanke, die DDR verlassen zu wollen, ist die strafbarste Handlung, deren sich ein DDR-Bürger schuldig macht."

Und solche Sätze dröhnen einem förmlich nachhaltig im Ohr, wenn man lange genug in einem „Sozialistischen Staat" hat leben und erfahren müssen...

Zu unserer Sicherheit wechselten wir im Turnus von drei bis vier Tagen den Campingplatz. Dabei gab es eine weitere Schwierigkeit: südlich von Burgas und Nessebar waren Zeltplätze ausschließlich für Bundesbürger oder Österreicher zugelassen!

Kam uns da abermals eine schicksalhafte Ironie zu Hilfe? Innen an der Heckscheibe unseres Autos musste ein Schild angebracht sein; etwa 15 x 20 cm in den Maßen und mit einem fettgedruckten, dicken „A" darauf, was „Anfänger" bedeutete. Als „Anfänger" des Autofahrens galt ich, denn meine Fahrerlaubnis (Führerschein durfte man drüben nicht sagen) war mit Datum vom 29.07.1973 ausgestellt. Dieses sichtbare „A" an den Fahrzeugen bedeutete für die Bulgaren aber wiederum, dass es sich bei dem jeweiligen Touristen um einen *österreichischen* Staatsbürger handle (Österreich: Austria). Und so war es einfach ein Missverständnis, das uns weiterhalf!

Wenn auch innerlich im Bann der Angst..., überspielt durch Frohsinn nach außen hin gelang es, einen Campingplatz in der Nähe von Lilian kurzfristig zu bewohnen und sich bis in die Gegend von Sesopol zu „schmuggeln". Immerhin hatten wir uns um gute 60 km auf dem Landweg der türkischen Grenze nähern können.

An eine Situation muss ich denken, die in mir ziemliche Angst ausgelöst hatte. Wir konnten es auf Umwegen schaffen, ein seefestes Schlauchboot mit einem starken Motor und dem nötigen Zubehör, auch für die Navigation, aufzutreiben. Insofern hatten unsere ständigen Bemühungen zu meinem früheren Schulfreund in der Bundesrepublik ihren Erfolg, hatte sich die Nervenkraft für die täglichen Telefonate aus jeweils anderen Ortschaften ausgezahlt.

Für einen eventuellen Notfall war dies so vereinbart worden. Uns konnte aus unserer Situation geholfen werden, zumal der Schulfreund selbst den Fluchtweg von Bulgarien in die Türkei kannte, den er zusammen mit seiner damaligen Freundin und späteren Frau ein gutes Jahr zuvor genommen hatte. Er wusste, was von uns benötigt wurde, um aus der Bredouille, in die wir geraten waren, herauszufinden. Nicht selbstlos, versteht sich, das wäre auch nicht unser Anliegen gewesen. Wir haben ihm später dann den dafür geforderten Preis in gutem Geld und ratenweise zurückerstattet.

Das Boot und die notwendigsten Gegenstände (Außenborder, Benzinkanister, Kompass) für einen zweiten Fluchtversuch wurden uns von ihm mit dem „Balkanexpress" nach Sofia in einem riesigen Karton als „Expressgut" geschickt, deklariert als „Campingzubehör". In Sofia fanden wir uns daher ein.

In einer gesonderten Abteilung des Bulgarischen Zolls warteten wir auf die Ausgabe der Sendung. Wir warteten in gewohnter sozialistischer Manier, denn der „Balkanexpress" hatte Verspätung, erreichte den Ziel-

bahnhof erst am nächsten Tag. Das wäre für einge-
fleischte DDR-Bürger nicht weiter schlimm gewesen,
da war man an so einiges gewöhnt. Nur Mutter sorgte
sich unter den gegebenen Umständen entsetzlich an der
Schwarzmeerküste und wir hatten keine Möglichkeit,
ihr dorthin Bescheid zu geben. Das quälte!

Während wir warteten, beobachtete ich eine Frau in
Zöllneruniform, deren äußeres Erscheinungsbild nicht
nur Respekt einflößte, sondern auch großes Unbehagen
bereitete. Mit dieser Person, so waren wir bald einer
Meinung, wollten wir am besten nichts zu tun bekommen! Ihr Umgang mit anderen Leuten gab unseren Bedenken mehr und mehr Anlass, flößte unwillkürlich
Furcht ein.

Dann war da noch ein anderer, sehr hagerer Zöllner,
der sehr beflissen zu sein schien, ja schon fast chole-
risch, um nicht zu sagen hysterisch. Kaum hatte er mit
jemandem gesprochen, brauste er auch schon auf und
wurde ungemütlich.

Einen dritten, etwas beleibten und behäbigen, fast
schon phlegmatisch erscheinenden Zöllner gab es. Als
er etwas länger an seinem dürftigen Schreibtisch saß,
ging ich zu ihm hin, deutete zu einem vor ihm aufge-
stellten Foto und sagte auf Russisch: „Есть дети?".
„*Sind das ihre Kinder?*" wollte ich damit eigentlich
fragen. Er hatte mich sehr gut verstanden. Voller Freude nahm er das schlicht gerahmte Foto, auf dem die
Portraits zweier hübscher Kinder zu sehen waren, hielt
es mir entgegen, drückte dann das Bild an seine Brust
und gab es mir in nahezu überschwänglicher Freude in

die Hand. Ich sah es an, äußerte meine Freude darüber und gab zu verstehen, dass ich auch Kinder habe, drei Stück an der Zahl, dass sie auch noch klein seien. Ich gestikulierte herum und radebrechte mit Hilfe von ein paar Russischbrocken, gab zu verstehen, dass wir uns auf einem Campingplatz am Iskar-Stausee befänden, dass ihre Großmutter – „Бабушка" (*Babuschka*) – jetzt bei ihnen sei, dass Bulgarien ein wunderschönes Land und wir hier sehr glücklich seien. Dem Zöllner ging dabei sichtlich das Herz auf!

Die Folge war, dass er es höchst persönlich war, der uns nach Eintreffen des verspäteten „Balkanexpresses" die für uns bestimmte Sendung suchen half und diese freigab, ohne dass darauf bestanden wurde, den Karton zu öffnen. Er war offenbar der Chef der Mannschaft. Puh! Das war nervlich ein Marathonlauf!

Das Schlauchboot fasste bestenfalls zwei Erwachsene und zwei Kinder. Unser Plan war, dass mein Mann, die Mädchen und ich zunächst nach der Türkei starteten, dass ich dann unverzüglich zurückgekommen wäre und die Mutter und Alexander nachgeholt hätte. Warum die Mädchen zuerst mit uns auf den Fluchtweg gingen, lag darin begründet, dass sie aus meiner ersten Ehe stammten und es im Falle einer Fluchtvereitelung dann nicht mehr möglich gewesen wäre, sie aus den Bestimmungen der DDR im Sinne einer möglichen „Familienzusammenführung" frei zu bekommen. Der Sohn war unser gemeinsames Kind, da sahen wir weniger die Gefahr, dass er von dem Regime zurückbehalten worden wäre.

Unser Zelt mit seinem Überzelt war gerade so groß, dass das Schlauchboot in ihm zur Probe aufgebaut und zum Aufbruch einsatzbereit gemacht werden konnte.

Dies war geschehen, als es noch früh am Morgen des 4. September war. Unser bescheidenes Frühstück nahmen wir vor dem Zelt ein, sein Innenraum war ja „belegt". Direkt in meiner Blickrichtung sah ich drei Milizbeamte nebeneinander hergehen, die mal hier, mal dort in die Zelte schauten. Wie mir in diesem Momente zumute war, ich kann es treffend genug auch heute noch nicht beschreiben!

Die Uniformierten kamen näher und näher zu unserem Platz... Und schließlich standen sie direkt vor uns; Leokadia nahm ihr Frühstück neben mir brav und ruhig ein, als ich mit scheinbarer Ungeschicklichkeit plötzlich den letzten Rest Milch aus ihrer Tasse über den Tisch goss, sie wütend darüber unsanft und krakeelend von dem Sitzbrett zerrte, im Sand herum schupste und anschrie.

Dieses musste plötzlich alle mit Entsetzen beeindruckt haben. Ich vergesse es bis heute nicht, wie die schwarzen großen Augen des Kindes Unverstehbares zum Ausdruck brachten, wie das Kind zu stammeln versuchte, doch keinen Ton herausbrachte. Schließlich hatte Leo solch eine Erfahrung mit mir noch nie gemacht. ABER ICH HATTE ERREICHT, WAS ICH ERHOFFTE!...

Zwei der Milizbeamten packten mich böse von rechts und von links und hielten mich fest. Ein anderer neigte sich zu Leokadia herab und suchte das Kind zu trösten. Da ich Russisch durch meinen früheren Schulunterricht verstand, konnte ich aus den bulgarischen Worten heraushören, was ich für eine schlechte Mutter sei, das kleine Kind so zu behandeln, das doch keinem etwas getan habe. Ich suchte weiterzutoben, als ließe ich mich erst nach und nach beruhigen. Eine Tirade von bulgarischen Schimpfworten regnete auf mich herab, und wieder und wieder wurde ich eindringlich und scharf in gebrochenem Deutsch angesprochen:

„Jetzt du sein wieder gute Mama?! Kind ist nicht böse! Du sein sehr schlechte Mutter!"

Und nachdem dieser Aufruhr vorüber war, gingen die Milizbeamten empört wieder weg, den Kopf schüttelnd –, doch sie kamen nun nicht mehr auf die Idee, in unser Zelt hineinzuschauen. Und *das* wäre vielleicht tödlich gewesen...

Leokadia stand starr, wie angewurzelt. Als die Staatsdiener weit genug entfernt waren, ging ich zu ihr hin und sagte eindringlich und leise zu ihr:

„Leomaus, was da jetzt passiert ist, hat gar nichts damit zu tun, dass ich aus irgendeinem Grunde böse mit dir bin. Aber schau, in dem Zelt da steht unser Boot, mit dem wir dann gleich wegfahren müssen. Wenn man das Boot gesehen hätte, dann wäre es uns allen sehr schlimm gegangen."

Und Leo erwachte aus ihrer Starre wieder zu selbstverständlichem Sein:

„Hm. Dann war das doch gerade gut so! Ich bin dir wirklich kein bisschen böse, Mutti. Was sein muss, muss eben sein."

Und sie zog dabei die Schultern hoch und drehte ihre Handflächen nach oben. Manch ein Erwachsener sollte sich gelegentlich ein klein wenig von Vorbild an einem Kinde nehmen.

* * *

An helllichtem Tage, in der Mittagsglut, starteten wir zunächst in Richtung Norden. Es war dies meine Idee, mit dem Hintergedanken, falls wir gefasst würden, ließe es sich damit herausreden, dass man sich die nördlichen Buchten von der See aus ansehen wolle. Ropotamo, ein Naturschutzgebiet, hieß hierzu unser „Stichwort".

Ich hatte beobachtet, dass die Sonne hinter den Hügeln des Landes unterging, und das war zwischen 17 und 18 Uhr. Dabei spiegelte sich ihr Abendlicht derart auf dem Meer, dass man eher geblendet war, wenn man auf die See schaute. Diesen Umstand auszunutzen war mein Vorschlag, denn dann wäre die Chance geringer, entdeckt zu werden, wenn später der Kurs nach Süden genommen würde. Mein Vorschlag wurde akzeptiert: es war der 4. September des Jahres 1973.

Ich bat nun die Mutter darum, mit Alexander am Strand zu spielen, sich vor allem nichts davon anmerken zu lassen, ...dass wir nicht mehr wiederkommen würden.

Hat der Bub wirklich nichts bemerkt??? Er spielte im Sand. Sammelte Steinchen in eine Blechbüchse. Ich wurschtelte ihm noch einmal im Vorbeigehen über das Haar, und dann hörte ich ihn klar und deutlich sagen:

„Mutti, da nimm, das Steinchen schenke ich dir. Das soll dir nämlich viel, viel Glück bringen."

Er gab mir ein glattgewaschenes, dreieckiges Ziegelsteinchen, ...und es blieb „mein Steinchen". Wie fiel es mir doch gerade in diesem Moment schwer, meine Tränen zurückzuhalten. Aber gerade dieses durfte nicht sein... Und Xandl? Was „seine" Steinchen betraf, da zeigte er sich bisher kaum gönnerhaft.

Und noch ein Bild steht unauslöschlich in meinen Erinnerungen. Alexander unterbrach sein Spiel, als wir mit dem Schlauchboot wie unbedarft zwischen Badefreudigen langsam dahin tuckerten. Er saß kerzengerade im Sand, mit erschreckend bewusstem und sehr ernstem Blick – ...lange, ausdauernd, beharrlich, prüfend. Bis wir in der Ferne hinter den letzten Felsen der nördlichen Bucht von Ropotamo verschwanden.

Die Sonne begann hinter die Hügel zu tauchen, die fünfte Stunde war gerade vergangen. Die See war spiegelglatt und es zitterte die noch erhitzte Luft vor den Augen.

Die Mädchen krochen in den Bug des Bootes, nur die Köpfe schauten heraus. In ihren Schwimmwesten, die wir wieder herrichteten, steckten sie warm. Damit kein überholendes Wasser in das Boot dringen könne, dichteten wir die vorderen offenen Stellen zusätzlich mit Wachstuchfetzen ab, die wir aus den Papierkörben des Zeltplatzes schon Tage zuvor sammelten. Vierzig Liter Treibstoff, zwanzig Liter Trinkwasser, gesammeltes und aufgespartes Weißbrot, eine Seekarte und ein Seekompass (der auch als Taschenlampe zu gebrauchen war) waren „an Bord". Und alles Weitere betreffend:

„Herr, bleibe bei uns.", dieses waren meine unerschütterlichen, stillen Gedanken.

Kurz vor 18 Uhr passierten wir in einer Entfernung von etwa zehn Kilometern die Bucht, in der ich Mutter und Alexander wusste... Die See war ruhig, eine kleine Brise nur frischte auf. Ich nahm jetzt Kurs nach Südost, wollte hinter die Zwölf-Seemeilen-Grenze gelangen. Die geltenden Küstenmeerbestimmungen hatte ich reichlich vor der Zeit unseres Fluchtunternehmens zusammen mit Kenntnissen über Navigation in autodidaktischen Studien zu erlernen gesucht. Zur Sicherheit absolvierte ich offiziell noch einen Kurs über das Verkehrsrecht und -verhalten in Binnen- und Seegewässern bei der sogenannten „Gesellschaft für Sport und Technik" (GST), der man „drüben" anzugehören hatte. Ich erhielt seinerzeit mit null Fehlern in allen Prüfungen ein Zertifikat, das dazu berechtigte, ein Boot verantwortlich zu führen. Auch für den Eventualfall, dass wir gefasst würden, wollte ich dadurch ein Gegenargument wenigstens zum Vorbringen schaffen, falls mir „fahrlässige Handlung" unterstellt werden würde (was man sicherlich trotzdem getan hätte!).

Meine Vermutung betreffend die Fluchtroute schien sich bezahlt zu machen; meine Mutter berichtete mir viel, viel später darüber, dass vom Meer her die Augen arg geblendet wurden. Nun gut, das wäre zwar kein Schutz gegen Radarerfassung gewesen, aber irgendwie wollte man mit der Schlampigkeit der Bulgaren rechnen. Und sei es auch nur zu eigenem Trost.

Die Nacht legte sich über dieses Fleckchen Welt, und nie wieder haben wir einen solch herrlichen Sternenhimmel erlebt, an dem Sternschnuppe auf Sternschnuppe verglühte. Unzählig viele, an die man abergläubisch seine heimlichen Wünsche heftete. Der Mond war hell und klar. Nur gelegentlich stiegen ein paar weiße Nebel auf.

Das Funkfeuer des Leuchtturmes von Igneada hatte ich mir eingeprägt: dreimal kurz, viermal lang, dreimal kurz. Jetzt erkannte man es schwach steuerbord-voraus, wenn auch „Pi mal Daumen". Ein erstes Orten unserer Position schien möglich. Und es mögen vier weitere Stunden vergangen sein, da konnte man steuerbord-rechts den grünlich-hell beleuchteten Grenzstreifen erkennen, der das eine Land von dem anderen Lande trennte...

Es kam vom Land herüber ein Geruch wie nach verbranntem Holz. Das war recht eigenartig. Und noch eigenartiger war eine absolut plötzlich eintretende Stille und Ruhe, die über dem Wasserspiegel lag. Lediglich das durchfahrene und aufspritzende Wasser phosphoreszierte. Es hing dieser Stimmung etwas Gespenstisches an. Die Kinder waren ruhig, schliefen warm verpackt, es fand keine Angst ein Opfer.

In dieser eintönigen Ruhe summte ich leise vor mich hin. Aber da! Was war das? Unmittelbar vor und neben unserem Schlauchboot huschte etwas rasend schnell durch das Wasser. Ich hörte mit dem Summen auf, und auch der Mann beobachtete wachsam den Raum um uns her. Dann schnellte ein anständig großes Etwas in die Mondnacht hinein, platschte unanständig in das Wasser zurück, derart, dass meine Jacke durch und durch nass wurde. Jetzt meldete sich Leokadia eher angeregt, als aufgeregt:

„Mutti, hast du das gesehen? Das ist ein Tier und das macht immer so."

Dabei hielt sie die Unterarme aneinander und machte damit auseinanderspreizende Bewegungen, als ginge ein Schnabel immer wie auf und zu.

Es darf nicht wahr sein! Das müssen Delphine sein! Wo sich Delphine aufhalten, da sind erfahrungsgemäß keine Haie! – einen solchen Satz habe ich wohl gebabbelt, doch so richtig wohl war mir dabei nicht in meiner Haut.

Wir verhielten uns still. Und bald war auch alle Stille wieder um uns eingetreten. Gottseidank, dachte ich, denn wie, wenn die Kerle das Boot umschlagen? Diese Angst war jedenfalls da. Bei mir. Die Kinder meinten, sie hätten sich darüber nicht geängstigt.

Der Tank war leer. Die erste Nachfüllung musste vorgenommen werden. Das ging problemfrei bei der ruhigen See. Doch kaum, dass der Motor wieder angeworfen war, bekamen wir die gleiche Begleitung wie zuvor. Diesmal aber waren es nicht weniger als 15 Tiere, die wir zählten. Wie übermütig schossen sie knapp am Boden des Schlauchbootes entlang, dass man ein Rubbeln fühlte. Dann schnellte ein mächtig großer Kerl knappe zwanzig Zentimeter vom Bootsrand entfernt in die Höhe und das Wasser wurde auf meiner Haut nicht weniger... Eine Angst war zwar da, doch sie nervte eigentlich nicht.

Folgende Szene muss ich hier unbedingt in den Erinnerungen festhalten. Man möchte vielleicht denken, ich wolle Märchen erzählen, doch dem ist wirklich nicht so. Wie in abgemessenen Abständen zueinander und ganz synchron schwammen unserem Bug drei ausgewachsene Delphine voraus. Drei Rücken, die man im Mondlicht kurz glitzern sah, dann tauchten sie wieder ab, um das Gleiche Male um Male zu wiederholen. Die Assoziation war naheliegend: ihnen Zügel anzulegen und sich einfach davonziehen zu lassen. Irgendwo war dies tatsächlich beeindruckend...

Insgesamt wurden wir viermal von Delphinscharen begleitet. Dann gelangten wir wie durch eine senkrecht stehende Wand plötzlich in dichtesten Nebel. Kein Mond, keine Sterne waren mehr zu sehen, der Kompass in meiner Hand war das einzig Hilfreiche. Trotzdem er hell beleuchtet war, musste ich ihn dicht unter die Augen halten, danach die Pinne mal nach steuerbord, mal nach backbord drehen, um den erforderlichen Kurs zu halten. Und dieses ging reichliche zwei Stunden lang so.

In der Ferne waren erstmals kleine, halbkreisförmig angeordnete Lichtpunkte zu sehen. War das bereits die Bucht von Igneada? Nun wurde direkter Kurs darauf gehalten. Diese „Vorfreude" aber endete in einem Schrecken, als sich die winzig kleinen und wie aus der

Ferne scheinenden Lichter plötzlich in große, grelle Scheinwerferfluten verwandelten. Männerstimmen waren zu hören. Dem Tonfall nach erregte Stimmen, unverkennbar in einer fremden Sprache. Es war nicht russisch und auch nicht bulgarisch. Das war schon einmal beruhigend. Aber was war eigentlich geschehen?

Bald sahen wir uns in einem Kreis eingeschlossen, beleuchtet von allen Seiten. Wir stellten unseren Bootsmotor sofort ab und harrten der Dinge, die auf uns zukommen würden. Da sahen wir, wie viele Männer, offensichtlich Fischer, von ihren mehr oder weniger großen Fangbooten Netze einholten. In der Mitte wurde ein großes Netz zusammengezogen. Doch als man ein solches bis auf kaum einen Meter im Durchmesser gerafft hatte, schnellte ein Delphin nach dem anderen heraus, sozusagen in seine Freiheit. Manche Stimmen klangen sehr heftig, aber an uns schienen sie nicht gerichtet zu sein. Meine Uhr zeigte die vierte Stunde morgens an. Mich begann es entsetzlich zu frieren und meine Zähne schlugen unbeeinflussbar aufeinander. Doch blieb das ganze Spektakel erst einmal abzuwarten.

Gegen 4:45 Uhr schienen die Fischer mit ihrer Arbeit fertig zu sein. Ich wagte eine erste „Annäherung", gab mit der Kompasslampe das internationale Lichtzeichen von SOS (• • • — — — • • •). Hierauf kam als Antwort ein schwenkendes Scheinwerferlicht, das uns bedeutete, abstandhaltend im Heckwasser eines der Fangboote zu fahren. Bald darauf war es wieder stockfinster um uns her, zu hören war auch nichts. Ich signalisierte wiederum: • • • — — — • • •, und bekam von steuerbord eine erneute Antwort eines über das Wasser schwenkenden Scheinwerferlichtes. Auf solch sich wiederholende Weise ging es dann fort, bis wir rechts und links lanciert von einem Fangboot die Einfahrt der Hafenmole sichteten und erreichten. Auf dem Kai standen viele, einfach gekleidete, teils bärtige Männer bereit. Der Morgen begann zu grauen. Uns wurde zu einer Stelle an der Pier gedeutet und man warf uns zwei dicke Taue entgegen. ES WAR EINFACH EIN ERSTER ERLÖSENDER MOMENT!

Als die Mädchenköpfe gesichtet wurden, drangen Töne wie: „Ahhh... Jejejeee... Ahhh..." an unser Ohr. Würde ich jetzt sagen, dass sich uns 100 Hände entgegenstreckten, dann wäre dies nicht der Realität entsprechend (es waren vielleicht 14 oder 20 Hände); aber es erschien uns diese Situation als ein hundertfach erlösendes Wunder.

Dieser Teil der Flucht war am 5. September 1973 geschafft!

* * *

Die Mädchen befreiten sich aus ihrer „Wachstuchvermummung", krabbelten, beengt durch ihre Schwimmwesten etwas umständlich aus dem Bug des Schlauchbootes heraus auf ihre Luftkissensitze und waren die ersten von uns, denen auf die Kaimauer geholfen wurde. Dann wurde der Mann hinaufgezogen.

Mich fror es noch immer entsetzlich und das Aufeinanderschlagen der Zähne war kaum zu unterdrücken.

Das Aufrichten aus der hockenden Stellung, in der ich mich während all der Stunden befand, wollte und wollte nicht so recht gelingen. Doch fassten mich starke Männerhände, und bald sah ich unsere „schwimmende Nussschale", die uns weiß Gott guten Dienst geleistet hatte, in ölig schillerndem Wasser schaukeln, auf dem sich ein greller Lichtkegel widerspiegelte. Ein Gestank von Tang, Teer, Fisch und Tabak lag in der kalten Morgenluft, eher wohltuend signalisierend, dass ein erster Schritt in die „Freiheit" gelungen sein musste.

Das Hafenbecken war recht klein. Bis zu einem ausrangierten Omnibus, einem Straßenwrack, dem Räder und Achsen fehlten, war es nur ein kurzes Stück. Dorthin führte man uns zunächst, deutete durch freundliche Gesten an, dass wir darin Platz nehmen und alles Weitere abwarten sollten. Soweit wir uns verbal verständigen konnten, schien sicher zu sein, dass wir als solche aufgenommen wurden, als die wir uns erklärten: als „Emigranten". Dieses Wort jedenfalls wurde verstanden, merklich schnell. Ebenso unsere wiederholten Äußerungen: „Polizei" „Miliz", „Militär", „Soldaten", sie wurden unschwer und richtigerweise als unsere dringende Bitte von den Männern verstanden. Alles andere betreffend, so schienen Worte nicht nötig zu sein; hier benötigte die Sprache der Menschlichkeit keinen Dolmetscher...

Aus dem Autowrack, in dem wir wenigstens vor dem kalten Morgenwind geschützt saßen, beobachteten wir, wie die Männer, emsig wie Ameisen, Zweige aufsammelten, Holzkisten zerschlugen, Zeitungspapierfetzen und Kartonstücke auf einen Haufen zusammentrugen.

Kurz darauf züngelten an mehreren Stellen bläulich-gelbe Flammen. Dann begann es zu lodern und zu prasseln. Ein paar Kisten wurden im Halbkreis aufgestellt, man holte und deutete uns, dass wir darauf Platz nehmen sollten.

War das ein wohlig gutes Gefühl! Die Wärme, die ich fast bis zur Unerträglichkeit auskostete, in der die wenigen Sachen, die ich trug, bald bis zu einer Starre getrocknet waren. Und dann ereignete sich das Schönste, das ich glaube, bisher überhaupt erlebt zu haben. Einer der Fischer trug in fast zeremonieller Weise einen runden Laib Brot zu uns. Die anderen standen dabei still hinter ihm. Sehr ernst sah er auf das Brot, brach es erst in der Mitte entzwei und dann von den beiden Teilen faustgroße Stücke ab. Der Mann zuerst, dann ich, dann die Kinder bekamen je ein Stück, der Rest wurde unter die Anderen verteilt. In für uns fremder Sprache wurden wiederholte Sätze gesprochen, auf die ein einheitliches Gemurmel diszipliniert folgte. Dann erst verzehrte ein jeder dieses Brot, schweigend und wie andächtig.

Nach dieser Zeremonie, die es ganz offensichtlich war, begann erneut ein tumultartiges Treiben. Von allen Seiten kamen Fischer, ältere und jüngere. Sie trugen in Zeitungspapier eingewickelte Dinge heran, die sie vor unseren Augen ausbreiteten, wobei sich auf den Gesichtern der Menschen unverkennbar helle Freude abzeichnete. Man lachte uns zu, sprach mit heiseren Stimmen; in manch lachendem Mund zeigten sich entweder sehr schlechte oder gar keine Zähne. Aber über

allem lag eine unbeschreiblich freimütige Gastfreundschaft.

Der eine wickelte aus seiner schon vergilbten Zei-
tung ein Stück Schafskäse, ein anderer brachte eine
Riesentomate, von deren Größe ich bisher keine wieder
sah. Mit Messern zu Teilen auseinandergeschnitten
bekamen wir mehr als genug davon. Nur wir. Alle anderen hatten lediglich von dem Brot mit uns zusammen
gegessen. Hier teilten die Armen der Armen ihre Weg-
zehrung mit uns, die karg und bescheiden war. Ich
musste unwillkürlich an das Gleichnis vom verlorenen
Sohn denken: wurde hier nicht ein wirkliches Königs-
mahl gehalten, zu dem wir zu Tische gebeten wurden?

Inzwischen war die Morgensonne noch etwas ver-
schlafen über den Horizont gestiegen und zeichnete von
allem, was nicht eben war, langgezogene Schatten.
Bald darauf kamen ein Jeep und ein Lastwagen ange-
fahren, aus dem türkische Soldaten sprangen und sich
zackig in einer Reihe formierten. Ich erschrak zunächst
über den Tonfall des scharfen Kommandos, auf das hin
die Soldaten eine Haltung einnahmen, als seien sie un-
bewegliche Zinnsoldaten. Dann näherte sich uns ein
älterer, untersetzter Herr in Zivil, gefolgt von einem
Offizier, an dessen hellgrauer Uniform viele bunte
Streifen und wohl auch Orden angebracht waren. Ich
schätzte ihn so um die Vierzig herum.

„Bitte, kommen Sie.", war die Aufforderung an uns,
die durch eine Geste mit der Hand zu dem Jeep hin
unterstrichen wurde. Von den Fischern verabschiedeten
wir uns sehr rasch, ein jeder wollte uns die Hand noch

einmal drücken. Aber ein jeder schien auch voller ängstlichem Respekt zu sein. Es waren Eindrücke auf uns, die wir in kurzer Zeit nur machen konnten. Und was hatten wir an Dank anzubieten, für die soeben erfahrene paradiesische Hilfe? Nichts. Gar nichts. Anzubieten jedenfalls nicht. Nur im tiefsten Winkel des Herzens: da steht ein Dank noch heute ungeschmälert...

Wir hatten in dem Jeep zu viert auf dem Rücksitz Platz genommen. Die Soldaten waren noch damit beschäftigt, unser Schlauchboot und sein Zubehör zu bergen und auf dem Lastwagen zu verstauen. Dann begann eine kurze Fahrt in das Landesinnere, in mehreren Kehren einen Berg hinauf, etwa eine halbe Stunde lang. Wir befanden uns jetzt auf Militärgelände. In eine längliche Holzbaracke wurde uns der Weg gewiesen. Vor dem Eingang wehte über einem blumengeschmückten Rondell eine Fahne am Mast, rechts und links davon hielt je ein Soldat strammstehend, unbeweglich und bewaffnet seine Wacht. Das Gelände war von Stacheldraht umzäunt.

In einer großräumigen Stube der Baracke wurden wir durch Andeuten gebeten, an einem langen Tisch Platz zu nehmen. Hier waren wir für längere Zeit mit dem Offizier allein. Mangels Kenntnis der türkischen Sprache war keinerlei Verständigung möglich. Ein gelegentliches Zulächeln, das war zunächst die einzig mögliche Kommunikationsform.

Wenig später ging die Tür auf. Ein Soldat brachte ein größeres Tablett herein und stellte es vor uns auf den Tisch; uns wurden Weintrauben und einige andere

Früchte serviert. Der Soldat salutierte stramm und entfernte sich wieder.

Von meinem Platz aus konnte ich durch große Glasfenster auf das Meer hinunterblicken. Dabei machte ich eine ungute Beobachtung, die mich sehr nachdenklich stimmte. Schaumkrone verfolgte Schaumkrone. Nicht nur in unmittelbarem Küstenbereich, man sah sie auch weit draußen auf See. Meine aufkommende Unruhe, nicht zu wissen, wie lange wir an diesem Orte noch aufgehalten würden, vermischte sich mit Ungeduld. Ich wollte doch so schnell wie möglich, jedenfalls noch vor Einbruch der Dunkelheit, mit unserem Schlauchboot nach Bulgarien zurückfahren, um Mutter und Sohn zu holen, so, wie es der ausgemachte Plan gewesen ist. Jetzt wurden die Minuten wieder zu Stunden; dem herrlichen, uns aufgetischten Obst konnte ich nichts Verlockendes mehr abgewinnen. Der deutenden Aufforderung, mich davon zu bedienen, konnte ich nicht Folge leisten. Um die Gastfreundschaft nicht zu verletzen, schob ich mir von Zeit zu Zeit eine der Weinbeeren in den Mund, auf denen ich ungewöhnlich lange herumkaute...

Dann – endlich – es mussten Stunden vergangen sein, traten in die Barackenstube wieder der zivil bekleidete ältere untersetzte Herr, gefolgt von einem jungen, gleichfalls nicht uniformierten Mann und ihm hinterdrein ein größerer Herr, der eine kompakte Schreibmaschine eines älteren Modells trug. Man platzierte sich uns gegenüber, und jetzt stellte es sich heraus, dass der Herr mit der Schreibmaschine ein Dolmetscher, die beiden anderen höhere Beamte des geheimen Staatssicherheitsdienstes der Türkei waren. Endlich! Das Ganze konnte seinen Fortlauf nehmen!

Der Dolmetscher sprach ein akzentfreies, gepflegtes Deutsch. Wir waren froh darum, denn somit mussten wir keine Verständigungsschwierigkeiten befürchten. Wir schilderten alles offen und uneingeschränkt, was mit unserer gesamten Situation zusammenhing. Die illegale Flucht aus der DDR und warum; dass unser erster Fluchtversuch so tragisch endete; wie wir den zweiten vorbereiten konnten, der gelang; dass mein Sohn und die Mutter in Bulgarien zurückbleiben mussten und nun darauf warteten, dass sie von uns geholt würden; dass es unsere dringende Bitte sei, nichts über das soeben Geschilderte den öffentlichen Medien preiszugeben, um Konfrontationen und unzuträgliche Kompromittierungen des DDR-Staates zu vermeiden, die Sohn und Mutter eher zum Verhängnis werden könnten. Alles wurde bei guter sprachlicher Verständigungsmöglichkeit zu Protokoll genommen, bis in jede Einzelheit. Das lag auch in unserem Interesse. Denn es gab nichts, was hätte ungenannt oder verborgen bleiben müssen. So weit, so gut. Wir glaubten am Schluss der Protokollaufnahme, dass damit alles vorerst zu Ende geführt sei, die Dinge ihren weiteren Verlauf nehmen könnten. Aber dem war leider nicht ganz so...

Es begann das Ganze haargenau noch einmal von vom. Ich bekam langsam das Gefühl, einem Alptraum preisgegeben zu sein. Alexander und Mutter! Ich wollte sie doch nachholen und sie mussten darauf ja auch dringend warten! Ich sprach dieses Problem wiederholt klar und unmissverständlich an. Ich wurde auch verstanden, bei allem bekundeten Mitgefühl. Aber mir wurde dazu ein Weg vorgeschrieben, der meinem Vorhaben nicht entsprechen konnte. Mir wurde freundlich und ausführlich erklärt, dass ich zu diesem Zwecke nach Bulgarien sofort zurück könnte, aber: unter Militärschutz bis unmittelbar vor die Landesgrenze, von dort aus müsse ich mich dann unbemerkt durch das Gelände schlagen, die beiden aufsuchen und den gleichen Weg mit ihnen zusammen wieder zurücknehmen... – DAS MUSSTE FÜR MICH ALS UNDURCHFÜHRBAR ABGELEHNT WERDEN. Und jetzt? Saßen wir abermals in einer „Höhle des Löwen"???

Einer Verzweiflung Ausdruck zu geben, dazu fühlte ich mich plötzlich zu leer. Nur an dem Gedanken hielt ich noch fest, dass wir vielleicht doch zu einer machbaren Möglichkeit finden könnten? – Es ist gut, wenn man in die Zukunft nicht vorausschauen kann...

Mit jedem Schritt, der in der Gegenwart erfolgt, dringt man ebenso Schritt für Schritt in die Zukunft. Sie sollte sich folgendermaßen gestalten.

Am späten Nachmittag waren die wiederholten Protokollaufnahmen endlich beendet. Wir hatten nichts Neues hinzuzufügen, das Gesagte blieb immer wieder gesagt. So wurden die Schreibutensilien zusammengepackt und hinausgetragen, wir wurden zum Mitkommen aufgefordert. Abermals nahmen wir auf dem Rücksitz des Jeeps Platz, nahmen die Kinder in unsere Mitte. Der Dolmetscher blieb zurück, der ältere Herr des geheimen Staatsdienstes chauffierte das Fahrzeug, der jüngere Mann nahm Platz auf dem Beifahrersitz. Auf einem breiten Schotterweg ging die Fahrt in das Landesinnere hinein, wobei wir annahmen, Istanbul anzureisen, zumal dies immer wieder unsere dringende Bitte war!

DIESE FAHRT WAR GRAUENVOLL!!! War der äußerst wenig frequentierte Schotterweg auch breit, so bevorzugte der Fahrer in wahnwitzigem Tempo, bei dem das Tachometer Geschwindigkeiten zwischen 140 und 160 km/h anzeigte, fast ausschließlich den linken Fahrstreifen zu benutzen. Die Strecke war sehr kurvenreich. Vor den Kurven wurde ohne Rücknahme des Tempos ein Signal in Form einer Dauerhupe gegeben. Vielleicht lässt sich nachempfinden, wie erlösend es jedes Mal war, wenn man nach jeder Kurve noch befahrbaren Untergrund verspürte und ein zufällig entgegenkommendes Fahrzeug ausblieb!

Ein erstes Mal (denn Ähnliches sollte es noch mehrfach geben!), als dauerhupend in eine Linkskurve gerast wurde, tauchte vor uns entsetzlich bedrohlich ein klappriger Reisebus auf, dessen Hupton sich mit dem unseren unharmonisch vermischte. Es ging in Bruchteilen von Sekunden schnell, war kaum bewusst nachvollziehbar. Lediglich vor ein Ergebnis war man nun gestellt, und dieses ratlos. Von dem Reisebus war keine Spur mehr zu verfolgen, ihm schien Allah wohlgesonnen. Denn „Kismet" heißt es bei den Türken, ‚ein dem Menschen zugeteiltes Los, dem er nicht entgehen kann; ein unabänderliches Schicksal, in das sich der Muslim fügt'... Nun waren wir ganz fremd unter Fremden.

Unser Jeep stand mit drei Rädern auf der Schotter-straße: mit den beiden hinteren und dem linken vorde-ren. Das rechte Vorderrad ragte völlig frei über eine Abgrundtiefe, denn wir befanden uns schon ziemlich weit oben in einer Gebirgsgegend. Als unser reichlich schwergewichtiger Fahrer an seiner Seite ausstieg, um sich das Dilemma anzusehen, neigte sich das Fahrzeug sachte wippend nach rechts-vorn. Der junge Beifahrer legte sich wie geistesgegenwärtig auf die linke Seite und hielt sich am Steuerrad fest. Und wir da hinten drückten uns mit aller Macht in die Rückenlehnen. „Kismet" und „Allah" – mir wurde beides nur noch fremder und nahezu unheimlich.

Diese Situation dauerte – „Gott sei es gedankt!" – nicht all zu lang. Uns folgte ein Lastwagen, der anhielt, aus dem mehrere Soldaten sprangen. Sie inspizierten kurz unsere Lage, dann ging es tatsächlich sehr schnell. Mehrere Männer packten zu und hoben uns auf die Schotterstraße zurück. Dann ein eigenartiges Grinsen, ein kurzes Winken, der Lastwagen fuhr davon und un-ser Jeep startete zu erneuter Fahrt. Ich kann dem auch heute noch nichts abringen, was daran so lustig hätte sein können, dass es zum Grinsen anregte.

Während der nächsten halben Stunde schloss ich meine Augen; ich kniff sie förmlich zu. Ich wollte nichts um mich herum mehr sehen. Es zehrte und zerrte fast unzumutbar an meinen Nerven. Haben wir denn all die bisherige Not und Pein auf uns genommen, um viel-leicht jetzt, so unmittelbar vor einem ersten Ziel, auf der Straße in einem Auto zu sterben? Mit solch einem Gedanken konnte ich mich einfach nicht anfreunden.

Ich spürte, dass die Fahrt bald wieder bergab ging, wenn auch nicht weniger kurvenreich. Das Holpern über den Schotter, das Hupen, dem immer eine Kurve folgte, in der uns die Fliehkräfte mal nach rechts, mal nach links herüber drückten. Ich stellte mich taub, blind, gefühllos – sollte ich tatsächlich noch eine Hoffnung dabei gehabt haben, ich spürte nichts davon. Mir war alles egal. Ich erwartete nichts, dachte über nichts nach. Wie beschreibt man einen Menschen, dem es so ergeht?

In diese Art von Lethargie brach noch ein Erlebnis ein, von dem ich wünschte, es besser nie wahrgenommen zu haben. Grelles Dauerhupen, linke Fahrspur nahe eines abschüssigen Steilhanges, rechts schroffe, steile Felsenwand, Rechtskurve, entgegenkommender Lastkraftwagen. Unmittelbare Nähe des Zusammentreffens mit ihm!

Wollte der entgegenkommende Fahrer uns ausweichen? Hoffte er wirklich, *links* von uns noch vorbeizukommen? Es ist erschreckend und doch so wahr: wir sahen den Lastwagen sich dem Abgrund nähern, wir sahen, wie die rechte Führerhaustüre aufsprang, wir sahen, wie dieses Fahrzeug sich überschlug und den Hang hinabstürzte. Wir spürten ein kreiselartiges Herumschleudern unseres Jeeps, standen wieder in „unserer" Fahrtrichtung, aber dann: kein Anhalten, kein Nachschauen nach dem abgestürzten Lastkraftwagen, nichts! Weiter ging es, mit allzu unbekümmerter Beschleunigung.

„Kismet... Allah", sagte der Beifahrer, während er sich mit leichtem Achselzucken und undefinierbarem Grinsen zu uns herumdrehte.

Zu mir selbst fand ich eigentlich erst wieder, als die Fahrweise einen anderen Charakter annahm. Das Herüber- und Hinüberdrücken blieb aus, der Hupe schien eine Pause vergönnt, das Holpern wechselte von Zeit zu Zeit in ein Hopsen, was dem Schädeldach dann jedes Mal einen dumpfen Schmerz versetzte und das Steißbein, wenn auch milde, stauchte.

Überhaupt erwachte jetzt ein Gefühl, das man aus seiner Kindheit kannte, wenn man auf einem Karussell eine „Berg-und-Talfahrt" erlebte. Als ich wagte, meine Augen zu öffnen, sah ich den Mann neben mir mit aschgrauer Gesichtsfarbe wie gebannt auf seinem Platze sitzen. Leokadia war weiß um den Mund herum und würgte verhalten, als müsse sie jeden Moment erbrechen. Ich ärgere mich noch heute darüber, dass ich einen gewissen Anstand zu wahren suchte und verhinderte, dass das Mädel den beiden Vordermännern kräftig in den Nacken spie! Das einzige Handtuch, das wir besaßen, hielt ich ihr vor den Mund, in das sich ihr Magen von seinem Inhalt entleerte. Doch klopfte ich dabei meinem Vordermann auf die Schulter, deutete ihm unmissverständlich an, dass jetzt dringend angehalten werden müsse!

„Moment – Moment!", wurde geantwortet.
Kurz darauf wurde der Jeep an einer Felswand rechterhand zum Stehen gebracht. An dieser Stelle floss ein

Rinnsal herab. Sein Wasser wurde in einem eckigen Steinbecken aufgefangen.

Wir wankten alle vier aus dem Fahrzeug und hockten uns auf den Rand des Wasserbeckens. So nach und nach schien wieder Leben in uns zu gelangen. Die Vorzüge des kühlen Nasses lernten wir jetzt auf diese Weise schätzen.

Der Rast hatten wir nur kurze Zeit. Bald sollte die „Reise" wieder fortgesetzt werden. Die Kinder, mein Mann und ich: wir waren uns einig. Wir wollten diese Art von „Transport" nicht weiter über uns ergehen lassen. Als wir nach kurzer Zeit dazu aufgefordert wurden, den Jeep wieder zu besteigen, stellte ich mich dem jüngeren Mann, der auf uns zukam, entgegen, machte verneinende und abwehrende Handbewegungen und sagte entschieden:

„No! Jeep? No! This is very bad. No good. We wish going to Istanbul. No in the car!"

Der junge Mann, der ein wenig kleiner war als ich, ging zu seinem Begleiter und sprach kurz und leise mit ihm. Dann kamen beide energischen Schrittes auf uns zu. Jeder fasste eines der Kinder und steckte es in das Fahrzeug. Dann kamen sie zurück, fassten meinen Mann rechts und links, drehten ihm die Arme auf den Rücken und bugsierten auch ihn recht unsanft auf den Rücksitz des Fahrzeugs.

Was dabei in mir vorging, das weiß ich noch genau. Maßlosen Zorn verspürte ich im Innern! Eher noch ein Gemisch aus Angst und Wut. Ich bildete mir in diesem

Moment ein, dass man nicht losfahren werde, wenn man mich nicht gleichfalls in dem Wagen hätte. Und so tat ich, als leistete ich freiwillig der Aufforderung Folge, doch bevor ich Anstalten zum Einsteigen machte, rannte ich was ich konnte in der Fahrtrichtung voraus. Ein paar niederen weißen Häusern zu, die ich unweit stehen sah.

Der junge Mann spurtete mir nach und holte mich bald ein. Er postierte sich mit gespreizten Beinen vor mir auf und suchte zornig nach mir zu fassen. Hier nun tat ich wohl etwas, das ich nie hätte tun dürfen, was leicht zu einem Verhängnis hätte führen können: ich holte zu kräftigem Schlag mit der rechten Faust aus, wehrte mit dem linken Unterarm in Kinnhöhe ab und stellte meinen linken Fuß als „Stolperfalle" hinter seine rechte Ferse. Einstige Judo-Erinnerungen wurden dabei wach? Ich sah in das Gesicht des türkischen Geheimdienstmannes, ich sah in ihm zornig-feurige Blicke, zusammengepresste Lippen, knochig hervortretende Wangen. Ich spürte ein zum Bersten angespanntes Beben in dem schlanken Körper meines Gegenübers. Ich registrierte weiter weg stehende, schwarz gekleidete und hinter Gesichtsschleiern verborgene Frauengestalten, die standen und herüberblickten. Mir rasten meine Jugendbücher von Karl May durch den Kopf: „Von Bagdad nach Stambul", „Durch das Land der Skipetaren". Die darin beschriebene Islamische Kultur und Religion, die patriarchalischen Sippen- und Stammesbräuche, die nahezu als ehrenhaft für einen Mann geltende Minderwertigkeitsschätzung eines weiblichen Wesens. Ich habe mich sehr wohl davor gehütet, auch nur den geringsten Schlag zu tun, der mir doch niemals als Verteidigungs- oder Verzweiflungshandeln „abgekauft" worden wäre. Schon meine Drohung allein – was hätte diese fast für Folgen gehabt!

Aus der Innentasche seines grob-karierten Sakkos zog mein Gegenüber eine kleine Pistole. Das Klicken beim Entsichern der Waffe schien als Echo in meinem Hirn nachzuhallen. Ich stand noch eine Weile still und regungslos vor dem kleinen Manne, nur die Schärfe unserer Blicke schien sich ineinander zu bohren.

„O.k., ...alles O.k...", sagte ich leise, suchte zu beschwichtigen.

Als sich auch daraufhin keine Regung zeigte, fuhr ich fort:

„Istanbul?"

Er nickte nur stumm.

„Tempo Jeep?", fragte ich weiter.

Da zeichnete er mit seinen spitzen Schuhen einen Kreis in den Sand und in die Mitte hinein eine „100". Die Waffe hielt er noch in der jetzt nach unten ausgestreckten Hand.

„Gut, O.k., Istanbul. This is Tempo?", suchte ich mich zu versichern und zeigte auf den in den Sand gezogenen Kreis.

„Yes.", kam trocken und rau die Antwort.

Ich drehte mich um und ging zu dem Jeep. Der junge Mann folgte mir, und ich sah, dass er seine Waffe wieder in die Rocktasche steckte. ‚Hätte er mich erschossen, es wäre gar nichts daraufhin geschehen. Was würde es schon für Folgen haben, wenn jemand auf seiner Flucht auf der Strecke bleibt.' Das waren meine Gedanken, denen ich noch eine Weile nachhing.

Die Fahrt ging dann in sturem Tempo von 100 km/h weiter. Selbst dann noch, als wenig später der Schotterweg nahtlos in eine breit angelegte und gut ausgebaute Asphaltstraße überging. Man hat sein Wort gehalten. Nur: Istanbul war noch nicht die Stadt, die das erhoffte Ziel sein sollte.

* * *

Mit Einbruch der Dunkelheit gelangten wir in einen Ort, in dem der Jeep vor einer Villa hielt. Zuvor führte der Weg durch wenige Straßen, an mehreren Villen und Vorgärten vorbei. Nachdem unser Fahrer ausgestiegen war und sich für kurze Zeit in dem Hause aufgehalten hatte, kamen drei uniformierte und bewaffnete Männer mit ihm zurück, nahmen uns wortlos in Empfang und führten uns über eine ausgetretene Steintreppe in eine Art Keller hinab.

Hier stand ein bewaffneter Posten, an dem vorbei wir linkerhand durch eine Türe geleitet wurden. Wir befanden uns in einem spärlich erleuchteten Raum, in dem sich außer zwei Holzhockern kein weiteres Mobiliar befand. Die Wände waren rau verputzt, ohne Farbanstrich, den Boden deckte blanker Beton. Ein kleines schmales Fenster befand sich mit einem Eisengitter versehen so hoch oben an der linken Wand, dass man nicht hinausblicken konnte. Nachdem man uns dort hineingebeten hatte, wurde von außen die Tür geräuschvoll verschlossen; wir waren uns nun selbst überlassen.

Die plötzliche Stille um uns schien etwas von dem moderden Kellergeruch annehmen zu wollen. Durch die Kälte und Feuchtigkeit im Raum waren wir ganz klamm geworden. Jetzt erst fühlten wir die physische Belastung als nahezu unerträglich. Hatten wir doch seit dem frühen Morgen des vierten September bis jetzt, (hierüber waren inzwischen mehr als 38 Stunden verstrichen) weder geschlafen, kaum ausgiebig gegessen und nur sehr wenig getrunken. – Erneut machten wir Bekanntschaft mit einem quälenden Durst. Die Lippen der Mädchen waren trocken und rissig, ihre Blicke wurden zunehmend müde und trüb.

Unvermittelt und mit lautem Gerassel wurde die Tür zu dem Kellerraum geöffnet. Ein Uniformierter reichte uns schweigend ein kleines rundes Tablett, auf dem vier Gläschen mit heißem schwarzen Tee standen, kaum größer als ein doppelt hohes Schnapsglas. Der Wachposten vor unserer Tür beobachtete diesen Vorgang, hielt dabei eine Waffe an einem Riemen über der linken Schulter. Die Mündung des unheimlich wirkenden kurzen Laufes war vor uns auf den Boden gerichtet. Dann wurden wir weiterhin in Arrest gehalten.

Die beiden Kinder schlürften den Tee hastig in sich hinein. Auch die beiden Portionen, die meinem Mann und mir zugedacht waren. Uns musste es eher möglich sein, diesen Zustand länger zu ertragen.

Erneut öffnete man die Tür. Diesmal erkannten wir den Dolmetscher neben dem Posten, der unsere Sprache ohne jede Schwierigkeit zu verstehen schien und bei den vorausgegangenen Protokollaufnahmen bereits zugegen war. Er forderte meinen Mann auf, ihm zu folgen, erklärte mir in freundlichem Ton, dass der Mann bald wieder zurückkommen werde. Ein paar Fragen seien nur noch zu klären und zu Protokoll zu nehmen. Und wieder verschloss ein Schlüssel von außen die Tür.

Ich glaube, dass die Kinder und ich nicht sehr viel miteinander gesprochen haben. Zum einen war es die zunehmende Müdigkeit, die bis zur Kraftlosigkeit zu erschöpfen drohte und zum anderen: worüber sollte jetzt zu sprechen sein? Wir warteten doch alle nur sehnlichst auf das, was die unmittelbare Zukunft uns bringen würde. Zu besprechen gab es nichts, zum Reden fehlte jede Lust. Die Kinder schienen keine Fragen zu haben, – wir „saßen halt noch immer in einem Boot". In einem, das sich uns jetzt auf ganz andere Weise zu erkennen gab…

Nach fast drei Stunden wurde der Mann zurückgebracht. Relativ betrachtet ist „bald" auch eine Definition der Zeit!

Wenn ich zu hoffen gewagt hätte, dass man uns wenigstens jetzt in Ruhe lassen würde – vorerst wenigstens – dann wäre es zu einer Enttäuschung geworden. Pessimistisch hoffte ich also nicht, und das war gut so. Denn keine zwanzig Minuten später trat abermals der uns schon bekannte Dolmetscher herein. Jetzt wolle man *mich* gern sprechen, es würde bestimmt nicht lange dauern...

Zusammen mit ihm und ohne zusätzlichen Begleitposten ging ich nach vorgegebener Weisung in das erste Stockwerk der Villa hinauf. Ein größeres Zimmer war mit weichen Teppichen ausgelegt. Ein schwerer Schreibtisch stand vor einem zugezogenen Fenster. Hinter dem Schreibtisch erkannte ich unseren untersetzten „Chauffeur" und „Geheimstaatsdienstler" wieder, der mir vis-à-vis von ihm einen Stuhl anbot. Es war auch die alte bekannte Schreibmaschine, die vor ihm stand. Der Dolmetscher nahm rechts von mir an der Schreibtischseite Platz.

So ermüdend es für mich war, wiederum all die gleichen Fragen zu beantworten, die doch bereits gestellt und ausführlichst von uns beantwortet worden waren, es wäre ebenso ermüdend, darüber an dieser Stelle nochmals zu berichten. Nach dreieinhalb Stunden (man bedenke nur, dass alles relativ ist, dann erscheint es einem als normal, wenn von „bald" oder „bestimmt nicht lange" die Rede ist) wurde ich in „unsere Behausung" zurückgebracht.

Das schwache Licht brannte noch immer, ein anderer Posten hatte seinen Wachdienst vor der Tür angetreten. Noch immer standen die leeren vier kleinen Teegläschen auf dem Boden und auf dem runden Tablett. Die beiden Hocker standen unbenutzt. Auf dem Betonboden lagen die beiden Mädchen und mein Mann, denen die Erschöpfung offensichtlich in einen tiefen Schlaf verholfen hatte. Es war kurz nach fünf Uhr morgens.

Gegen sieben Uhr kamen zwei unbekannte Herren in Zivil in unser „Verlies"... Ein „Diener des Palais" folgte diesen nach, mit – VIER KLEINEN GLÄSCHEN HEISSEM SCHWARZEN TEE..., die die Mädchen dankbar und fast gierig austranken. Mit der Zunge meine Lippen zu befeuchten, das versuchte ich ein einziges Mal nur! Es war so schmerzhaft, als die von Meersalz verkrusteten und aufgesprungenen Lippen auf diese Weise berührt wurden.

Die beiden Herren hatten uns abzuholen. Einer von ihnen verstand ziemlich gut, was wir auf Deutsch sagten. Das Nötigste jedenfalls war möglich, was einer Art von Kommunikation, unterstützt durch Gesten von Händen und Füßen, dienlich sein konnte. Ziemlich leger gingen wir miteinander durch kleinere und größere Gässchen. Richtige Straßen sahen wir hier nicht. An einem Obststand kaufte einer der beiden Männer eine Tüte voller Weintrauben, die er uns übergab. Es war für uns eine Köstlichkeit, diese Trauben nacheinander zu verzehren! Der Durst war wenigstens nicht mehr all zu groß, ...nicht mehr so quälend.

Durch diese Freundlichkeit ermutigt, sprach ich den einen der Männer an, deutete dabei auf unsere Füße. Seit unserem ersten gescheiterten Fluchtversuch am 8./9. August liefen wir barfuß herum. Inzwischen soweit abgehärtet, dass es keine Mühe machte, selbst über unwegsame Gebiete zu laufen. Es war nicht einzusehen, weshalb wir nicht darauf aufmerksam machen sollten, dass wir unbeschuht in der nun „netten Begleitung herumspazierten". Erstaunt darüber, als habe man dies noch gar nicht bemerkt, wurde ein kleines Geschäft angesteuert. Den Kindern wurden ein paar Badesandalen gekauft (die sie noch lange besaßen!). Um die Füße von uns Großen kümmerte man sich nicht.

Ein größerer Platz wurde erreicht. Hier gingen wir schnurstracks auf ein kompaktes Gebäude zu. Wachtposten standen vor der Tür. Eine Pforte wurde passiert, eine marmorgefliste Halle durchquert, dann wurde hinter einer breiten Tür ein jeder von uns einzeln von jemandem in Empfang genommen.

Es ging hier alles ganz schnell. Ich kann nur von mir berichten, doch später stellte sich heraus, dass jeder von uns dieser Prozedur ausgesetzt war: zuerst wurden alle Finger der rechten und linken Hand über schwarz gefärbte Papierstreifen gewälzt; dann wurden Portraits aufgenommen, von vorn und von der Seite; irgendwann musste man mit einem extra dafür bereitgehaltenen Stift ein paar Schriftstücke unterzeichnen, auf denen nur in Türkisch geschrieben stand. Leokadia „durfte" (was ihr vermutlich Freude machte) Kreuzchen und ein Hampelmännchen zeichnen, sie konnte ja noch nicht schreiben.

Danach fanden wir uns in der marmorgefliesten Halle wieder und wurden von „unseren Begleitern" erneut in Empfang genommen.

Durch irgendwelche Straßen ging es weiter, dann führte man uns in ein „Hotel", das als solches einem Touristen sicherlich nicht aufgefallen wäre! Ein Zimmer zu ebener Erde wurde uns zugewiesen, möbliert mit drei Betten, einem Tisch und drei Stühlen, mit zwei

Fenstern, die bis zur Hälfte mit Stores verhängt waren und kornblumenblaue Übergardinen hatten. Es war noch hell am Tag, doch der eine von unseren „Begleitern" ging zu den Fenstern und zog die Übergardinen zu.

„Warum das?", fragte ich und zeigte zu den Fenstern.

„Muss, muss. Und nicht machen so! (wobei er mir ein vorsichtiges Öffnen des Vorhangs demonstrierte) Dann sofort wir schießen!"

Aha. Arrest unter gemilderten Umständen, dachte ich und fragte hinzu:

„Wann nach Istanbul?"

Die Antwort war:

„Bald".

Noch einmal trafen wir mit einer uns „vertraut gewordenen" Person zusammen. Unser Dolmetscher besuchte uns erneut, brachte nochmals eine Tüte voller Weintrauben (über die wir von Herzen dankbar waren!), und er gab uns Anweisung darüber, dass wir das Zimmer nicht verlassen dürften. Hätten wir, was ja sein könnte, eine Notdurft zu verrichten, sollten wir an die Tür klopfen und warten. Es würde uns dann geöffnet und der betreffende Ort gezeigt werden. Ob es Wasser zum Trinken oder zum Waschen gäbe, fragte ich. Das eine wurde verbal streng verneint, das andere mit Achselzucken beantwortet. Auf die Weinbeeren wurde gedeutet:

„Sie löschen auch den Durst."

Ich fragte zum Schluss noch:

„Bitte, sagen Sie uns wenigstens, wie hier alles weitergehen wird. Wir wollen so bald wie möglich nach Istanbul. Vor allem ist es wichtig, uns schnellstens um meine Mutter und unseren Jungen zu kümmern."

Die Wirkung, die seine Antwort darauf anzurichten verstand, wird mir unvergessen bleiben:

„Dazu kann ich Ihnen leider auch nichts sagen. Ich bin hier nur als ihr Dolmetscher eingesetzt. Aber..., ich verstehe sie schon auch recht gut. Wenn ich ehrlich zu ihnen sein darf? Es steht noch nicht fest, ob man sie nach der DDR zurückschickt oder ob man sie..." – er machte eine Pause: „...erschießt."

Sprach hierauf mein Mann schneller die Gedanken aus, die ich ebenso hatte?

„Dann, nee, Menschenskinder, dann erschießt uns lieber. Dort rüber bringt ihr uns nicht mehr. Schießt..., schießt..., schießt doch gleich! Dann hat wenigstens das Ganze endlich ein Ende!"

Der Dolmetscher entgegnete darauf beherrscht und ruhig:

„Ich kann Ihnen leider ihre Frage nicht anders beantworten..."

Und in eher besorgtem Tonfall sagte er weiter:

„Aber bitte, schauen Sie nicht hinter dem Vorhang zum Fenster hinaus. Man kann dann wirklich schnell schießen."

Das Gespräch war beendet.

In der Nacht musste ich einmal zum Verrichten meiner Notdurft hinaus. Auf mein Klopfen wurde sogleich geöffnet. Unserem Zimmer gegenüber war eine unsaubere, hockend zu benutzende Toilette. Auf dem Weg zurück entdeckte ich neben unserer Zimmertür an der Außenwand ein angerostetes Emaillebecken und sah darüber einen tropfenden Wasserhahn. Nichts und niemand konnte mich in diesem Moment davor zurückhalten, den Hahn aufzudrehen und von dem Wasser zu trinken... Ich bedauerte zutiefst, kein Gefäß bei mir zu haben, um den anderen davon zu bringen. Vielleicht war es gut so...

Am kommenden Morgen wurden wir von den Herren abgeholt, die am Vortag unsere „Begleiter" waren. Unweit des „Hotels", in dem wir soeben genächtigt hatten, befand sich eine Bushaltestelle. Es dauerte nicht lang, da kam ein klappriger öffentlicher Bus angeschaukelt. An seiner Tür wurden wir „entlassen", mit den letzten Worten:

„Jetzt, ...nach Istanbul."

Allein? Frei? Ohne „Begleiter"? Mit dem Fahrer wurden ganz kurz ein paar Worte gewechselt, auf die er deutlich nickte. Dann begann eine Reise durch das für uns fremde Land, ...bis nach Istanbul.

* * *

Die Sorge um den Verbleib von Mutter und Alexander ließ es nicht zu, dass die exotisch fremden Eindrücke des Landes Ablenkung gebracht und Faszination hätten erleben lassen. Nur wie eine marginale Erinnerung taucht gelegentlich das Bild faunischen Spätsommeridylls auf. Als spiele der Geruchssinn mit einem „Haschemann", so suchen Eindrücke noch heute wahrgenommen zu werden, die fremdartig waren, die eine

Wissbegierde nicht ausreichend befriedigten, die jeder Mensch in sich verspürt, der sich auf Reisen befindet. Aber: wir befanden uns ja nicht auf einer „Reise"...

In Istanbul angelangt, wurden wir erneut in Empfang genommen. Jedenfalls konnte an dieser Form von Organisation nichts bemängelt werden. Und wieder war es ein Hotel, in dem wir „Quartier" beziehen „durften". Hoch oben, im vierten Stock. In einem Zimmer mit vier Betten, mit Blick zum Bosporus hinüber, mit Kakerlaken in und unter den Betten, die sich schnurstracks auf den Weg – wer weiß wohin – machten, wenn nachts das Licht ihr Dasein störte.

Manch wehmütiges Juchzen gelöschter oder zu löschender Frachtschiffe klang aus dem Hafenviertel in den frühen Morgenstunden durch das weit geöffnete Fenster, der eigenen Wehmut und ihrem Schmerz so nahe...

Unsere Mahlzeiten hatten wir zu bestimmten Tageszeiten in einer Kantine unweit des „Hotels" einzunehmen. Zahlungsmittel erhielten wir nicht. Für das Verzehrte musste dem Wirt eine Papiermarke gegeben werden, von denen wir eine reichliche Menge erhielten. Der Wirt schien uns wohlgesonnen. Vom dritten Tag unseres Aufenthaltes an (acht weitere sollten auf diese Weise noch hinzukommen), steckte er den Mädchen jeden Morgen ein paar Süßigkeiten zu und mir eine schmale Schachtel, in denen sich fünf Zigaretten befanden. Einmal war ich fast erschrocken über eine Banknote von fünf Türkischen Lira, die zwischen den Zigaretten versteckt war.

Die Zeiträume zwischen den Mahlzeiten waren für uns vorgeschrieben, in ihnen hatten wir uns unverzüglich in einem unweit stehenden Gebäude zu „Verhören" einzufinden. Solch ein „Verhör", das für meinen Mann und mich stets getrennt und gleichzeitig erfolgte, dauerte stets gute zwei Stunden. Tagaus, tagein, ...mehr und mehr zermürbend, ...immer in der Sorge, dass den Mädchen währenddessen nichts geschehen möge. Sie mussten allein und vor dem Gebäude auf uns warten. Die Kinder jedenfalls hielten mit bewundernswerter Tapferkeit durch!

Erwähnt sei an dieser Stelle, dass mit meiner Mutter vor Antritt unserer Abreise vereinbart wurde, ihr unverzüglich ein Telegramm zu schicken, für den Fall, dass unsere Flucht einen anderen Verlauf nehmen würde, als es geplant war, wenn es also *nicht* möglich gewesen wäre, zurückzukommen, um sie und den Jungen nachzuholen. Für einen solchen Fall sollte ein Telegramm aus Istanbul abgesendet werden, das ihr wenigstens den geglückten Ausgang *unserer* Flucht durch den Wortlaut bestätigen sollte: „Urlaub glücklich beendet, Brief folgt, Moses."

Moses, das war mein Spitzname, den ich als Kind einmal von meiner Mutter erhielt, als ich während der Schulferien bei ihr an der Ostsee war, während sie dort eine Zeitlang als Erzieherin in einem Kinderheim tätig war. Und deshalb, weil ich schon immer „einmal zur See fahren wollte", bekam ich eher scherzhaft „Moses" zum Spitznamen, weil man den „jüngsten Schiffsjungen" an Bord so nennt.

Das Telegramm! Wenigstens das Telegramm! Dass Mutter endlich eine erste beruhigende Nachricht erhalten kann! Nun hatte ich ja ein paar Türkische Lire! Aber bis fast auf die Minute genau hatten wir die „Vernehmungstermine" einzuhalten...

Nach dem sechsten Tag hielt ich es nicht mehr aus. Unmittelbar neben dem Gebäude, das für uns inzwischen zu einem qualvollen „Hauptaufenthaltsort" wurde, entdeckte ich ein Postamt. Wir gingen dorthin. Ein Telegrammformular war bald erstanden. Nun mühten wir uns mit dem richtigen Ausfüllen in den vorgegebenen Spalten ab. Am Stehpult neben uns schien sich gleichfalls ein Herr herumzumühen. Ungewohnt erleichtert waren wir, als er uns in gebrochenem Deutsch, doch gut verständlich, ansprach, uns bat, ob wir ihm das Schreiben einer Adresse auf einem Brief freundlicherweise abnehmen könnten. Er habe zwar lange in Deutschland gearbeitet, sei Zahnarzt, doch mit dem Adress-Schreiben tue er sich leider schwer. Ich war sehr gern zu dieser Hilfe bereit, und wie im Gegenzug bat ich nun ihn, ob er uns bei dem Ausfüllen eines Telegrammes nach Bulgarien auch behilflich sein könne. Er war seinerseits gern dazu bereit, gab dann auch das Telegramm, auf den ich den Text selbst schrieb, am Postschalter ab und – bezahlte es. Wie er meinte, zum Zeichen seines Dankes. Die Banknote in meiner Tasche blieb somit aufgespart. Etwas sehr, sehr Wichtiges war jetzt endlich getätigt!

Eines Nachts erwachte ich und hatte entsetzlich starke Schmerzen im Leib. Zur Toilette waren es nur ein paar Schritte über den Gang, aber bis ich dort war, musste eine gute Viertelstunde vergangen sein. Die Entleerung wollte nicht wieder enden, obgleich es nur noch Wasser zu sein schien, was ich von mir gab. In hockender Stellung krampften mir die Waden derart, dass ich bald nicht wusste, wo es mehr schmerzte: in den Beinen oder im Bauch. Es war leider kein einmaliges Geschehen, es ging von da ab fast pausenlos so weiter. In das abgehende wässrige Exkrement mischten sich bald Schleim und Blut.

Von jedem Essen nahm ich an den folgenden Tagen Abstand. Ich ließ mir nur noch Getränke reichen: Tee und Mineralwasser. Als sich mein Zustand so gar nicht bessern wollte, ich mich hinzu noch durch Schüttelfrost geplagt und kreislaufmäßig geschwächt fühlte, war mir das tägliche „Rapport-Gehen" eigenmächtig völlig egal, zumal man keinerlei Anstalten zeigte, auf den Hinweis einzugehen, dass ich mich krank fühle. Kurzerhand hielt ich ein Taxi an, stieg ein, machte dem Fahrer plausibel, dass ich zum „Deutschen Konsulat" – Alemannia Konsulat – wolle.

Dort angelangt, forderte der Taxifahrer verständlicherweise seinen Lohn für seine Dienstleistung. Ich bat ihn zu warten, denn ich wollte mich vergewissern, ob er mich an den richtigen Ort chauffiert hatte. UND DA STAND ICH NUN DAVOR: VOR DEM „GENERAL-KONSULAT DER BUNDESREPUBLIK DEUTSCH-LAND".

Vor einem schmiedeeisernen Zaun patrouillierten türkische Soldaten. In einem Pförtnerhäuschen saß ein Türke, der mich – nicht hineinlassen wollte. Ich konnte mich ja nicht ausweisen, legitimieren... Da log ich ihn unverbrämt und wissentlich an: ich wäre mit dem Taxi da gekommen, habe kein Geld, wenn er mich nicht hineinließe, dann müsse er das Taxi bezahlen, ich ginge jedenfalls nicht wieder von der Stelle. So sehr mich der Schüttelfrost peinigte, der Leib mir schmerzte, ich zeterte so laut herum, dass jeder auf mich aufmerksam werden musste. Und damit hatte ich Glück. Ich wurde erst einmal eingelassen.

Im Foyer des Konsulates standen rechterhand dunkle Ledersessel um einen Tisch, geradeaus ging es ein paar breit angelegte Steinstufen hinauf. Als ich mich ihnen näherte, kam mir ein Herr entgegen, der mich unvermittelt anrief:

„Sind Sie Frau Wiesenberg?"

Mich wunderte, dass er meinen Namen kannte.

„Wir warten schon auf Sie, kommen Sie... Hält man Sie noch so lange fest? ... Das tut uns leid. Auch wir sind nur Gast im Land und müssen gewisse Bestimmungen hier einhalten..."

So erklärte er mir die Dinge, während wir zu seinem Büro gingen. Man habe über unsere Flucht in den Zeitungen geschrieben, daher wisse man bereits darüber... Also hat man nicht unserer Bitte entsprochen, nichts an die Medien weiterzuberichten. Das war eine heikle Situation für Mutter und Sohn, die sich ja noch in der sozialistischen Volksrepublik Bulgarien befanden! Es war so geschehen, es ließ sich nicht mehr rückgängig machen...

Meinen Zustand hatte man sofort registriert. Unverzüglich wurde ich in ein „Deutsches Krankenhaus" gebracht, in dem mich ein türkischer Arzt ambulant sehr genau untersuchte, mir ein paar graue Tabletten gleich zum Schlucken und weitere mitgab, mit der Anweisung, wie ich sie zu nehmen hätte. So elend ich mich physisch fühlte, in der Seele wurde es nun heller, und es gelang sogar, etwas „Besonderes" daran zu finden, über die Brücke zu fahren, die den Okzident mit dem Orient verbindet..., denn auf der anderen Seite des Bosporus befand sich auf einer Anhöhe das „Deutsche Krankenhaus".

Man wusste endlich über uns Bescheid! Man gab uns den Rat, den Türken „ein Geschenk zu machen", nämlich unser Boot samt seiner Ausrüstung. Dann wäre es eine Art von „Bakschisch", durch das wir vielleicht schneller freikommen könnten. – „Allah", „Kismet", „Bakschisch" – wir waren es... Fremde in einem fremden Land.

Doch gelang es wirklich, dass wir freikamen, zwei Tage später bereits. Wir wurden bei einer deutschen evangelischen Pfarrersfamilie untergebracht, an die niemals ein Dank vergessen werden kann... und hier: *genossen* wir ein erstes Bad in einer Wanne voller SÜSSWASSER!!! Ach, wie sehr war doch dieses eine Wohltat. Ganz abgesehen davon, dass es „heimatliche Gepflogenheiten" waren, das erste Kaffee-Frühstück zum Beispiel..., das uns wie ein Geschenk des Himmels anmutete.

Wir erhielten jetzt 1.000 Türkische Lira durch das Konsulat. Mit diesem Geld konnten wir uns das Nötigste an Bekleidung und Schuhen kaufen. Die Mädchen bekamen von der Pfarrersfamilie neben anderen Dingen zwei rote Pullover (in der Familie waren gleichfalls zwei kleine Mädchen zu Hause), die die Kinder noch einige Jahre lang trugen.

Eine kurze Episode will ich aus meinen Erinnerungen festhalten, die mir bis heute noch gegenwärtig ist. In Istanbul trafen wir während unserer Einkäufe in den Straßen kaum Frauen an. Und wenn, dann vereinzelt in einigen Nebenstraßen, aus denen sie sich rasch und scheu unseren Blicken entzogen. Ihre Gesichter zeigten sie uns schon einmal gar nicht.

An der Hauswand in einer kleinen, verschmutzten Gasse, saß eine junge Frau mit einem schlafenden Säugling im Schoß bettelnd auf den Steinen. Diesen Anblick vergesse ich nicht so schnell wieder... Ob aus „Bettler-Raffinesse", wie es mein Mann glaubte, oder ob in wirklicher Not, wie ich es empfand: ich weiß es nicht zu sagen. Ich drückte der jungen Frau jedenfalls mein restlich verbliebenes Geld in die bettelnde Hand. Wir hatten, was uns genügen konnte. Die junge Frau kroch mir, einem Hunde gleich, nach und küsste mir die Füße... Ich befahl sie und ihr Kind in meinen stillen Gedanken der Gnade und Obhut unseres Schöpfers –, heißt er nun „Allah" oder „Gott"... Ich handelte mir ob dieser meiner Tat böse, harte Schelte des Mannes ein. Doch beruhigte mich vielmehr mein glaubender Gedanke: ‚Wer gibt, dem wird gegeben.'…

Uns dankbar in Obhut wissend, konnte jetzt von hier aus durch die großzügige Hilfe des Pfarrers ein erster, wesentlicher telefonischer Kontakt zur Schwester meiner Mutter nach Leipzig aufgenommen werden. Nachdem die Verbindung hergestellt war, ließen wir Ludmila mit Tante sprechen. Tante wusste von alledem noch gar nichts. Ludmilas Stimme, die sie bestens kannte, sollte eine Art von „Sicherheitsgarantie" sein, dass dieses *Lebenszeichen* wirklich von uns kam. Niemand durfte dadurch gefährdet werden, dass ihm gegenüber in direkten Worten ausgesprochen wurde, was zu den absoluten TODSÜNDEN eines Sozialistischen Staates, wie der DDR, gehörte. Eine Flucht zum Beispiel, ein Fluchtversuch, ja, überhaupt der Gedanke daran, die DDR verlassen zu *wollen*! Unsere Tante verstand sofort, worum es ging. Sie, von der wir uns ebenso „unauffällig sorglos" für immer (???), jedenfalls schmerzlich verabschieden mussten, wie inzwischen auch von Alexander..., sie war im ersten Schock noch völlig konfus. Doch bald darauf sollte sich herausstellen, dass sie wie eine Löwin zu kämpfen verstand! Mutig und furchtlos! Hartnäckig und penetrant! Das mag ganz bestimmt nicht einfach „da drüben" gewesen sein...

Ein letzter unmittelbarer Schreckensmoment durchfuhr uns, als wir in der Maschine der „Lufthansa" saßen, der Flugkapitän über Lautsprecher bekanntgab, er habe noch keine Starterlaubnis erhalten. Noch einmal äugte die Furcht ins Herz: doch nicht, weil wir an Bord sind? Sollten uns die türkischen Behörden wieder aus der Maschine holen? Ein böser Alptraum muss es gewesen sein, wach allerdings, sehr wach geträumt...

Dann, nach reichlich einer Stunde, war der Flug freigegeben. Höher und höher stieg der „Vogel" hinauf, in ein klares Blau des Himmels. Und unter uns – auf Wiedersehen? – der Bosporus..., Istanbul..., das „Goldene Hörn"...

Meine Gedanken blieben dort unten, in dem „Spielzeugland", wo irgendwo mein Junge und die Mutter waren... Und ich hielt, auf ein Stück Papier geschrieben, diese meine Gedanken fest:

Gedanken an mein Kind

> Sprich mir im Traum von deiner zarten,
> kindlich reinen Welt in der du lebst.
> Ich möchte allzu gern Gedanken,
> die du empfindest noch,
>   verstehen.
> Ich weiß –
>   du bist mir nah'
> und wenn auch noch so ferne –
> so steht in Sternen,
>   in Jahrtausend alten Lettern,
> davon geschrieben, –
> dass keine Macht der schnöden Welt
> dies Band der Kindes-Mutter-Liebe
> auch nur ein Stückchen zu zerreißen schafft.
> Ich weiß, dass du im Innern,
> wenn auch noch so kess und frech,
> ein zartes und empfindsam Leben hast.
> Wie gern möcht ich es schützen,
> nicht, weil's ein Stück von mir,
> nein – deine Seele trifft!
> Ich höre schon dies redlich überzeugte Volk
> dir sagen, dass Mutter,
>   Vater,

längst schon dein nicht mehr gedacht.
Begreifen kannst du's nicht, mein Sohn,
dass ich in jener so entscheidend Nacht
dich rückzulassen sehr bewusst entschied.
Ich hab' dich nicht geküsst
                    als ich den Schritt begann.
Du solltest keinen Abschied spüren.
Doch deine Haltung –
                    dein Gesicht –
ich wollt es nochmal so ganz nahe seh'n...
ich käm vielleicht – vielleicht zurück?
Nein, nein.
Bleib du in deiner Kinderwelt.
Man wird sie nicht zerstören können.
Von Tapferkeit zu reden blieb' dir unverständlich.
Ich weiß, dass du sie hast, so, wie du bist.
Bald, bald,
ich weiß es,
ganz genau,
haben uns des Menschen Dauerhaftigkeit –
                    nicht seine Rechte –
                              vereint.

Nun mein Kind:
                    Sinne nach dem Bäumelein,
                    von dem da fällt ein Träumelein ...
Schlaf,
          mein Kind,
                    schlaf...

                    * * *

Und es wird weitergeh'n

In der vierstrahligen Maschine der Lufthansa wurden uns Plätze in der vorletzten Reihe zugewiesen. Nach Erreichen der Reiseflughöhe wurde bald ein erster Imbiss gereicht. Das war alles so ungewohnt für uns. Am ungewohntesten erschienen uns die Freundlichkeit und Zuwendung der Stewardessen, die wieder zivile Lebensqualität, und dabei die besondere *neue* Art ihres Charakters. Hier erfolgte eine erste Begegnung mit einer „Freiheit", in der wir das Laufen wohl erst noch zu lernen hatten.

An anderen mitreisenden Fahrgästen fiel ein so selbstverständliches Verhalten auf, das uns fremdartig war. Die Maschine flog ruhig, es traten fast keine Turbulenzen auf. Und wieder und wieder blickte ich auf das „Spielzeugland" hinab, das ich, wenn auch nicht aus so großer Höhe, aber doch aus meinen früheren Schuljahren als solches empfand, wenn ich mit dem Fallschirm scheinbar wie in eine ganz andere Dimension gelangte. Bei der „Gesellschaft für Sport und Technik" wählte ich seinerzeit statt dem Pflichtschießen das Fallschirmspringen, weil ich aus Prinzip nicht schießen wollte unter den „ideologisch vorgegebenen Prämissen", die ich als eine doktrinär aufgezwungene Last empfand.

So beeindruckend das alles war..., dort unten, irgendwo, befanden sich mein Sohn Alexander und meine Mutter. Ob sie überhaupt noch dort unten sind? Werden sie noch genug für ihren Lebensunterhalt haben? Wird Alexander hoffentlich nicht krank geworden sein? Alte Erinnerungen kamen auf und mit ihnen alte Ängste. ‚Aber nein‘, suchte ich mich in Gedanken zu beruhigen, ‚er ist doch inzwischen stabil geworden und hat alle diese Strapazen überwunden.‘ Und doch quälten sie immer wieder, diese Gedanken...

Wird Mutter alles beherzigen, was ich ihr für alle Fälle aus *meinen* Erfahrungen mit der „Staatsgewalt" sagte? Nie kann man wissen, was am Ende tatsächlich auf einen zukommt! Wir hatten es sehr gründlich durchdacht und diskutiert, dass es im Falle einer Festnahme besser ist, nicht nach Ausflüchten zu suchen, sondern zuzugeben, dass wir gemeinsam fliehen wollten, dass dieses einmütig beabsichtigt war, *warum* es beabsichtigt war. Bei den Vernehmungen nicht die Wahrheit zu verschweigen. Denn es war mir bekannt, dass die Untersuchungshaft in diesem Regime das schlimmere Übel war, dass erst nach einer Verurteilung die Situation leichter, wenn vielleicht auch nicht um sehr vieles mehr, so aber doch leichter wurde. Das wichtigste Prinzip war in jedem Falle: durchhalten und immer wieder beteuern, in dem Staat nicht länger leben zu wollen. Nicht verzagen, wenn man mit arglistigen Argumenten lockte oder gegenseitigem, gemeinem Ausspielen drohte. Und in was für eine Häftlingszelle man auch immer gesteckt werde – ob einzeln inhaftiert oder mit anderen zusammen – körperliche Bewegungen betreiben, ganz gleich, ob es einen selbst bald oder anderen auf die Nerven gehe. Den Körper trainieren und fit halten: durch kalte Waschungen, wenn möglich Bürstmassagen. Vor allem nichts an Glauben zu verlieren! Die Hoffnung daran nicht aufgeben, dass alles denkbar Mögliche getan werden wird, sie und den Buben freizubekommen. Alexander der Tante, ihrer Schwester, übergeben zu lassen (was, wie sich später herausstellte, das Einzige war, das ich aus leider falscher Ansicht riet). Wir hatten über jeden Eventualfall, der uns als möglich erschien, ausführlich und wiederholt gesprochen. WAS MOCHTE SICH GERADE DA UNTEN ABSPIELEN!!! Wir konnten es nicht wissen. Und dies zermürbte. -

Gegen 18 Uhr landeten wir in München. Beim Landeanflug wurden wir aus dem Cockpit über Lautsprecher auf das Panorama der Alpen aufmerksam gemacht. Ich sah weißbedeckte Schneegipfel; ich registrierte dies Stück herrlichster Natur jedoch nicht wirklich. Ein ekelhaftes Gefühl schien auf der Seele zu lasten, vergleichbar dem Geruch brackigen Wassers, der sich dumpf auf Geschmacksnerven und Schleimhäute des Magens legt.

Diesmal wurden wir von der Flughafenpolizei freundlich in Empfang genommen. Wir wurden zu einer anderen Maschine weitergeleitet, die nach Frankfurt flog. Langsam brach die Dunkelheit herein. Auch in Frankfurt wurden wir freundlich empfangen, erhielten eine Fahrkarte für einen Zug nach Gießen, den wir ohne Begleitperson bis zum Zielbahnhof nahmen. Nichts empfanden wir dabei als unangenehm. Lediglich fiel auf, dass man uns nicht schikanierte, wie wir es doch bisher eigentlich ein Leben lang gewohnt waren. Das löste in uns eine Art von Leere aus, die fremd war. Ein merkwürdiges Gefühl, dieses erste „Beschnuppern" mit dieser Freiheit, in die zu gelangen wir mehr als 3.000 Kilometer Weg von Leipzig nach Gießen zurückgelegt hatten. Eine fatale Ironie...

In Gießen angelangt – es war schon recht spät geworden – bekamen wir in einem größeren Speisesaal reichlich warmen Kräutertee, Weißbrot und Butter neben Käse, Wurst und Obst, doch mehr als nur etwas Brot mit Butter und Tee konnten wir nicht verzehren. Und dann wurden wir in ein sauberes Zimmer gebracht und: fielen todmüde an Leib und Seele um, in „unsere" frisch bezogenen Betten. Tief haben wir allesamt geschlafen, fühlten uns wie selten nur frisch am darauffolgenden Morgen.

Nach dem Frühstück zeigte man uns die Caritas-Stelle. Von hier bekamen wir, was wir am Nötigsten brauchten. Der Kalender zeigte bereits den 20. September, die Tage waren merklich kälter, als in der Türkei. Danach wurden wir beim BND (Bundes-Nachrichten-Dienst) vorstellig. Auch hier haben wir nichts, aber auch gar nichts zu verschweigen gehabt. Nur fragte man uns nicht wiederholt und wiederholt und wiederholt nach dem Gleichen...

Schon nach dem zweiten Tag wurden wir in ein Übergangslager nach Rastatt weiterverlegt. Wir bekamen eine bescheidene Summe an Taschengeld und gratis die tägliche Verpflegung. Wenige Tage später erhielten mein Mann und ich eine Fahrkarte nach Stuttgart, für die Hin- und Rückreise. Dort sollten wir uns beim CIA (Central Intelligence Agency), dem amerikanischen Geheimdienst, vorstellen.

Auf dem Weg dorthin lief uns ein gestromter Boxer herrenlos entgegen. Ich konnte nicht umhin, ihm die Schulter zu klopfen und seine Schnauze zu „packen", musste an Dasko denken... Der Hund ließ alles mit sich gemütsvoll geschehen.

„Ein Boxer ist und bleibt ein Boxer", sagte ich fast euphorisch zu meinem Mann, der zu viel Respekt vor dem fremden Hund hatte und ihn lieber nicht anlangen wollte.

Wir hatten jedoch keine Zeit zu verlieren, hielten uns mit dem Tier nicht allzu lange auf. Und nochmal muss ich es sagen: *typisch* Boxer! Wir gingen in unserer Richtung weiter, er ganz selbstbewusst in der seinen, der entgegengesetzten. Als wär dies das Selbstverständlichste von der Welt!

Der Empfang beim CIA erfolgte zunächst durch eine junge Dame. Weder das Haus beim Eingang noch irgendwelche anderen Türen im Flur waren bewacht oder verschlossen. Wir klopften an eine der Türen und mussten nicht lange warten. Bald wurde uns Tee mit Zuckerwürfeln und Gebäck serviert. Wenn nun auch gründlich und gezielt das Eine und das Andere nachgefragt oder erfragt wurde (beim BND war es nicht anders), dann antworteten wir selbstverständlich ohne Sorge oder Angst aufrichtig.

Ich hatte in meinem Tagebuch, das während der Flucht in der Aktentasche bei den Noten steckte und in dem teilweise meine privaten Aufzeichnungen durch das Meerwasser verwaschen waren, einen kleinen, mit Maschine geschriebenen Zettel aufbewahrt. Diesen legte ich dem amerikanischen Beamten vor. Den Zettel hatte ich schon vor Jahren in Leipzig unbemerkt an mich genommen, als er einem Polizeibeamten aus einer Akte auf den Boden flatterte, und danach einsam vor mir lag. Das war, als ich wie so oft, durch das MdI (Ministerium des Inneren) geladen wurde. Auf diesem Zettel stand:

„Der minderjährige Schüler namens ‚Freitag' hat am (soundsovielten, an das Datum erinnere ich mich nicht mehr) an einer katholischen Exerzitie teilgenommen."

Der Briefkopf war deutlich lesbar, die Unterschrift nicht. Ich hatte mir seinerzeit diesen Zettel als ein Beweisstück für mich selbst aufgehoben. Denn es wurde alles verfolgt, was ein einzelner, der Christ war und seinen Glauben lebte, zu seinem privaten Zeitvertreib tat. Schon gar wurde es ungern gesehen, wenn sich eine Person innerhalb der katholischen Kirche bewegte. Es klang dann wie Hohn, wenn in der Gesellschaft behauptet wurde, dass jeder Mensch in seiner Religionsausübung frei entscheiden könne. Ich konnte es zum Beispiel nicht! Ich erinnere mich an die unzähligen Male, als man mir Schwierigkeiten machte, weil ich zum Gottesdienst in die Kirche ging. Ich wusste ja, dass die „Stasi" uns Katholiken allzu gern an den Fersen hing, auch wenn es öffentlich nie zugegeben wurde! Hierfür hätte ich ein Beweisstück jedenfalls gehabt! Doch in der DDR wäre es mir nur stillschweigend abgenommen worden.

Den CIA-Beamten schien hingegen der Zettel eher zu interessieren. Nachdem er ihn gelesen hatte, ging er kurz mit ihm in der Hand hinaus, kam zurück und fragte mich, ob ich etwas dagegen hätte, wenn er ihn behielte. Ich hatte gar nichts dagegen! Wenn nur jemand dafür Interesse und vielleicht auch vernünftige, also richtige, Verwendung haben könne! „Drüben", in der DDR, geschah und geschieht zu viel Unrecht, versteckt unter einem wetterfesten Mantel der Heuchelei... Derjenige, der mich vom Gegenteil davon überreden oder überzeugen möchte, der ist mir bisher noch nicht mit Erfolg über den Weg gelaufen. Er hätte wohl auch in jedem Falle die schlechteren Karten. Und wenn er alle vernichtende irdische Gewalt über mich besäße... Es bliebe nur eine irdische, eine frevelhafte, eine beschämende Macht...

Wir schafften es, den Zug zweieinhalb Stunden später wieder nach Rastatt zurück zu nehmen. Die Mädchen hatten in unserem Zimmer „Mensch-ärgere-dich-nicht" gespielt. Wir baten sie darum, das Zimmer nicht ohne uns zu verlassen.

Kurze Zeit später kamen wir in ein anderes Übergangslager, nach Mannheim. Wir hatten München als unsere „Wahlheimat" angegeben. In München war der um drei Jahre ältere Bruder meines Mannes ansässig. Durch sehr schwierige familiäre Nachkriegsumstände wurden die Brüder getrennt. Der Ältere blieb beim Vater, mein Mann wurde von seinen Großeltern in Leipzig aufgezogen. Die Mutter der beiden Buben wurde wegen einer schweren, langwierigen Erkrankung in eine Münchner Klinik eingewiesen, verstarb frühzeitig. Jetzt war es die Hoffnung meines Mannes, seinen Bruder zu finden und erstmals kennenzulernen!

In Mannheim bewohnten wir im zweiten Stockwerk zusammen mit einer Frau und deren zwei Kinder eine kleine Wohnung, in der wir Küche, Toilette und Bad gemeinsam benutzten. Oktober/November war es inzwischen geworden. Von dem zugewiesenen Taschengeld konnten günstige, im Preis nachgelassene, wunderschöne warme Pullover und Hosen für die Kinder gekauft werden. Einen großen, festen Gummifußball kaufte ich den Mädchen. Damit spielten sie nur allzu gern auf der herbstlich grau-grünen Wiese.

Einmal sah ich vom Fenster aus, wie Ludmila weinend stand und ihre Hände schützend vor das Gesicht hielt. Vor ihr stand ein Bub, der sie immer wieder schuppste. Ein anderer Junge, er mag bereits gute 16 Jahre alt gewesen sein, hielt ein Messer in der Hand, mit dem er den Ball der Kinder zerschnitt. Leokadia rappelte sich gerade vom Boden auf und lief hinkend und weinend zur Haustür. Ich eilte ihr entgegen. Als ich sah, dass sie Mühe hatte, die Stufen heraufzusteigen – sie, die mit ihren sechs Jahren weiß Gott eher unglaublich hart im Nehmen war – da „brannte mir die Sicherung durch". Sehr energischen Schrittes ging ich auf die Gruppe der Jungen zu, die frech grinsten.

Einer, der Größte von ihnen, saß auf dem Ast eines Baumes.

„Passt auf, jetzt kommt so'ne Flüchtlingssau. Die machen sich doch überall breit."

Ich war nun schrecklich geladen! Ich nahm Ludmila zur Seite, ließ mir von den Burschen kaum Angst machen. Sie wichen nicht von der Stelle und lachten nur frech. Den Größten, der auf dem Ast saß, den wollte ich mir packen. Ich stand an dem Baum und suchte mit beherrschter Stimme zu sagen:

„Du kommst jetzt sofort von da oben runter. Mit dir möchte ich mich unterhalten."

Der Bursche dachte nicht daran, baumelte mit seinem Lederschuh noch wie zum Schur vor meinem Gesicht hin und her, berührte dabei auch etwas empfindlich meine Nase.

„Du kommst jetzt sofort von dort oben herunter! Du Feigling. Kleine Kinder kannst du schinden. Du und deine Kumpane."

Worauf er lakonisch und immer noch grinsend meinte:

„Wills'te eine in deine Fresse haben?"

„Herzlich gern!", entgegnete ich, fasste ihn dabei seitlich am Hosenbund (höher kam ich nicht hinauf) und ruckte ein einziges Mal nach unten.

Der Ast samt dem „Knaben" lag plötzlich vor mir auf der Erde. Am Revers seiner Jacke zog ich ihn in die Höhe, zog mit meiner anderen Hand den Revers immer enger zu, hatte ihn bald sauber im Würgegriff. Nach und nach schien ihm die Luft auszugehen. Als ich meinte, dass er genug habe, ließ ich ihn wieder aus.

„So. Hat noch einer von euch Lust? Bitte. Wir können gern auf diese Art weiterverfahren."

Hierauf lichtete sich der Kreis um mich herum merklich schnell. Den Großen schnappte ich mir an der Schulter seines Jacketts:

„Mein Freund, nun zeigst du mir, wo du wohnst. Ich will mit dir zusammen deine Eltern sprechen. Und ich habe auch vor denen keine Angst."

Dem Bengel blieb gar keine andere Wahl.

Die anderen waren verschwunden. Aber so etwas kennt man ja zur Genüge. Den starken Mann spielen und dann so schnell es geht verschwinden. Den Eltern lieferte ich ihren Sohn mit einer entsprechenden Erklärung ab. Sein Vater, stark nach Alkohol riechend, zerrte seinen „Sprössling" barsch zu sich in die Wohnung hinein, danach wetteiferten er und seine Frau nahezu mit entschuldigenden Worten. Für mich war damit die Sache erledigt. Für Leokadia leider noch nicht. Sie konnte erst nach ein paar Tagen wieder schmerzfrei und überhaupt auf dem Stuhl sitzen. Man muss sie arg in die Steißgegend getreten haben!

Ludmila wollte stolz beweisen, dass sie schon ganz allein einkaufen gehen könne. Weshalb sollte ich das dem Mädel verbieten? Sie musste es ja schließlich lernen. Gegenüber von unserem Haus war ein kleiner „Tante-Emma-Laden". Zu Lesen verstand sie bereits, ich schrieb ihr also auf, was benötigt wurde. Sie machte das ganz hervorragend, jedenfalls hätte ich es nicht besser machen können.

Nun gut, von dem Obst war manches auszuschneiden, weil es nicht mehr ganz einwandfrei war. Es gab ja so vieles um diese Jahreszeit! Äpfel, Salat, Gurken, Tomaten, Bananen, die die Kinder besonders gern aßen. Dinge, für die wir „drüben" Stunden anstanden, vorausgesetzt es gab überhaupt etwas und vorausgesetzt, es wurde dann nicht unmittelbar an den letzten Kunden verkauft, der vor einem in der Schlange stand. „Schlange", dieses Wort wurde nicht gern gehört! Es hieß: „sozialistische Wartegemeinschaft"! Nur war das wirklich zu blöd und dieses Wort kam uns nicht in den Sinn.

Einmal ging ich zusammen mit Ludmila in dieses Geschäft. Da fiel mir auf, dass es sehr einwandfreies Obst gab, das unter dem gleichen Preis ausgeschildert stand. Ich sagte zu meiner Tochter „daheim", sie solle beim Einkaufen auch darauf achten, dass ihr nicht die schlechteren Waren „angedreht" würden. Und sie passte von da an besonders auf.

Einmal stand ich bei den Waschmitteln, als ich sie reden hörte:

„Würden Sie mir bitte eine andere Gurke geben? Diese hier ist schon ganz matschig."

Hierauf die Verkäuferin in dem ihr eigenen Dialekt:

„Ihr nehmt gefälligst das, was ihr bekommt. Vielleicht unterstützen mir ach noch die Hergelaufnen?"

Ich tat, als hätte ich es nicht gehört. Ludmila blickte ziemlich hilflos drein. Ich überspielte dies, als sei ich recht lustiger Dinge:

„Hast du sehr schön gemacht, Munzel. Du wirst ganz bestimmt einmal eine tüchtige Hausfrau werden."

Auch diese Episode war vergangen. Wenige Tage darauf kaufte die Siebenjährige Brot. Es war ein Brot, hart wie ein Stein... Nun nahm ich das Brot und meine Tochter und „nahm den Laden ins Visier". Drinnen angekommen, wartete ich, bis die wenigen Kunden vor mir bedient waren und fragte dann sehr höflich:

„Sie entschuldigen bitte. Meine Tochter hat soeben dieses Brot hier bei Ihnen gekauft. Hier ist der Kassenbon dazu. Würden Sie mir bitte ein anderes Brot dafür geben? Ein weicheres bitte, denn dieses ist hart wie ein Stein."

Die Verkäuferin fraß mich bald mit ihren Augen auf: „Was bildets ihr euch denn eigentlich ei? Der Wecken ist verkauft und da gibts nix zurück! Wir san schon lang mit eich bedient! So an Flüchtlingsgsindl!"

Das hätte die gute Frau jetzt allerdings nicht sagen dürfen. Linkerhand der Kasse befand sich eine hölzerne Tafel, auf der Gemüse ausgelegt war, ein paar Flaschen Wein standen auch darauf. Meine linke Hand hielt die Platte des Tisches sehr, sehr fest umfasst, mein linker Arm hob ihn sehr langsam an. Langsam. Und langsam rollten ein paar Apfelsinen nach hinten, fast wären die ersten Flaschen umgestürzt.

„Würden Sie das bitte noch einmal sagen, gute Frau?", fragte ich unterdessen.
„Um Gottswillen! Hörens auf damit, ich wusste ja bisher nicht, dass ihr Deutsche seid! Die meisten da sind Türken und Polen und was weiß ich! Sie bekommen glei an frischen Wecken, bitte, Frau..."
„Wiesenberg.", stellte ich mich vor und ließ den Tisch langsam wieder auf den Boden herunter, als ich fortfuhr:
„Wiesenberg ist aber nur unser Name. Hauptberuflich versuchen wir, Menschen zu sein. Vielleicht versuchen sie es auch einmal damit?"

Wir bekamen nun keine schlechte Ware mehr. Ludmila brachte strahlend hin und wieder eine Praline oder ein paar Bonbons oder eine Tafel Schokolade mit, die sie „von der Kaufmannsfrau geschenkt" bekam, was mir später bestätigt wurde.

Nachdem ich dem Mädel erklärte, dass ich es besser fände, wenn wir nur das als unser Eigen zählten, was wir auch selbst bezahlen könnten, denn viele andere bekämen auch nichts geschenkt, dann sah sie Leo an, die dann sehr spontan zu ihr sagte:

„Schaffs doch wieder in den Laden zurück? Wir können uns sowas auch kaufen... wenn wir wollen."

Und Ludmila kindhaft-energisch:

„Das mache ich jetzt auch gleich. Aber dann lass ich mir zünftig auch nichts mehr schenken."

„Das Wort, das du meinst, heißt ‚künftig', Ludmila. Und das heißt: in Zukunft.", und ich musste darüber lächeln.

Ein letztes Mal machten wir in Mannheim einen kurzen Abendspaziergang, als eine Frau im Vorbeigehen vor uns ausspuckte und uns mit keifenden und bösen Bemerkungen beschimpfte. Nun ja, eigentlich kann man so etwas nur ignorieren! Denn: „Die Majorität der Dummen ist unüberwindbar und für alle Zeiten gesichert...", wie Albert Einstein zu sagen pflegte. Er beendete bekanntlich seinen Satz: „...Der Schrecken ihrer Tyrannei ist indessen gemildert durch Mangel an Konsequenz." Hoffen wir also darauf, dass es an besagter Konsequenz den Dummen noch lange mangeln möge!

Probleme traten bei den Kindern auf, die ich zuvor nicht kannte. Leokadia passierte es wiederholt, dass nachts während des Schlafens das Bett nicht trocken blieb. Wie war das dem Mädchen selbst doch peinlich! Ludmila kränkelte mit einer nicht enden wollenden Bronchitis herum, zeigte tagsüber bisweilen eine Blasenschwäche, worüber auch sie jedes Mal betrübt war. Die Kinder dafür zu schelten, das wäre nicht recht gewesen. Sie, die beide so ungeheuer tapfer waren, die mit so viel Mut und innerer Stärke, bescheiden, nie fordernd oder klagend den ganzen weiten Weg unserer Flucht durchstanden hatten, sie standen unter einer enormen Belastung. Mehr und mehr litten sie unter der Trennung von ihrem Bruder. Und die Omi?

„Wird die Omi nicht bald kommen?"

„Nein. Sobald wird es sicherlich nicht sein können. Aber es wird sein!", suchte ich ihnen von dem schwachen Trost zu geben, den ich leider auch nur hatte.

Ich habe es immer für richtig gehalten, auch den Kindern die Wahrheit zu sagen.

Eine Ärztin des Gesundheitsamtes Mannheim, der ich das Problem der Kinder vortrug, waltete sehr schnell eines guten Amtes. Die Kinder wurden zur Erholung in den Schwarzwald geschickt. Umgehend! Mir wurde dazu mitgeteilt, dass sie dort längere Zeit bleiben könnten, vorausgesetzt, sie bekämen nicht ein zu großes Heimweh. „Heimweh!" ??? Das Wort klang irgendwie seltsam und unser Dank war erst einmal groß!

Während dieser Zeit konnte mein Mann nach einem ersten Vorstellungsgespräch eine Anstellung bei Siemens in München erhalten, für unsere Existenz war der erste Grundstein gelegt. Über Siemens bekamen wir eine firmeneigene Sozialwohnung in München-Ramersdorf. Die Wohnung war zentralbeheizt, in der

Küche waren ein Herd und eine eingebaute Spüle, im Keller stand eine Gemeinschaftswaschmaschine den Mietern zur Verfügung. Mit Kisten und auf Matratzen ließ es sich bald recht gemütlich einrichten. Und tolle Dinge konnte man auf dem Sperrmüll finden! Eine Familie, die während der ersten Nachkriegsjahre mit der sehr früh verstorbenen Mutter meines Mannes befreundet war, half mit vielen, vielen Dingen freimütig und gutherzig aus.

Am 23.12.1973 holte ich die Mädchen vom Feldberg im Schwarzwald „heim". Quasi im „Trampverfahren", durch eine Speditionsfirma gemanagt, die ohnehin eine Tour in diese Gegend unternehmen musste.

An Weihnachten waren wir wieder beisammen. Da wussten wir bereits, wohin wir unsere „Gedanken auf goldenen Schwingen" fliegen lassen mussten... Ich hatte mich unermüdlich darum bemüht, an irgendwelche Hinweise und Nachrichten zu gelangen, die den Verbleib meiner Mutter und die Situation unseres Sohnes betrafen. So wussten wir, dass Mutter „abgeurteilt" zunächst für fünf Jahre und vier Monate in „schwerem Strafvollzug" in Hoheneck einsaß und noch keine „Sprecherlaubnis" mit ihrer Schwester erhalten hatte. Wir glaubten, dass Alexander einen Tag vor Heilig Abend und völlig unerwartet aus einem „Kinderheim für Schwererziehbare" zu meiner Tante „entlassen" wurde. Wir erfuhren, dass er sich verändert habe, sehr apathisch, teilnahmslos und in sich gekehrt sei, kaum dass er zu irgendjemand sprach...

Wir hörten später davon, dass Mutter und Alexander wohl zehn Tage nach unserem „Abschied" festgenommen wurden; dass die Mutter in Gegenwart des dreijährigen Buben in Handschellen abgeführt, ihr der Junge mit den Worten weggerissen wurde:

„Komm, mei Schunge. Deine Mama hat disch verlassen. Du krischst jetzt eene neie Mama und och een Papa und mir machen schon noch een rischtschen Staatsbürscher aus dir."

Worauf Mutter uns später ihre Antwort verriet:

„Einen alten Dreck werdet ihr aus dem Jungen machen! Seine Mutter wird sich schon kümmern, dass sie ihn wiederbekommt. Ihr Menschenschinder, ihr Verbrecher."

Sie berichtete später auch, dass sich Alexander von dem Moment an in seinem Gesichtsausdruck schlagartig verändert habe, als ihm gesagt wurde, seine „Mama" habe ihn verlassen und er bekäme eine „neue Mama".

Alexander wusste es im April 1975 (da erst sollte ich ihn zum ersten Male wiedersehen, und von da ab war der inzwischen fast fünfjährige Bub wieder ganz bei mir) selbst zu berichten:

„In einem Babyzimmer hat man mich in einem zu kleinen Bett an Händen und Füßen festgebunden. Dabei war ich doch brav? Und die Erzieherin hat mir die ‚Minka' weggenommen. Wo ich doch mit ‚Minka' so gut reden konnte."

Auf meine Frage: „Hast du da nicht recht geweint?", nickte er bejahend und fügte hinzu:

„Aber erst, als die Erzieherin wieder draußen war."

Ich habe diesen letzten Ausführungen nichts weiter hinzuzufügen. Jeder Mensch, der über Derartiges erfährt, ist gewiss in der Lage, sich dazu seine eigenen Gedanken und Gefühle zu ordnen! Das fällt nicht leicht, ich weiß. Und doch ist es wichtig. Sehr wichtig sogar. Mag mein „Geplauder", so fragmentartig es auch nur sein konnte und sollte, das ich aus meinen bisherigen „Lebenserfahrungen" und Erlebnissen dem Leser anbot, bitte daran denken lassen, dass es hier gar nicht um mich und meine Familie geht – denn wir haben uns bis jetzt erhalten können! Wir werden es weiterhin können, so hoffen wir, weil wir lernten, an Hoffnung, Glaube und Liebe festzuhalten. Und machte sich jeder Leser für sich insgeheim seine Gedanken darüber, dass Hoffnung, Glaube und Liebe noch möglich sind, dann hätten meine Aufzeichnungen ihren Sinn nicht verfehlt.

* * *

Meinst du, es läge auf dem Pfad des Lebens
auch nur ein Stein, ein hindernder, vergebens?
Mag er nun hässlich, groß sein oder klein,
glaub nur, da, wo er liegt, da muss er sein.
Gewiss nicht, um dein Weitergeh'n zu hindern,
gewiss nicht, um dir Mut und Kraft zu mindern.
Nur darum legte in den ebnen Sand
des Weges ihn dir eine güt'ge Hand,
damit du dir den Stein sollst gut beschauen
und dann mit Gott in gläubigem Vertrauen
darüber reden sollst, und sollst ihn fragen,
was er dir mit dem Hindernis will sagen.
Und bist du Gott an jedem Stein begegnet,
so hat dich jeder Stein genug gesegnet.

M. Feesche

Was die spätere Recherche ergab

Kurz zusammengefasst möchte ich den Leser wissen lassen, was in der Zeit von September 1973 bis zum Wiedersehen mit meiner Mutter im Oktober 1974 und dem endlich wieder Beisammensein mit meinem Sohn Alexander im April 1975 geschah.

Meine Mutter und mein Sohn wurden zehn Tage nach unserer Trennung in Bulgarien von der Miliz aufgegriffen. Wie wir es miteinander zuvor vereinbart hatten, gestand sie sofort, dass wir auf der Flucht aus der DDR über die Türkei in die Bundesrepublik Deutschland ein erstes Missgeschick in der Nacht vom 8. zum 9. August erlebten. Dass ein zweiter Fluchtversuch nicht mehr gemeinsam unternommen werden konnte, dass sie wisse, wir seien bereits in Freiheit, und sie zeigte zum Beweis dafür jenes Telegramm vor, das wir aus Istanbul absandten und das sie erhalten hatte:
„Urlaub glücklich beendet, Brief folgt, Moses."
Das Telegramm wurde daraufhin konfisziert.

Sie und Alexander wurden unter behördlicher Aufsicht in einem Hotel „besserer Klasse" für einige Tage untergebracht. Sie berichtete später, dass in ihrer Gegenwart all unsere Habe (Zelt und Camping-Ausrüstung usw.) in bulgarischen Besitz überging, blitzschnell, „...im Handumdrehen war alles verschwunden." Auch das Auto, der klapperige „Wolga". Es blieb auch alles verschwunden.

Wenige Tage später wurden Mutter und Alexander mit einer Maschine der „Interflug" nach Berlin-Ost geflogen. Da habe Alexander Angst vor dem Fliegen bekommen. Als Mutter ihn auf ihren Schoß nahm, soll er gesagt haben:

„Stimmt's, Omi, jetzt kann uns ja gar nichts passieren. Nun hältst du mich ja fest."

Dann soll er unerwartet und sehr laut im Flugzeug gesagt haben:

„Stimmt's, Omi, du kommst jetzt ins Gefängnis und ich gehe zu Tante Traudl in die große Badewanne."

Es war ausgemacht gewesen, Alexander über *alles* die Wahrheit zu sagen, damit er in etwa weiß, was geschehen könne, um einer Enttäuschung vorzubauen, die dann nicht allzu groß sein und unerwartet eintreffen könne. Hier waren wir alle davon ausgegangen, dass man ein kleines, *dreijähriges* Kind wenigstens noch menschlich behandeln würde. Dass dies nicht der Fall war – soweit reichte unsere Vorstellung wirklich nicht...

Von Berlin nach Leipzig wurden die beiden unmittelbar nach der Landung des Flugzeugs in einem Automobil der Staatssicherheit gefahren. Alexander habe mehrfach unterwegs über „solch großen Durst" geklagt, aber diese Klagen trafen auf taube Ohren. Alexander habe gebettelt:

„Omi, bitte, ich möchte doch nur ein ganz klein wenig Milch... Geht das, bitteschön, nicht?"

Meine Mutter stellte recht gereizt nun die Frage nach etwas zum Trinken für das Kind an ihre Begleiter, unter denen sich auch eine Frau befand.

„Sind sie ruhig.", war die einzige Antwort.

Nichts geschah. Der Bub bekam *nichts* zum Trinken.

In Leipzig, Wächterstraße, endete die Fahrt für die beiden. Meiner Mutter wurden vor den Augen des Dreijährigen Handschellen angelegt. Sobald meine Mutter ihre Hände bewegte, zogen sich die Eisenringe um die Handgelenke nur noch fester zu. Ihre Hände seien bald ganz blau und gefühllos geworden.

Alexander drängte sich zum ersten Mal und sichtlich voller Schrecken an meine Mutter. Eine Beamtin zog den Jungen unsanft von ihr weg und sagte in sächsischem Dialekt:

„Komm, mei Schunge. Deine Mamma hat disch verlassen, aber du begommst jetzt eene neie Mamma und ooch een Pappa und mir wern een ordendlischen Staatsbürscher aus dir machen."

Mutter berichtete mir später unter immer wieder aufkommenden Tränen:

„Christl, ich seh' noch Xandls Gesicht, ...die Haltung voller Angst, als sie ihn von mir wegzogen. So ernst wurde das Gesicht des Jungen, dieses Gesicht hat mich manche Nacht im Zuchthaus einfach nicht schlafen lassen. Wohin wird man das Kind nur bringen, hoffentlich zu meiner Schwester."

Man hatte ihr *nichts* darüber gesagt, wohin der Junge gebracht werde.

Die Schwester meiner Mutter, „Tante Traudl", erfuhr erstmals durch unseren Anruf aus Istanbul, was geschehen war. Ludmila hatte es von dem Telefon des dortigen deutschen evangelischen Pfarrers aus vermittelt. Jeder Satz wurde zuvor genau „geübt" und einstudiert, denn diese Nachricht an meine Tante war wichtig! Sie musste sofort präzise durchgegeben werden, falls die Verbindung durch die (stets gut informierten) Staatssicherheitsbehörden der DDR unterbrochen wurde.

Unsere Information kam gut „durch den Draht"! Meine Tante lief sich ab jetzt die Füße wund, lief von einer Stadtbezirksstelle zur anderen. Ihr wurde nur immer wieder der stereotype Satz gesagt:
„Wer hat denn wen verlassen? Das Kind die Mutter, oder die Mutter das Kind?"
Eine Auskunft bekam sie nicht!

Nach unserem Aufenthalt im Durchgangslager und in den Übergangslagern bezogen wir Wohnraum in München. Von hier aus fuhr ich nach Bonn. Mir wurde die Möglichkeit gegeben, in der Angelegenheit meines Sohnes und meiner Mutter mit dem Vertreter des Auswärtigen Amtes bzw. des Amtes für Innerdeutsche Beziehungen zu sprechen. Auf hoher Ebene seien dann sogleich die Bemühungen um Mutter und Sohn angelaufen. Von Tante wusste ich inzwischen, dass Alexander „in ein Heim" gebracht wurde, meine Mutter sich in Untersuchungshaft befinde.

Von dem ersten Taschengeld, das wir noch in Gießen bekamen, kaufte ich für Alexander einen wollenen braunen Anzug, der viele bunte Streifen über dem Vorderteil hatte, Apfelsinen und eine große Tüte Bonbons. Ich schickte dieses in einem Paket an den „Stadtbezirk

Süd-West, Jugendamt", einen Begleitbrief hinzu, mit der Bitte, die Sendung an meinen Sohn weiterzuleiten, von dem ich wisse, dass er sich in einem „Heim" befinde. Die Bonbons sollten bitte auch unter die anderen Kinder verteilt werden. Weder ich, noch Tante, noch Alexander (wie sich später herausstellte) wissen bis heute, wo das Paket verblieben ist und wer es bekam!

An Mutter schickte ich von dem Taschengeld zur gleichen Zeit ein großes Paket mit Zitrusfrüchten, Schokolade, Traubenzucker und Zigaretten. Meine Tante durfte es lediglich an der Pforte der Untersuchungshaftanstalt des MfS (Ministerium für Staatssicherheit) in der Beethovenstraße in Leipzig abgeben. Meine Mutter hat die Dinge nie erhalten.

Meine Tante machte sich die dankenswerte und wirklich aufopfernde Mühe, tagaus-tagein von morgens bis abends jeweils vor einem der „Kinderheime" in Leipzig und Umgebung versteckt „auf Lauer" zu „liegen". Ihre Motivation:

‚Irgendwann am Tage müssen die Kinder doch einmal an die Luft geführt werden. Da werde ich den Alexander schon entdecken.‘

Wochen später hatte sie Erfolg. Den Dreijährigen hatte man in ein „Heim für schwererziehbare Kinder" gesteckt.

Alexander berichtete mir später darüber, als fast Fünfjähriger:

„Erst haben die mich in ein Bett gelegt und an den Händen und an den Füßen angebunden. Das Bettchen war mir aber viel zu klein. Ich musste mich darin ganz krumm machen. Und meine ,Minka' (seine Stoffkatze) hat man mir weggenommen. Das war die Erzieherin, die das gemacht hat. Die anderen Kinder wollten mit mir nicht spielen..., da war ich halt ganz allein."

Ich begann zum Wintersemester 1973 an der Ludwig-Maximilian-Universität in München ein Studium in Experimental-Physik. Für ein Medizinstudium fehlten mir noch diverse Unterlagen, die mir bei der Flucht verlorengingen. Ich konnte sie später nachreichen, wurde 1975 für Humanmedizin immatrikuliert. Nur durch einen streng geordneten Tagesablauf, den ich mir durch die Vorlesungsbesuche regelrecht „aufzwingen" konnte, war es mir möglich, psychisch an all dem nicht zu zerbrechen. Jedes Nachdenken, jede Erinnerung, die aufkam, tat mir nicht mehr gut.

Ich studierte Physik, mein Mann bekam bei Siemens eine Arbeit in seinem Fachgebiet, die Mädchen waren in einer Tagesschule untergebracht.

In Abständen von sechs bis acht Wochen nahm ich persönlichen Kontakt zu Rechtsanwalt Stange in Westberlin auf. Dazu musste ich nach Berlin fliegen, das war teuer. Es wuchsen die ersten Schulden, aber ich trug und ertrug sie gern... Am schlimmsten war es, wenn ich im Briefkasten einen Brief von Rechtsanwalt Stange aus Berlin-West vorfand: da zitterten meine Hände, mein Herzschlag stolperte. ,Wird es eine gute Nachricht sein?' – Aber so oft las ich nur die ersten Zeilen: „...wir bedauern, Ihnen mitteilen zu müssen, dass sich in dem Sachverhalt Ihres Sohnes noch immer nichts geändert hat. Laut Auskunft der drübigen Behörden soll Ihr Sohn Alexander auch weiterhin zur Adoption freigegeben werden..."

Was solchen Zeilen noch folgte, konnte ich meist erst Stunden danach lesen und wahrnehmen. Dann, ganz unerwartet, erhielt ich einen Brief, der in Prag (ČSSR) aufgegeben worden war. Hierin fand ich eine erste *verbindliche* Nachricht durch meine ehemalige beste Schulfreundin, die per Zufall durch ihren älteren Bruder, der als Stabsarzt bei der Nationalen Volksarmee arbeitete, von Alexander erfuhr. Sie fand meine Anschrift heraus, brachte den Brief dann über Prag auf den Postweg, damit ich ihn auch wirklich erhalte und er nicht in die Hände der Stasi falle. In dem Couvert steckte auch ein ärztlicher Untersuchungsbogen mit aktuellen Laborwerten, die von meinem Sohne stammten. Es ging daraus hervor, dass Alexander an einer Ruhr erkrankt war.

Nun hatte ich einen ersten und sehr konkreten Hinweis, den ich nicht mehr aus dem Blickwinkel verlor! Auch trotz der Aufgaben durch Haushalt, Kinder und Studium. Bald wusste ich hier in der Bundesrepublik Deutschland mehr, als meine liebe Tante und meine weiß Gott arme Mutter... Es war aber unter keinen – unter gar keinen – Umständen möglich, mein Wissen mit anderen zu teilen. Aus Gründen der Sicherheit musste ich schweigen, um nichts zu gefährden... Ich hatte inzwischen Schweigen und Schweigen-ertragen-können *erlernt*!

In der Folge und einige Zeit später erreichte mich erneut ein Brief aus dem Rechtsanwaltbüro Stange in

Berlin-West, den ich unter klopfendem Herzen öffnete. Ich las:

„Die Familienzusammenführung…" und schon wischte ich mir Tränen, die mir in die Augen schossen, aus dem Gesicht, las weiter „…mit Ihrem Boxerrüden Dasko von Tennethal ist in die Wege geleitet. Bitte teilen Sie uns mit, wie das Tier zu Ihnen…"

Ich war erfreut, enttäuscht und wiederum erfreut, verstand im ersten Moment jedoch die Welt nicht recht. Nein, es ging nicht um meinen Sohn Alexander, es ging um meinen Hund Dasko…

Natürlich war meine Freude groß, die Freude von uns allen! Jetzt musste irgendetwas organisiert werden, damit der Hund von Berlin zu mir nach München kommen konnte. Mein Schulfreund bot sich an, Dasko im Büro des Rechtsanwaltes abzuholen, zum Flughafen Berlin Tegel zu bringen und auf den Flug zu mir nach München zu bringen. Er kannte Dasko bestens, denn in Leipzig holte er ihn oft zu Spaziergängen bei uns ab. Ich werde auch diesen Tag nicht wieder vergessen: Dasko wurde mir in einer großen Kiste in München Riem übergeben. Ich öffnete sie und fand meinen guten Freund in einem ganz erbärmlichen Zustand vor!

„Dasko! Hallo, alter Junge… Na, was ist denn los…, komm…, komm her…"

Wie eh und je obsiegte das Vertrauen, das uns miteinander verband. Dasko schmiegte sich an mich, hatte eine trockene Schnauze und einen sehr trüben Blick. Ich fuhr mit Dasko zum Max-Planck-Institut in die Kraepelinstraße, denn ich hatte hier an einer Fortbildung teilgenommen, von der ich mich kurz für seine

Abholung am Flughafen beurlauben ließ. Hier sah der Hund den Springbrunnen vor dem Haupteingang, war nicht mehr zu bremsen und er, der sonst ausgesprochen wasserscheu war, legte sich in das knietiefe Wasserbecken. Zusehend erholte er sich, war unerwartet schnell wieder ganz der alte, wich keinen Deut mehr von mir und begrüßte dann am frühen Abend die Kinder im Haus, in einer Art und Weise, als wäre er nie woanders gewesen, als bei uns.

Weihnachten 1973 sollte Alexander zu meiner Tante in die Pölitzstraße in Leipzig-Gohlis entlassen werden. Meine Tante sollte die „Vormundschaft" über ihn erhalten. Der Mann meiner Tante war um etliche Jahre älter als sie. Doch beide führten viele, viele Jahre lang miteinander eine beneidenswert glückliche Ehe. Wie schamlos zeigten sich jetzt die Leipziger Behörden, als sie zu einer „Bestandsaufnahme" in die Wohnung von meiner Tante und meinem Onkel kamen, als sie meinten, das Kind könne nicht von einem Ehepaar betreut werden, von dem der eine Ehepartner „bereits schon so alt" sei. Wie unglaublich erniedrigend ist so etwas! Zu leiden bekamen wir alle darunter, denn Alexander kam erst im Januar zu Onkel und Tante. Der Christbaum, den man besonders schön für den kleinen Mann und in so freudiger Erwartung auf ihn hergerichtet hatte, ihn ließ man samt der vielen bunten Kugeln, dem Lametta und den Kerzenlichtern stehen, damit sich der kleine Kerl daran erfreuen konnte, wenn auch zu einem viel späteren Zeitpunkt!

Wie eine Trophäe hielt Tante dann endlich den schmutzrosafarbenen „Ausweis für Pfleger der Deutschen Demokratischen Republik" in Händen! Ausgestellt auf ihre Personalausweisnummer XIII 1623147, mit dem „Wirkungsvermerk: gesetzliche Vertretung" und Datum vom 17. Dezember 1973 durch den „Rat des Stadtbezirks Südwest, Abteilung Jugendhilfe, 7031 Leipzig, Alte Straße 22". Handschriftlich unterzeichnet von vermutlich ‚Kinkel' oder ‚Minkel'. Alexander wurde darauf um ganze zehn Tage verjüngt, sein Geburtsdatum steht jedenfalls fehlerhaft auf dem Pappausweis. Zu erkennen ist daraus noch, dass er aus dem „Vorschulheim Nord in 7023 Leipzig, Bucksdorffstraße", kam.

Jeden Sonntagmorgen wurde ein Ferngespräch nach Leipzig angemeldet. Damals gab es die Möglichkeit zur Durchwahl nicht. Meist gegen 17 oder 18 Uhr meldete sich dann der Teilnehmer.

Wenn ich zu Xandl sprach, hörte ich von ihm *nie* ein Wort oder eine Antwort.

„Christl, der Alexander hört dir zu, er nickt immer, wenn du etwas sagst! Sprich nur weiter mit ihm. Aber weißt du, der Alexander spricht fast nichts. Er sitzt ganz ruhig dort, wo man ihn hinsetzt, er spielt mit allem, was wir ihm geben, er geht mit spazieren, fährt auch auf seinem Dreirad, aber er spricht fast nichts..."

Bei dieser Schilderung war das unterdrückte Weinen von Tante nicht zu überhören.

Es ging sehr lange so, dass der Junge nicht sprach.

Tagsüber hatte ich genug zu tun, war ausgelastet. Nachts aber..., da wurden die Stunden lang, endlos lang. Da jagte ein Gedanke den anderen, quälte irgendeine Sehnsucht, die schon gar nicht mehr zu definieren war. Und in der so bitter errungenen „Freiheit" das Laufen zu lernen, es war nicht einfach. Ging ich einkaufen, dann rutschte es immer wieder heraus:

„Bitte, *gibt es* Rindsknochen? *Haben Sie* auch Suppengemüse?" oder auch ganz banal: „*Haben sie* einfache, weiße Haushaltskerzen?"

Dinge, für die man sich regelrecht zu schämen begann, die einfach noch zu sehr in einem steckten.

Mir machte Alexanders Verhalten große Sorge. Erst nachdem meine Mutter im Oktober 1974 über Einzelheiten ihrer Festnahme berichten konnte, kam in mir der Gedanke auf, dass Alexander psychisch geschockt sein musste, als er gesagt bekam, er bekomme „eine neue Mama". So klein der Junge war, wir hatten eine sehr enge Beziehung zueinander. Und so machte ich folgenden Versuch:

„Anrufesonntag" war, und mir hatte Tante mitgeteilt, dass Xandl bereits ab dem Nachmittag auf dem Hocker neben dem Telefon sitze und auf meinen Anruf wartete. Stundenlang! Als eine Verbindung hergestellt war, sagte ich sehr nachhaltig zu meinem Buben:

„Alexander? Hör mal, hier ist die Mutti. Weißt du, ich muss ja immerzu an dich denken. – Wie gut, dass du jetzt bei Tante und Onkel Willi bist! Da weiß ich doch, dass es dir gut geht. - Xandl, ich will dir etwas ganz, ganz Schönes verraten: es dauert nun gar nicht mehr lange, dann kommst du zu mir und dann bleiben wir immer, immer, immer zusammen."

Da quiekte ganz plötzlich seine Stimme durch das Telefon:

„Muttiiiii, meine Muttiiii, ist das wirklich wahr? Holst du mich mal wieder?"

Ehe ich etwas sagen konnte, hörte ich, wie mit einem Male am anderen Ende der Telefonhörer auf das Tischchen knallte und vernahm von ferne Alexanders Stimme:

„Kommt mal, kommt mal ihr beiden! Da ist meine Mutti, die holt mich bald!"

Von diesem Moment an sprach Alexander wieder völlig frei und normal. So viel sprach er plötzlich, dass mir Tante amüsiert mitteilte, sie könne ihn nicht mehr so oft zum Einkaufen mitnehmen, weil überall, wo Leute seien, riefe er frei heraus:

„Wisst ihr's schon!? Meine Mutti ist wieder da! Die holt mich! Ich fahre bald nach München zu meiner Mutti!"

Das konnte der Kleine ja nicht wissen, dass man das in Leipzig nicht sagen durfte. Schon gar nicht allen Leuten und – um Gottes Willen – nicht so laut...

Am 15.April 1975 erhielt ich einen Einschreib-Brief:

„Ihr Sohn Alexander wird aus der Staatsbürgerschaft der DDR entlassen. Das Kind ist innerhalb von 48 Stunden aus Leipzig in die Bundesrepublik zu überführen."

Was für eine seltsame Ausdrucksweise!

Meine Mutter, inzwischen auch aus der Staatsbürgerschaft der DDR entlassen, musste ihn holen. Ich hätte es nicht gekonnt, denn ich war keineswegs amnestiert und, wie in einer „öffentlichen" Gerichtsverhandlung meiner Mutter bekanntgegeben wurde, „...in

Abwesenheit zu zwölf Jahren schweren Strafvollzugs verurteilt" worden. Meine Mutter holte Alexander bei meiner Tante in Leipzig ab. Mitgenommen werden durfte nur, was Alexander *selbst* tragen konnte (aber seine Omi half ihm wohl trotzdem dabei). Er konnte sich von seinem Luftroller nicht trennen. Ein uraltes Vehikel! Noch heute sehe ich in meiner Erinnerung, wie der Zug am Münchner Bahnsteig einrollte, wie an irgendeinem Waggon eine Tür aufging und zuallererst das Vorderrad eines Luftrollers zum Vorschein kam. Das Wiedersehen und die Freude darüber hielten noch tagelang an! Denn groß war mein Bub inzwischen geworden und ich musste immer wieder zu ihm blicken.

* * *

Das Schicksal meiner Mutter war ein anderes. Deutlich in ihrer Sehkraft eingeschränkt, da ihre Brille beim ersten Fluchtversuch im Meer verlorenging, konnte sie auf den vielen Schriftstücken, die ihr vorgelegt wurden, so gut wie nichts erkennen, schon gar nicht konnte sie das Geschriebene darauf richtig lesen. Aber sie sollte unterschreiben. Das Protokoll zu ihrem eigenen Prozess wurde ihr zwar zur Einsichtnahme vorgelegt, doch nur für so kurze Zeit, dass sie es selbst mit einer guten Brille nicht hätte lesen und schon gar nicht prüfen können! Zehn Minuten etwa waren dafür anberaumt.

Der Prozess wurde meiner Mutter im „Kreisgericht Leipzig Südwest" in der Weißenfelser Straße in Schleußig gemacht. Er war öffentlich, wie uns meine Mutter berichtete.

Kaum hatte sie die „grüne Minna" (den Gefängnis-
wagen) in Handschellen verlassen, sah sie ihren Weg
von vielen, vielen Beinen gesäumt. Sie sollte ja nicht
aufblicken, sah daher permanent zu Boden. Hin und
wieder hörte sie die Worte an ihr Ohr dringen:

„Ja Hedy, was hast du denn nur angestellt!" oder
„Hedy, was machst du denn?" oder „Hedylein, um Got-
teswillen!", konnte die eine oder andere Stimme ihrer
Besitzerin (es waren Frauen, die sie reden hörte) zuord-
nen.

Es sollte ganz offenbar ein Schauprozess vonstatten-
gehen. Dass aber so viele Menschen kommen würden,
das sei nicht erwartet gewesen! Ein zunächst kleinerer
Gerichtssaal, der vorgesehen war, musste wieder geräumt und gegen einen großen eingetauscht werden.

Der Anwalt meiner Mutter, ein gewisser Herr RA
Jarosch, habe sich erst spät an ihrer Seite eingefunden.
Er habe sehr energisch darauf bestanden, dass meine
Mutter *nichts* von alledem berichten solle, was mit mir
vor Jahren in der Schule geschehen war, sie sollte davon *gar nichts* erwähnen, dass ich zu einem Studium
erst zugelassen, dann wieder nicht zugelassen wurde,
sie sollte *nichts* davon berichten, dass ich selbst niedere
Tätigkeiten niemals länger als bis über eine Probezeit
hinausgehend ausführen durfte. Und er habe sie nahezu
beschworen:

„Weinen sie, Frau Erdreich! Weinen sie viel! Viele
Tränen!"

Als dann irgendwann während der ganzen Prozedur
der vorsitzende Richter meine Mutter brüsk anfuhr:

„Wissen sie eigentlich, was sie sind? Wissen sie, dass sie eine Verbrecherin sind!?", habe meine Mutter kleinlaut und unter Tränen (so sollte sie ja auftreten) entgegnet:

„Dann muss ich ihnen mit Karl Marx antworten, der gesagt hat, dass das Verbrechen nicht im Menschen zu suchen ist, sondern in der Gesellschaft, in der er lebt."

Wie im Handumdrehen sei die Sitzung geschlossen worden, die Fortführung des Prozesses erfolgte von da an unter Ausschluss der Öffentlichkeit.

Auf meine Frage, woher meine Mutter diesen Satz von Marx kannte, erzählte sie uns, dass sie, obwohl ihre Augen schlecht waren, um etwas zu lesen bat, um damit der erdrückenden Zeit entgegenzuwirken. Man habe ihr ausschließlich Literatur von Marx und Lenin in die Zelle gebracht. Da habe sie auf einer der Buchseiten diesen Satz gelesen und sich gut eingeprägt! Sie kam einst von der Bühne, hatte keine Schwierigkeiten damit, etwas wortgetreu im Gedächtnis zu behalten und auswendig wiederzugeben.

Wiederholt habe sie während der Prozeßverhandlungen geäußert, nicht weiterhin in der DDR leben zu wollen, Sie wolle dorthin entlassen werden, wo ihre Kinder seien.

„Wenn meine Kinder in Westdeutschland leben, dann will ich nach Westdeutschland! Und wenn meine Kinder in Sibirien leben, dann will ich nach Sibirien! Und wenn sich meine Kinder am Nordpol befinden, dann will ich zum Nordpol! Um nichts in der Welt will ich hier in dieser DDR bleiben, und bitte, nehmen sie das ein für allemal zur Kenntnis!"

Ich habe keinerlei Veranlassung, zu bezweifeln, dass es meine Mutter so gesagt hatte... Sie war stets eine sehr mutige, unerschrockene und sehr resolute Frau!

Der Urteilsspruch lautete dann „fünf Jahre und vier Monate", wurde jedoch abgemildert auf „zwei Jahre und zwei Monate".

Für die erste Urteilslegung wurde sie folgender Vergehen in vier Punkten beschuldigt:

1.) illegales Verlassen der DDR;
2.) Beihilfe zur Gruppenflucht;
3.) Irreführung der Behörden und
4.) skrupelloses Verhalten den Kindern gegenüber mit fahrlässigem Tötungsversuch.

Der ihr zur Verfügung gestellte Rechtsanwalt Jarosch plädierte darauf, dass man seiner Mandantin niemals einen „fahrlässigen Tötungsversuch" vorwerfen könne. Man habe Informationen darüber eingeholt, dass in der Nacht vom 8. zum 9. August 1973 ein schwerer Sturm mit Seegang „acht", das entspräche einer Windstärke „zehn", getost habe, dass es, wenn auch nur ein Kind zu Tode gekommen wäre, ein Unglücksfall gewesen wäre, denn bei diesem Seegang wären nicht einmal Rettungsversuche durch etwaige Helfer von Land aus unternommen worden. Dass alle drei Kinder lebend wieder an Land kamen, erfülle hingegen den Tatbestand, dass alle nur menschliche Kraft dazu aufgeboten wurde, einen Todesfall zu verhindern. Hierauf wurde das Strafmaß gemildert.

Nachdem meine Mutter verurteilt war, wurde sie ins Frauenzuchthaus Hoheneck verlegt. Zu DDR-Zeiten nannte sich diese Hochburg des Grauens ganz unscheinbar „Strafvollzugseinrichtung Stollberg (Hoheneck)". Meine Mutter befand sich jetzt im Justizvollzug und – was die Brutalität des Systems erkennen lässt – Kriminellen nicht nur gleichgestellt, sondern ihnen als „Politische" auch unterstellt.

Sie arbeitete täglich in der Näherei des Zuchthauses. Als Schließerin von Bettwäsche. Später erkannte sie die Bettwäsche wieder, die es im Münchner „Kaufhof" zu kaufen gab. Sie zeigte uns, wie auf der eingenähten „Firmenmarke" zu erkennen war, dass dieser Artikel in Hoheneck angefertigt worden war.

Akkord wurde im Dreischichtsystem gearbeitet und ausschließlich für den „Westexport". Diejenigen, die ihr Soll erfüllten, erhielten zum Beispiel ihre Ration an Zigaretten oder eine Sprecherlaubnis mit ihren Angehörigen. Wer unter dem Soll lag, dem wurde dies „angekreidet" und als „hat sich nicht geführt" angelastet. Das hatte Konsequenzen: Einkaufsverbot, Ausschluss vom Hofrundgang, Entzug der Sprecherlaubnis, Sperre des Postempfangs.

Indirekt bestätigte das auch die Tante, der eine Sprecherlaubnis wieder entzogen wurde, als sie bereits die Reise von Leipzig nach Stollberg im Erzgebirge zur Haftanstalt Hoheneck zurückgelegt hatte und vor dem riesigen Einlasstor abgewiesen wurde, mit den Worten:

„Sie bekommen heute keinen Sprecher. Ihre Schwester *hat sich nicht geführt*. Wir fordern sie auf, unverzüglich wieder zu gehen."

Was es mit dem „*hat sich nicht geführt*" auf sich hatte, wurde nicht näher erläutert, auch nicht nach wiederholter Nachfrage. So einfach ging das!

Mutter berichtete später, dass sie einmal von einer Mitgefangenen, die wegen vorsätzlicher Tötung ihrer beiden Zwillinge auf lebenslang inhaftiert war, während dem Wäscheschließen angesprochen wurde:

„Ich weeß nich. *Du* willst da nieber? Bei die Verbrescher? Das tät ich mir aber wirklisch überleschen." (sächsischer Dialekt und für den, der sich damit schwer tut: „Ich weiß nicht. Du willst dort rüber? Zu den Verbrechern? Das würde ich mir aber wirklich überlegen.").

Meine Mutter habe darauf geantwortet:

„Sag mal, was wirfst du mir da eigentlich vor? Da drüben, das sind Verbrecher? Und das sagst ausgerechnet *du* zu mir?"

Das habe offensichtlich genügt. Ein „Kapo" hörte die Antwort meiner Mutter, sofort musste sie ihre Arbeit unterbrechen. Zehn Tage „Karzer", in die „Mumpe", wie es in dortigem Jargon hieß.

Was bedeutete das? Bis auf die Schlüpfer alles ausziehen, Schnürsenkel aus den Schuhen entfernen, Strümpfe abgeben. Dafür gab es einen dünnen Malimo-Bademantel ohne Gürtel, eine Decke unter den Arm, Schuhe ohne Schnürsenkel. Im Kellergeschoß eine verdunkelte Einzelzelle. Ohne Tisch, ohne Schemel oder

Stuhl, ein hochgeklapptes, an die Wand geschlossenes Pritschenbett, ein Eimer für die Notdurft. Morgens um sieben Uhr wecken. Dann wurde das Bett wieder an der Wand hochgeklappt und verschlossen. Um 21 Uhr wurde es für die Nacht erneut heruntergeklappt.

Hier habe Mutter eisern meinen Rat befolgt, sei auf und ab gegangen, habe Kniebeugen gemacht, habe gesungen. Die zehn Tage habe sie auf diese Weise „recht gut" überstanden. Trotz der Kälte, trotz der Feuchtigkeit, trotz Einsamkeit, Verzweiflung und körperlicher Erschöpfung.

Unweit von meiner Mutter saß eine junge Frau am Nähtisch, eigentlich ein junges Mädchen, gerade mal neunzehn Jahre alt. Mutter nannte uns ihren Namen, doch ich erinnere mich leider nicht mehr daran. Irgendwie sei das junge Menschenkind gesundheitlich schon während einiger Tage nicht so recht auf dem Posten gewesen, ließ es ihre Mitgefangenen auch wissen, teilte es ebenso der „Erzieherin" (wie sich die Gefängniswärterinnen offiziell nannten!) mit. Die „Wachtel" (wie sie im Jargon der Gefangenen hieß) war auf die wiederholte Bitte, einem Arzt vorgestellt zu werden, nicht eingegangen.

Die junge Frau klagte bald darüber, dass sie Schüttelfrost und Fieber habe. Es erfolgte darauf keinerlei Reaktion seitens der Gefängnisbeamten. Irgendwann klagte das Mädchen über zunehmende Müdigkeit und war unweit von meiner Mutter über ihre Nähmaschine gebeugt eingeschlafen. Die diensthabende Wachtel wurde jetzt von den Mitgefangenen energisch gerufen,

nahm Kenntnis von der Situation, nahm eine der Näh-
nadeln vom Tisch und stach damit tief in das Gesäß der
kranken jungen Frau. Als darauf keinerlei Reaktion von
der Kranken kam, bekam es die Wachtel mit der Angst
zu tun. Sie rief ihre Kolleginnen herbei, dann wurde der
Sanitätsdient benachrichtigt. Die bewusstlose, junge
Frau wurde aus der Näherei auf einer Krankentrage
hinausgetragen, dann niemals wieder gesehen. Später
hatte es sich im Zuchthaus „herumgesprochen" – über
Klopfzeichen und Kassiber – dass die Betreffende verstorben sei. Von wegen: im Strafvollzug der DDR hätte
es keine Schläge oder Misshandlungen gegeben!

Eine Zelle, die auf 24 Gefangene zugeschnitten war,
war fast ausschließlich mit 48, manchmal 54 Strafge-
fangenen belegt. In den Zellen standen dreistöckige
Etagenbetten. Aufrecht sitzen ging darin nicht. Nur drei
kleine Kinderwaschbecken und zwei Toiletten standen
für alle zur Verfügung. Ein fehlender Glasziegel im
Fenster, der den ganzen Winter über nicht ersetzt wurde, brachte zusätzlich Kälte bei der ohnehin schlechten
Beheizung. Das war bestialisch!

„Eine Henne in Intensivhaltung verfügt über mehr
Platz, als wir über Platz verfügen konnten.", berichtete
uns meine Mutter.
Mit mehreren Kindsmörderinnen und anderweitig
Kriminellen war meine Mutter beisammen, nicht aber
mit „Politischen". Diese wurden gezielt unter Kriminelle und Schwerstkriminelle verteilt. Kriminelle hatten
hier das Sagen, konnten schikanieren und denunzieren,
ihnen waren die „Politischen" regelrecht ausgeliefert.

Am meisten habe meine Mutter darunter gelitten, als ihr während eines Verhörs „plausibel gemacht" wurde, sie habe das Telegramm von uns aus Istanbul nicht richtig gelesen. Dort stehe keineswegs: „Urlaub glücklich beendet" sondern: „Urlaub *un*glücklich beendet". Sie müsse es falsch gelesen haben, sie hätte ja auch keine Brille mehr besessen. Lange habe sie während der Nächte nicht schlafen können, war in Sorge, machte sich die schlimmsten Vorstellungen. War vielleicht eines der Mädchen umgekommen? Einer von uns Großen? Wer? Ein „skrupelloses Verhalten" zeigte man wohl eher meiner Mutter gegenüber...

Im Oktober 1974 kam die Nachricht aus Gießen, dass meine Mutter aus der Haft in der DDR entlassen wurde. Nichts war an diesem Tage wichtiger, als sofort nach Gießen zu fahren. Wir kannten das Lager ja bereits, erfragten an der Pforte, wo sich Mutter befände. Dann klopften wir an die Tür.

„Wer ist da?" - es klang deutlich verängstigt.

„Ich bin's Mutti, Christl."

Meine Mutter öffnete die von innen verschlossene Tür und verfiel regelrecht in einen Taumel. Sie hatte mich so schnell nicht vor ihrer Tür vermutet.

Dreizehn Monate Haft hatte sie hinter sich. Ganz unerwartet sei sie auf den Transport geschickt worden, hatte Angst, was dies zu bedeuten habe, es sei ganz überraschend gekommen. Ohne irgendeine nähere Erklärung wurde sie von Hoheneck nach Karl-Marx-Stadt verlegt. Dann stellte sie fest, dass der „neue Umgangston" ein ganz anderer geworden war und das Essen, das sie nun bekam, auffallend gut gewesen sei.

Insgeheim kam in ihr so etwas wie Freude auf, denn durch den „Knastfunk", der, wie schon gesagt, in Klopfzeichen bestand und durch Kassiber weitergegeben wurde, war jeder im Bilde darüber, dass eine Verlegung nach Karl-Marx-Stadt eine Verlegung aus der Justizanstalt zur Staatssicherheit bedeutete, dass diesem Vorgang nahezu ausnahmslos die Überstellung in die Bundesrepublik Deutschland folge.

So war es auch. Nach vierzehn Tagen Aufenthalt in dieser Stasi-Einrichtung, wurden die Gefangenen mit einem Reisebus bei Nacht und Nebel zur Grenze gebracht. Der Bus hielt irgendwo kurz an, die Türen öffneten sich, ein Herr stieg zu, der sich als „Rechtsanwalt Vogel" ausgab und den Insassen ihre bevorstehende FREIHEIT verkündete. Nach kurzem Stutzen und ersten zaghaften Bemerkungen, brach ein markerschütterndes Freudengeschrei unter den Menschen aus, die zuvor noch so Unmenschliches erfahren hatten. Der Reisebus setzte seine Fahrt unverzüglich fort, bis nach Gießen.

Vieles, vieles an bösen und bitteren Dingen hatte meine Mutter in dieser ganzen Zeit erfahren und durchlebt. Unfassbares für unsere zivilisierten Vorstellungen... Nun endlich war sie frei. Sie besaß außer einer Tasche mit einem Handtuch und notdürftigem Waschzeug darin nur das, was sie an Kleidung trug. GEWONNEN JEDOCH HATTE SIE IHRE FREIHEIT.

Ich wollte ihr etwas besonders Gutes an dem ersten Abend in Gießen tun und lud sie zum Essen ein. Sie und eine andere „politische" Mitgefangene, die bisher noch von niemandem hier aufgesucht wurde.

„Was ist das denn? Heiße Himbeeren mit Eis?", fragten sie beide, als sie die Speisekarte rauf und runter studierten.

Beide entschieden sich für diese Nachspeise und bekamen sie auch. Zuvor eine Spargelsuppe und ein Steak mit Kräuterbutter, alles, was von ihnen gewünscht war! Oh je! Schlimme Folgen hatte das für die beiden Damen, die eine ganz andere Nahrung tagtäglich gewohnt waren. Aber auch diese „schlimmen Folgen" einer verfrühten *normalen* Alimentation gingen vorüber...

* * *

Das war unser Weg aus der Unfreiheit, Unterdrückung und Verfolgung in ein ganz anderes, neues Leben. Was bedeutet: FREIHEIT??? Laut „Duden":

‚Zustand, in dem der Betreffende von bestimmten persönlichen oder gesellschaftlichen als Zwang oder Last empfundenen Bindungen oder Verpflichtungen frei ist und sich in seinen Entscheidungen o.ä. nicht (mehr) eingeschränkt fühlt.'

Ich denke oft über diese Art der Definition von „Freiheit" nach... Heute noch. Und sehr oft. Ich stelle fest: Worte sind unzulänglich, wie so häufig.

„Freiheit" – sie ist unser höchstes Gut, unser größter Reichtum, unser schönstes Sein. Sie ist nicht etwas, das auf der Straße liegt, sie ist nicht grenzenlos (auch nicht über den Wolken), sie lässt sich nicht kaufen und auch nicht stehlen. Sie muss behütet, geschützt und bewahrt werden, wenn man sie besitzt, von einem Jeden, der eines guten und rechten Willens ist. Ich danke täglich meinem Schöpfer für die Freiheit, die ER mir schenkte.

* * *

bin ich allein

Aufzeichnungen eines
jungen Mädchens
aus Mitteldeutschland

Margot Z.

Ich sitze am Rande des goldenen Feldes
Und höre das Rauschen der Ähren im Wind.
Ich sehe die Spiele der bunten Libellen
Und komme mir vor wie ein einsames Kind.
Ich höre das Rauschen des munteren Baches,
Mein Name ist Heimweh – du kennst mich bestimmt.

– Margot Z. –

Vorwort

Pfingsten 1964

Ostberlin stand ganz im Zeichen des Deutschlandtreffens, das von der FDJ veranstaltet worden war. Mammutveranstaltungen und große Demonstrationen lösten einander ab. Am Pfingstmontag bewegte sich ein endloser Strom Jugendlicher durch die Straßen. Die ganze Innenstadt war für Autos und Fußgänger gesperrt.

Am Rande dieses Drängens, dieser Fülle, dieser Massen lag innerhalb der Absperrungen die Hedwigs-Kathedrale. Nach der Messfeier setzten sich viele Jugendliche auf die Stufen der Kirche und aßen ihre Mittagsration. Hier lernten wir Margot Z. kennen. Sie war, wie viele junge Menschen aus Mitteldeutschland, nach Berlin gekommen, um das Gespräch mit uns aus dem Westen zu suchen. Zuerst war sie sehr zurückhaltend und schüchtern, ja sogar misstrauisch. Nach und nach wurden wir miteinander vertraut. Auch am nächsten Tage trafen wir uns wieder. Jetzt erzählte sie auch über sich, über ihr Leben und ihr Schicksal. Wenig später gab Margot Z. uns ihre Aufzeichnungen, die wir hier veröffentlichen.

Das Schicksal der Margot Z. ist nicht ungewöhnlich. Aber an ihm beweist sich die unbarmherzige dialektische Kälte der kommunistischen Herrschaft in Mitteldeutschland.

* * *

bin ich allein

Es war an irgendeinem Tag in der Woche, und ich glaube, es war ein klarer, strahlender Frühlingstag. Jeder ging, wie er es gewohnt war, seiner Arbeit nach. In den Straßenbahnen drängten sich die Leute. Man hatte das Gefühl, selbst Masse zu sein, die träge den Schwankungen der Bahn nachgab. Aus dieser zusammengedrängten Masse heraus hörte man das Weinen eines Kindes und nicht sehr selten das Fluchen eines Arbeiters. Wer weiß, was für eine Laus ihm da über die Leber gelaufen war, aber normalerweise gibt es hier viele Läuse, die einem täglich über die Leber laufen. Und leider Gottes ist es ratsam, die Läuse laufen zu lassen.

Die Straßenbahnen und ihre Fahrer fahren auch ihren Weg, ohne ihn ändern zu können, und so lässt man sich geduldig dorthin fahren, wo man gewohnt ist, auszusteigen. Ich kann mich noch gut erinnern, dass ich als Kind bei solchen Gelegenheiten nichts anderes tat, als den Menschen ins Gesicht zu schauen. Das war interessant. Interessant deswegen, weil ich immer und immer wieder auf ein und dieselbe Frage stieß, und das war die Frage nach dem „warum“. Warum schaut der so? Warum macht die Frau dort so ein Gesicht? Warum lässt die Schaffnerin die alte Dame nicht auch für 15 Pfennig mitfahren, wenn sie doch wirklich ihr Portemonnaie vergessen hat und ihr die restlichen fünf Pfennige fehlen? Warum hörte man damals sooft die Worte: „Was gilt schon ein Arbeiter hier?“ Warum schauten viele Leute so verängstigt und bedrückt? Warum scheuten sie es, offen oder laut zu reden? Warum lachten sie so selten? Damals waren es Fragen, und es blieben auch nur Fragen. Heute kenne ich alle die Antworten, die darauf zu geben sind. Doch halt! Jetzt bin ich ja in der Straßenbahn und weiß nur, dass ich zum Produktionsunterricht in die Schlosserei fahre. Vielleicht müssen wir dort eine Arbeit über die verschiedenen Stahlarten schreiben. Außerdem muss das vor Wochen begonnene Werkstück heute noch fertig werden. Die letzte Handwerksarbeit – dann soll es an die Maschine gehen – und später in die Schweißerei. Ziel dieses Unterrichts ist ein Facharbeiterbrief des Schlosserhandwerks. Er muss beim Abitur in eineinhalb Jahren vorliegen.

Die Haltestelle ist erreicht. Ich habe mich von der Masse losgerissen und besitze nun das Gefühl, wieder ich selbst zu sein. Zugegeben, eine klägliche Person, weil man Persönlichkeit nur für sich allein sein kann, und doch Person, weil man von seinen eigenen Stärken und Schwächen noch weiß. Und so gehe ich mit mir allein um ein paar Häuserecken. Am Fabrikgelände werde ich wieder von der grauen Masse der Arbeiter verschluckt.

„Vorwärts zum Sieg des Sozialismus!"

Wie traurig und verloren diese Losung auf dem Transparent! Und wie erschreckend und beängstigend ist seine Wirkung, wenn man die Gesichter dahinter erblickt.

Eigentlich habe ich mich mit meinen Kameraden immer gut verstanden. Na ja, hin und wieder harmonierten wir nicht so ganz, aber in welcher Schulklasse gibt es das nicht? Und doch! An dem heutigen Tag schienen mir die kleinen Streitigkeiten nicht wie gewöhnlich zu sein. Irgendwie stand ein drohender Ernst dahinter. Maria war immer zu Späßen aufgelegt, besonders wenn sie mir galten. Aber diesmal hatte ich ein anderes Gefühl. Sonderlich gut haben wir uns nie verstanden, aber Feinde waren wir auch nie.

Heute schien alles anders zu sein. Aber was hätte das sein können? Von ihr wusste ich nur so viel, dass sie sehr früh ihre Mutter verloren hatte. Mit der „neuen Mutti" kam sie nie so recht aus. Sonst war sie ein nettes Mädchen, hatte aber eine besondere Abneigung gegen das Christentum. Nach dem Grund habe ich sie nie gefragt. Ich hätte es auch wohl kaum getan. Ich weiß es nur, weil sie mir gegenüber einmal äußerte:

„Ach komm Mensch! Du rennst in die Kirche und glaubst an so einen Quatsch wie an den lieben Gott. Wenn es ihn wirklich gäbe, dann verstehe ich nicht, warum meine Mutti sterben musste. Die war bestimmt nicht schlecht und hat nur Gutes im Leben getan. Das ist ja alles Blödsinn, was du da glaubst."

Ich habe darauf nicht geschwiegen. Ich sah auch keinen Grund zum Schweigen oder Davonlaufen. Und so kam ich mit ihr auch noch zu einem guten Einvernehmen, als ich etwa diese Antwort gab:

„Deine Gedankengänge sind wohl vollkommen richtig, nur darfst du nicht einfach Behauptungen aufstellen, wenn du nicht weißt, was der christliche Glaube wirklich ist. Man kann sich erst dann ein Urteil über eine Sache bilden, wenn man sie selbst kennengelernt hat. Dazu gehört ein wenig mehr, als nur in Büchern und Zeitschriften darüber zu lesen. Man muss sich damit beschäftigen, es selbst erlebt haben. Solange man das nicht getan hat, soll man auch nicht urteilen. Und man soll auch niemanden verurteilen, der an Gott glaubt. Ich kann doch auch ein Buch nicht kritisieren, das ich gar nicht gelesen habe."

Auf diese Antwort sagte Maria dann:

„Na ja, von mir aus kannst du ja auch machen, was du willst."

Und damit meine ich, sind wir miteinander auf einen grünen Zweig gekommen. Kurz und gut, ich selbst mochte Maria gut leiden und wusste sonst nur noch von ihr, dass ihr Vater aktiver Genosse der SED war. Sie teilte zwar seine Meinungen nicht voll und ganz, schien ihn aber doch sehr lieb zu haben. Warum auch nicht? Maria war außerdem auch Gruppenratsmitglied der FDJ, der Jugendorganisation, der wir alle „freiwillig" angehören mussten. Das ist es, was ich über meine Klassenkameradin zu sagen weiß. Es fehlt höchstens noch, dass sie eine durchschnittliche Schülerin ist. Ich glaube, sie möchte gerne Kinderärztin werden. Nun gut!

Maria war heute jedenfalls anders als sonst zu mir. Ihre engste Freundin Karin schloss sich in Meinungen, Handlungen und auch in Entscheidungen denen der Freundin stets an. Was war deshalb anderes zu erwarten, als dass sie heute die gleiche merkwürdige Haltung gegen mich einnahm? Wenn Maria wirklich etwas gegen mich hatte, so hatte sie es der Freundin sicher schon gesagt. Aber wie gesagt, ich nahm das Ganze als eine Frage, auf die ich mir keine eindeutige Antwort zu geben wusste. Ehrlich gesagt, ich suchte nicht einmal danach. Vielleicht, weil dieser Tag der letzte vor den Ferien war und ich mich schon auf eine kleine Ferienfahrt freute, die ich schon lange geplant hatte. Ich weiß nur, dass ich es nicht für nötig hielt, direkt nach einer Antwort zu suchen. Ich sah nichts Böses oder Verhängnisvolles, ich empfand es nur ein wenig schmerzlich. Und doch begann hier das Verhängnis, an das zu glauben mir anfangs nie die Idee gekommen war. Ein Verhängnis, das bestimmt war, mich ständig zu verfolgen. Das Vergehen der Gesellschaft an einem Einzelnen ist unbegreiflich für den, der es erleiden muss.

Die gleiche Gesellschaft hat dieses Vergehen auch vielen anderen angetan und wird es noch an vielen anderen begehen. Und das darf niemanden gleichgültig und ungerührt lassen, denn es geht um Menschen, die empfinden und denken und sich nach Freiheit sehnen. Aber ihre Sehnsucht ist an das Elend der Ohnmacht und des Wahnsinns gekettet. Wenn die Sehnsucht stirbt, weil die Gefangenschaft zu lange dauert, dann stirbt auch der letzte Rest der Freiheit, und der Mensch wird zum bedingungslosen Sklaven.

Die Ferien begannen, und auch meine Reise hat geklappt. An Einzelheiten der Fahrt kann ich mich nicht mehr erinnern. Doch habe ich in meinem Tagebuch einige Aufzeichnungen, und da ich einige Teile daraus zu Worte kommen lassen möchte, werde ich nun gleich damit beginnen:

In einem kleinen Ort bei X. (Straach bei Wittenberg) haben wir Verwandte, und ich freue mich jedes Mal, wenn ich dorthin fahren darf. Die Ferien boten mir wieder einmal die Gelegenheit, und so setzte ich mich schon am Samstag in den Zug. Es dauerte nicht lange, da war ich auch schon in X. Ja, es dauerte wirklich nicht lange, mir war auch gar nicht langweilig während der Fahrt. Ich kaufte mir im Zug eine Illustrierte, nahm den Bleistift zur Hand und wollte das Kreuzworträtsel in dieser Zeitschrift lösen.

Doch plötzlich fiel mir der Schaukasten ein, den einige aus unserem Jugendkreis diesmal gestaltet hatten. Dort stand nämlich, dass es weitaus nützlicher sei, in Stunden der Nichtbeschäftigung über sich selbst, sein Verhältnis zur Umwelt und zu Gott nachzudenken und als Hilfe dazu vielleicht ein wenig zu beten, als in einer Illustrierten gelangweilt herumzublättern. Ich steckte also den Bleistift an seinen Platz zurück und ließ die Zeitschrift im Koffer verschwinden. Ich würde sie heute nicht mehr brauchen. Ich begann mich zu sammeln. Die ein wenig traurige Landschaft flog an mir vorbei, ohne dass ich sie noch sah. Wie es weiterging?

Ganz einfach. Der Zug fuhr gerade über die Elbe, ich nahm Koffer und Gitarre aus dem Netz und brauchte dann nur noch zu warten, bis der Zug ganz still stand. In X. wurde ich herzlich empfangen. Noch am gleichen Abend kamen zwei Jungen, die schon immer Stammgäste hier waren. Wir spielten Skat und Schach. Das brachte erst einmal etwas Stimmung. Allerdings – soll ich es sagen? – zu der richtigen Stimmung verhalf erst eine Flasche Wodka. Aber, ich meine...

Jedenfalls hat es mir gefallen. Deshalb passte es mir auch nicht, dass ich am Mittwoch ein Telegramm erhielt, mit dem Inhalt:

„Freitag Schülervollversammlung – stopp – Erscheinen ist Pflicht – stopp – Sofort kommen – stopp."

Das Telegramm kam von meiner Mutter. Auf mich wirkte es wie eine kalte Dusche. Viele Gedanken jagten mir durch den Kopf. Weiß meine Mutter, was in der Schule los war oder weiß sie es noch nicht?

„Sofort kommen!" – was soll ich machen?

Wenn meine Mutter durch die Schule alles erfahren hat, dann –. Ich will nicht daran denken. Mir bleibt einfach nichts anderes übrig als nach Hause zu fahren. So wollte ich dann am nächsten Tag, am Donnerstag heimfahren. Am Donnerstagmorgen kam Post für mich! Ein Eilbrief aus B (Leipzig). Er war von meiner Mutter.

„Margot, in aller Eile, du musst unbedingt kommen. Ich rief die Schule an, du seist verreist, aber es wurde mir ziemlich scharf geantwortet. Ich solle veranlassen, dass du kommst, es zöge sonst unweigerlich erhebliche Folgen nach sich. Das sagte mir Herr A."

Herr A. (Fritze) ist der Direktor unserer Schule. Ich konnte beruhigt sein, meine Mutter wusste noch nichts. Aber es war sicher, dass die Schule mit mir irgendetwas vor hatte. Ganz sicher!

Ich packte meine Sachen und fuhr zum Bahnhof. Der Zug kam. In B.(Leipzig) stieg ich aus, setzte mich in die Straßenbahn und fuhr nach Hause.

Ich drehte den Schlüssel im Schloss herum und:
„Guten Abend Mutti..."

Freitag! Heute werde ich also zur Schülervollversammlung gehen. Den Grund dafür, warum ich vor einer Woche aus der Schule nach Hause geschickt wurde, gleich um 8.00 Uhr, weiß ich bis heute noch nicht. Ja, ich weiß gar nichts! Ich kann mir nur einiges denken. Was ich mir denke? Ganz einfach: denen passt es nicht, dass ich katholisch bin.... Ach, sollen sie machen, was sie wollen. Ich weiß, dass Gott lebt, und weil ich das weiß, brauche ich auch vor niemandem Furcht zu haben.

Vor der Versammlung wollte ich ein Mädchen aus meiner Klasse aufsuchen, das noch ein bisschen zu mir hielt. Ich wollte es fragen, ob es irgendetwas wusste, ob ihm etwas aufgefallen war. Um 17.00 Uhr sollte die Versammlung beginnen, um 16.00 Uhr stand ich vor der Wohnungstür meiner Klassenkameradin – soll ich sagen: meiner Leidensgenossin? Regina wird gedrückt in der Schule, wie es nur möglich ist. Die Lehrer haben ihr gesagt, sie solle nicht mit mir gehen, sie könne sonst in meine Fußstapfen treten. Aber Regina sagte damals zu mir:

„Margot, ich bin weder katholisch noch evangelisch. Ich glaube auch nicht an einen Gott, weil ich davon auch noch nie etwas gehört habe. Aber du stehst in meinen Augen höher als alle anderen hier in der Klasse und vielleicht auch in der Schule."

Als die Lehrer sahen, dass Regina ihren Rat nicht befolgte, machten sie ihre Mutter darauf aufmerksam. Aber es half alles nichts. Regina ließ sich nicht „belehren". So wurde sie also auch benachteiligt. Die Lehrer scheuten sich nicht davor, das offen vor uns zu sagen und zu tun...

Ich drückte auf den Klingelknopf. Reginas Vater öffnete.

„Guten Tag, ist Regina da?" fragte ich.

„Regina? Die ist doch verreist!"

Das kam so selbstverständlich, dass ich die nächste Frage noch stellte:

„Musste sie denn nicht auch zur Schülervollversammlung?"

Ihr Vater sprach in dem gleichen Tonfall weiter:

„Ja, also ich habe die Schule angerufen, dass Regina verreist sei, und da sagte man mir, dass es dann in Ordnung gehe."

Ich staunte.

„Dann recht vielen Dank, entschuldigen Sie die Störung. Auf Wiedersehen!"

Ich ging. Reginas Entschuldigung, sie sei verreist, wurde angenommen. Würde ich aber nicht die Reise unterbrechen, dann hätte das für mich – wie sagte doch unser Direktor? Ach ja, – dann hätte es für mich unangenehme Folgen. Unangenehme Folgen, unangenehme Folgen... Verweis von der Schule? Arbeitslager? Wenn ich nur wüsste, was die... – halt, da kommt meine Bahn. Hoffentlich bin ich noch pünktlich da, ich muss ja noch ein ziemliches Stückchen laufen. Ach, da gehen ja noch welche aus der Schule, da komme ich wohl nicht zu spät. Drei Mann, alle in Blauhemden. Na, vielleicht bin ich wieder die einzige, die keines trägt.

Vor der Schule warten zwei auf mich, Eva und Jochen.

„Grüß euch alle miteinander! Was ist denn heute hier los; Schülervollversammlung habe ich gehört?"

„Was? Nee! Wir haben einen Gruppennachmittag."

„Jetzt?"

„Natürlich!"

„Na, für mich ist das bald nicht mehr ganz natürlich."

Wir haben unser Klassenzimmer erreicht. Wir öffnen die Tür und stellen fest, dass unser Gruppenrat die Sitzung noch nicht beendet hat. Wir wollen deshalb wieder gehen, aber wir werden zurückgerufen, und der Gruppenrat erhebt sich. Also Beendigung der Sitzung:

„...gestern habe ich zu meiner Mutti gesagt: wenn das so weiter geht, hänge ich mich auf. Meine Mutter dachte, ich mache Spaß, aber mir war ernst gewesen, als ich das sagte..."

Dieser Gesprächsfetzen dringt an mein Ohr. Ja, Gisela hat wohl auch die Nase schon restlos voll. Sie ist in der Ordnungsgruppe und hat nun den Auftrag bekommen, im FDJ-Klubhaus Posten zu stehen, wenn die „Halbstarken" kommen. Jetzt hat sie Angst, dass sie verprügelt wird.

„Achtung, Nana kommt!"

Wir nehmen rasch unsere Plätze ein. Nana, das ist der Spitzname für unsere Klassenlehrerin, Frau D. (Wieland). Sie hatte ihn vor einem Jahr erhalten, weil jedes zweite oder dritte Wort bei ihr „na, na" war. Zum Beispiel: „Na, na, da machen wir das eben so." Und aus „na, na" machten wir ein „Nana".

„Freundschaft!"

„Freundschaft!" kam es aus der Klasse zurück.

Wir setzten uns. Rolf ergriff das Wort:

„Wir haben uns nun zum Gruppennachmittag zusammengefunden. Ich hoffe, wir sind vollzählig, bis auf die beiden, die verreist sind, Helga und Regina. Wir wählen zunächst ein Präsidium. Für das Präsidium schlage ich vor: Hans, Peter, Frau D. und Lore. Sind alle einverstanden damit?"

Ein undefinierbares Gemurmel kam aus der Klasse.

„Dann bitte ich das Präsidium, Platz zu nehmen..."

Nach der üblichen Art und Weise wurde hier also ein Präsidium gewählt! Aha! Da vorn sitzt also das Präsidium. Wer war doch gleich darin? Ach ja, Hans also! Er passt eigentlich so recht dorthinein, kann er doch einmal, ohne dass man es ihm übelnehmen könnte, die Rolle eines Machthabenden, die Rolle eines kleinen Vorsitzenden des „Klassen"-Rates spielen. Ich meine, das gelingt ihm nicht schlecht. Das vorgeschobene Kinn, der Blick aus den halb geöffneten Augen, einmal von oben, dann wieder von unten, nur nicht gerade und fest, sondern etwas unsicher; die verschränkten Arme, die ausgestreckten, überkreuzten Beine – das alles versteht er trefflich, oh, peinlich genau zu spielen. Ja, es könnte fast wirken! Peter versteht es dagegen nicht so, sich hinter die leblose Maske eines Dilettanten zu stellen. Er scheint sich noch nicht so ganz entschlossen zu haben: soll er Schauspieler oder Zuschauer sein? Aber er denkt sich doch: als Schauspieler habe ich vorläufig den Zuschauern etwas voraus. Und er gibt sich die größte Mühe, Schauspieler zu sein! Doch das will ihm nicht ganz so gelingen. Hin und wieder verrutscht doch die kunstgerecht aufgesetzte Maske und eine kleine Stelle seines wahren Gesichtes kommt zum Vorschein.

Manchmal hat man den Eindruck, dass es ein schönes Gesicht ist, das sich da hinter der Maske verbirgt. Aber warum zeigt er es nicht, warum trägt er die Maske? Trägt er sie nur, weil er sein wahres Gesicht nicht zeigen kann? Peter, du denkst und handelst doch sonst so klar. Aber ich verstehe – du hast Angst. Neben dir sitzt der Mensch, von dessen Gunst du heute abhängig bist, damit du morgen das sein kannst, was du werden willst. Doch Frau D. tut, als wäre sie vollkommen unschuldig. Vielleicht kann sie sich auch so fühlen, sie weiß vielleicht nicht, was sie tut...

„Wir wollen uns zunächst über die vier Punkte des Kampfprogramms unterhalten."

Rolf wird unterbrochen von einem Klopfen an der Tür. Der Direktor der Metallberufsschule war vom Stadtbezirk geschickt worden. Er sollte an unserem Gruppennachmittag teilnehmen. Rolf kann fortfahren:

„Da wäre zunächst einmal der erste Punkt zu nennen: die ständige Bereitschaft zu allem, was unseren Staat unterstützt und ihm dient."

Das geht nun wie üblich weiter. Rolf sagt zu diesem Punkt noch:

„Wir müssen dazu bereit sein, bedingungslos auch alle unsere Ziele und persönlichen Dinge aufzugeben, wenn es die FDJ verlangt. Sonst sind wir schlechte FDJler und müssen auch zur Rechenschaft gezogen werden. Natürlich gibt es dann auch Strafen."

Die Klasse schweigt. Rolf:

„Ich möchte noch dazu sagen, dass Schweigen so viel ist, wie gegen uns arbeiten. Das wird auch entsprechende Folgen haben. Darauf könnt ihr euch verlassen!"

Hier enden meine Tagebuchaufzeichnungen. Hier, wo es eigentlich mit allem begann. Warum ich hier geendet habe? Ich war damals einfach zu müde, alles Weitere, nachdem es geschehen war, noch aufzuschreiben. Es niederzuschreiben bedeutete, sich wieder in das Gewesene zurückzuversetzen, es noch einmal mitzuerleben. Aber dazu fehlte mir die Kraft. Und dann noch dieses: was soll es schon nützen, wenn ich es aufschreibe? Man findet es und dann ist alles aus. Und so ließ ich es bleiben und suchte zunächst einmal Abwechslung, um nicht immer wieder mit den Gedanken bei der Vergangenheit zu sein, so allein und hilflos. Ich flüchtete und stürzte mich mit den armseligen Resten, die noch in mir waren, in die Arme der Kunst, der Musik, die ich von dem Augenblick an liebevoll vor mir ausgebreitet sah. Ihr durfte ich alles sagen, bei ihr durfte ich mich ausweinen, sie hatte Verständnis für alles und zeigte mir, dass sie mich liebt und nicht verachtet. Welche Tränen habe ich bei ihr weinen dürfen! Tränen eines jahrelangen Schmerzes, Tränen einer Ohnmacht, Tränen der Sehnsucht und der Hoffnung und endlich Tränen der Gewissheit des Sieges, Tränen der Freude, bei ihr meinen Anteil an Freiheit genießen zu dürfen! Und ich weiß, dass ich ihr so viel zu verdanken habe, ihr, der göttlichen und heiligen Kunst.

Da ich nun einmal mit diesen Aufzeichnungen begonnen habe, möchte ich sie auch zu Ende bringen.

Wie gesagt, ein Tagebuch fehlt, und mir bleiben nur noch die Erinnerungen. Es wird mir nun nicht ganz leicht fallen, weiterzuschreiben. Man kann in die Gefahr geraten, das Gewesene, das gemein und rechtlos war, das bitter Durchstandene in der Erinnerung noch mehr zu verdunkeln, weil man doch eine Empfindung wie Hass in sich entdeckt. Und das darf, selbst in diesem Falle, nicht führend sein. Ich liebe es nicht, eine Sache schlechter zu machen als sie ist und ebenso wenig, sie zu beschönigen. Und deshalb muss ich auch den Mut dazu aufbringen, zu sagen, dass man solchen Gefahren nur allzu oft ausgesetzt ist, denn niemand ist vollkommen. Und so will ich auch nicht verzweifelt nach Einzelheiten graben. Das Hauptsächliche und Entscheidende, was in der Vergangenheit war, steht klar und wahr vor meinen Augen und lebt, zwar schmerzlich, aber doch in meinen Erinnerungen und Empfindungen. Und das ist es auch, was ich mit ruhigem Gewissen niederschreiben und jeden Menschen wissen lassen kann, denn es ist wahr!

Schweigen, so wurde ausdrücklich betont, hieße dagegen arbeiten. Also gab es keine Neutralität. Es galt darum: entweder – oder! Kaum hatte ich das begriffen, da wurde ich, völlig unerwartet, angesprochen:

„Ich würde darum bitten, dass Margot uns einmal ihre Meinung sagt. Bitte, Margot, du hast also soeben von dem ersten Punkt gehört. Dir ist nun bekannt, dass dazu nicht geschwiegen werden darf. Bitte äußere dich! Bist du zum Beispiel bereit, bedingungslos alles zu tun, was unser Staat verlangt? Bist du bereit, alle deine persönlichen Dinge im Hinblick auf das Kampfprogramm zurückzustellen und im Notfall darauf zu verzichten? Wir erwarten deine Antwort auf diese Frage."

Alle Blicke waren auf mich gerichtet. Es waren neugierige Blicke, von denen ich aber einen nicht vergessen kann, den Blick, in dem Neugier, Verachtung, Spott und Hohn lagen. Es war der Blick meiner Lehrerin. Ich bekam Herzklopfen, ja sogar Angst, eine eigenartige Angst, die sich meiner sämtlichen Sinne zu bemächtigen schien. Ich erhob mich von meinem Platz, mehr mechanisch als bewusst, mir noch nicht im Klaren, was ich sagen sollte. Es war mir, als hätte ein Blitz in mir irgendwo eingeschlagen, ein Blitz, der nichts anderes war, als jener scharfe, bewusste, selbstsichere, triumphierende Blick, der mich genau dort zu treffen schien, wohin er gerichtet war. Warum wurde gerade ich angesprochen? Warum traf mich der Blick in diesem Augenblick? Warum die Blicke meiner Kameraden, als wollten sie sagen:

‚So, nun pack mal aus, wir sind schon lange darauf gespannt, denn es ist für uns kein Geheimnis, dass du heute an die Kandare genommen wirst. Auch wenn du so tust, als wüsstest du von nichts.‘

Ich spürte, wie meine Hände zu zittern begannen und hatte das Gefühl, als müssten alle das Klopfen meines Pulses hören. Es war ein furchtbarer Augenblick. Ich suchte verzweifelt nach einem Anfang. Da kam auch schon die Mahnung:

„Warum schweigst du jetzt? Willst du dich bewusst gegen uns stellen?"

Diese Worte wurden scharf gesagt. Ich hatte begriffen in diesen wenigen Sekunden, ich hatte begriffen! Dieses Spiel war abgekartet und wurde genau nach einem Plan geführt. Ich hatte keine Möglichkeit zum Ausweichen. Nur eins ließ man mir – zwei Antworten, die ich großzügig selbst wählen durfte – nein – musste. Und ebenso sicher war, dass jede der beiden Antworten schon von vornherein nicht akzeptiert werden würde. Verloren hatte ich so oder so, und wenn nicht gleich, dann gewiss später. So fasste ich den Mut zu einer Entscheidung. Es war zwar schwer, das Zittern meiner Hände und meiner Stimme zu überwinden und zu verbergen, aber ich hatte mich wieder in Gewalt. Und so suchte ich mir eine der beiden Antworten aus:

„Für mich ist es nicht möglich, bedingungslos auf meine persönlichen Dinge und Angelegenheiten zu verzichten, wenn es von der FDJ oder dem Staat gefordert wird. Ich weiß, dass man mir diese Frage bewusst gestellt hat, weil man hierbei davon ausgegangen ist, dass ich Christ bin. Das Christentum ist meine persönliche Angelegenheit. Ich kann sie nicht zurückstellen, und ich kann auch nicht darauf verzichten, schon gar nicht, wenn es bedingungslos sein soll. Als Christ habe ich nicht nur Pflichten dem Staat gegenüber. Das soll nicht heißen, dass ich die Idee unseres Staates, den Frieden zu erhalten, nicht selbst zu verwirklichen trachte. Aber niemand kann von mir verlangen, dass ich meinen Glauben aufgebe. In diesem Punkt kann ich keine andere Entscheidung treffen, aber ich werde dadurch nicht zu einem Gegner dieses Staates."

Ehe jemand darauf etwas einwenden konnte, hob Maria die Hand, um etwas zu sagen:

„Ich kann das einfach nicht begreifen, dass solche idiotischen Gedanken im 20 Jahrhundert noch leben können. Wie kann man an einen solchen Unsinn glauben!"

Sie war sichtlich erbost über solch eine „Idiotie", drehte sich zu mir herum und klatschte mit der Handfläche an ihre Stirn. Da ich noch stand, ließ ich erst gar nicht jemand zu Wort kommen. Ich erwiderte:

„Wenn man der Meinung ist, dass ich an den ‚lieben Gott‘ wie an einen alten Mann mit einem langen Bart glaube, dann ist man allerdings im Recht, wenn man von einer ‚Idiotie‘ im 20. Jahrhundert spricht. Und wenn man meint, dass ich den Glauben nicht selbst geprüft und ohne jede Frage und ohne jede Überlegung angenommen hätte, dann ist man im Irrtum. Ich stand dem Glauben sehr kritisch gegenüber. Ich fragte mich: Der Glaube an einen Gott existiert länger als 2000 Jahre. Kann dieser Glaube die Jahrhunderte überdauern, wenn er nicht der Wahrheit entsprechen oder einen ziemlich großen Teil an Wahrheit besitzen würde? Wie viele Zusammenschlüsse gab es bisher in der Welt, wie viele Parteien und Massenorganisationen, und wie viele haben sich auf Dauer halten können? Wenn also in dem Glauben an Gott eine Wahrheit liegt, wie sollte ich ihn, da ich ihn kennenlernte, nicht beachten und fallen lassen? Und doch, ich gab mich selbst hiermit nicht zufrieden. So fragte ich die Wissenschaft. Unsere Wissenschaft hier verneint die Existenz eines Gottes. Sie behauptet es. Aufgrund dieser Behauptung suchte ich nach ihren Beweisen. Doch die Wissenschaft ist nicht in der Lage, Beweise für ihre Behauptungen aufzustellen. Es stellte sich heraus, dass es nur Hypothesen waren, aber Hypothesen können meinen Glauben nicht erschüttern.“

Eigentlich war ich noch nicht am Ende von dem, was ich sagen wollte. Aber an dieser Stelle wurde ich unterbrochen. Meine Lehrerin, vor Wut und Zorn krebsrot im Gesicht, bebte vorn an ihrem Tisch und schrie mich an. Selbst meine Klassenkameraden waren überrascht, denn sie rechneten nicht damit, dass ich sie aus der Fassung bringen könnte. Ich wurde also niedergeschrien. Ich musste einsehen, dass es für mich nicht das Recht gab, das, was ich dachte, zu äußern, selbst, wenn ich ausdrücklich danach gefragt wurde. Diese Einsicht wurde mir eingehämmert mit der Faust jener, von der wir als Schüler alle mehr oder weniger abhängig sind, von einer Faust, die mit ungeheurer Wucht auf die Tischplatte niedersauste und jeglicher Schmerzempfindung bar zu sein schien. Die Worte, die ich zu hören bekam, kann ich nicht aufschreiben, denn ich kann mich an sie nicht mehr erinnern. Ich weiß nur, dass mir die Worte nicht viel sagten, jedenfalls nicht mehr als das, was ich mit meinen Augen gesehen und zuinnerst verspürt habe.

Der Direktor erhob sich nach dem Zornausbruch meiner Lehrerin und meinte, dass man alle, die sich nicht bewusst in die Reihen der Arbeiterklasse eingliedern wollen, mit einem Panzer überfahren und dem Erdboden gleichmachen müsse. Solche Meinungen verbänden sich in keiner Weise mit dem Wesen der FDJ.

Nachdem er gesprochen hatte, meldete ich mich noch einmal zu Wort:

„Da sich meine Meinung nicht mit dem Wesen der FDJ verbinden lässt, bitte ich darum, aus dieser Organisation austreten zu dürfen, denn die FDJ ist ein Jugendbund der Partei mit atheistischem Charakter, und ich bin Christ."

Nana verschlug es wieder den Atem, doch diesmal war ich darauf gefasst. Jochen meldete sich zu Wort und sagte:

„Dann möchte ich gern einmal von dir wissen, ob und wie du dann für den Frieden kämpfen willst."

Die Antwort auf diese Frage wurde mir nicht schwer, obwohl hier ja immer versucht wird, alles zu komplizieren. Deshalb antwortete ich:

„Für den Frieden zu kämpfen ist die natürliche Aufgabe eines jeden Menschen. Ob er Christ, Kommunist oder Freidenker ist, spielt keine Rolle. Deshalb kann man auch nicht behaupten, dass einzig und allein die Partei und ihre Organisationen dazu bestimmt sind, den Frieden zu erhalten. Nicht Ausbildungen und Schulungen zeigen, wie man den Frieden erhalten muss, sondern jeder Mensch trägt dazu bei, wenn er mit sich und seiner Umwelt Frieden hält. Nur wahnsinnige Menschen können sich daran ergötzen, wenn Bomben fallen und wenn zwischen brennenden Häusern Brüder gegen Brüder kämpfen. Oder glaubt man etwa, dass ich den Krieg will und den Frieden verabscheue? Ich liebe den Frieden und bin bereit, auch für den Frieden zu kämpfen."

Darauf kam die Gegenfrage:

„Was tust du aber für den Frieden?"

Meine Antwort:

„Ich kämpfe für den Frieden wie ich es kann."

Abermals eine Frage:

„Ist das nicht ein großer Widerspruch? Du willst aus der FDJ austreten, das haben wir doch eben alle selbst von dir gehört, und fast im gleichen Moment sagst du, dass du für den Frieden kämpfst? Bitte, für wie dumm hältst du uns eigentlich? Aber, da du schon einmal behauptest, dass du für den Frieden kämpfst, dann sage uns doch konkret, was du dafür tust!"

Und darauf sagte ich nur ganz ruhig und sicher:

„Beten! Allen Menschen mit Liebe entgegenkommen."

Nun, da ich dieses gesagt hatte, erwartete ich, dass in der Klasse ein lautes Gelächter einsetzen würde. Aber so war es nicht. Es war im Gegenteil eine Totenstille eingetreten und wie eine Messerschneide kam scharf und grell ein „Hahahaha – !" von meiner Lehrerin. Doch als sie dann von ihrem eigenen Gelächter überrascht wurde, brach sie es schnell ab, wurde rot – ob vor Scham oder Wut, das kann ich nicht beurteilen – und brachte ein wenig unsicher die Worte heraus:

„Weißt du, du bist ja unverschämt! Aber zu deiner Orientierung: du wirst nicht auf deine Bitte hin aus der Gruppe ausgeschlossen werden, sondern du wirst von uns aus der FDJ verstoßen. Und nun gehe bitte nach Hause. Bei uns hier hast du nichts mehr zu suchen."

Ohne jede Bemerkung und ohne mich umzusehen trat ich aus der Bank, grüßte im Vorbeigehen mit „Guten Abend" und nicht mehr mit „Freundschaft" und verließ auf schnellstem Wege die Klasse und die Schule.

Wohl kaum einer kann begreifen, wie es mir zumute war, als ich die Straße entlang nach Hause ging. Ich war erschüttert! Nicht über die Worte, die man mir gesagt hatte und auch nicht über die Atmosphäre, in der ich stand, sondern darüber, dass ich es hier wirklich fertiggebracht hatte, fest zu bleiben. Ich weiß, nicht ich aus meiner eigenen Kraft habe es fertigbringen können. Nein! Es war Christus, der selbst in diesem Gefecht stand. ER war es, der verspottet wurde, wiederum mit einer Dornenkrone, und ER war es auch, der Sein Kreuz wie damals nehmen und den Kreuzweg gehen musste. Ich wusste, dass ich mit IHM diesen Weg auch weiter gehen würde. Leute, denen ich begegnete, haben es vielleicht gesehen, dass ich Tränen in den Augen hatte, Tränen einer Ohnmacht, aber keine Tränen der Verzweiflung. Denn ich wusste, dass Christus nach seiner Kreuzigung durch seine Auferstehung gesiegt hatte. Nur der Gedanke an IHN hielt mich aufrecht, denn außer IHN gab es jetzt keinen, der mir beistand.

Einige Tage verlief der Besuch der Schule und des Produktionsunterrichts normal, bis auf einige Bemerkungen, die mich absichtlich treffen sollten. Nur meine Leistungen wurden von nun an immer schlechter beurteilt als sie waren. Doch dagegen etwas zu tun, war unmöglich. Mein Zensurendurchschnitt sank innerhalb einer Woche von 2,6 auf 3,8! Normalerweise ist so etwas unmöglich, aber in meinem Falle geschah es wirklich.

Etwa 14 Tage vergingen. Dann wurde ich plötzlich vor das Lehrerkollektiv geladen. Meine Lehrerin entschuldigte sich:

„Es tut mir leid, dass ich dir gestern noch nicht mitgeteilt habe, dass dich das Lehrerkollektiv vorgeladen hat, ich hatte es ganz vergessen. Man wird einige Fragen an dich richten. Du wirst wenig Zeit haben, dich darauf vorzubereiten, das ist ja nun mein Verschulden, aber wenn du eine bewusste Einstellung hast, dann wird es auch wohl nicht schwierig sein, Stellung zu einigen Dingen zu beziehen, nicht wahr?"

Sie hatte recht, denn bei einer „bewussten Einstellung", und die glaubte ich zu haben, sollte mir das nicht schwerfallen. Wenig später stand ich vor dem Lehrerkollektiv.

Zuvor sprachen mich noch drei Klassenkameraden an, die bereits seit langem, wie sie sagten, von dieser Aussprache wussten. Sie sagten:

„Wenn wir nicht ganz auf deiner Seite stehen werden, so sei uns bitte nicht böse, aber wir wollen nicht auch noch fliegen."

Den Ausdruck „fliegen" hörte ich dabei zum ersten Male, ich wusste nun, was auf dem Spiele stand. Ruhig entgegnete ich:

„Wie sollte ich euch etwas übelnehmen? Ihr müsst doch selbst wissen, was ihr tut und was ihr mit eurem Gewissen vereinbaren könnt. Ich rate euch nur nicht, eine Unwahrheit zu sagen, das könnte für euch schiefgehen und das würde dann mir sehr leid tun."

Die Tür ging auf, wir wurden hereingerufen. Ich bekam meinen Platz genau in der Mitte. Um mich herum saßen das Kollektiv und meine drei Kameraden. Der Direktor leitete die ‚Unterredung' ein:

„Der Grund, warum wir dich hierher geladen haben, ist folgender. Wir sind der Meinung, dass du in deinen Entscheidungen und in deinem Lebensziel auf einem verkehrten Weg bist. Verstehst du, wir wollen dir helfen, den rechten Weg zu finden. Es geschah also in einem guten Sinne, dass wir dich hierher bestellten. Bevor wir damit beginnen, Fragen an dich zu richten, möchten wir dich noch darauf hinweisen, dass du verpflichtet bist, auf alle Fragen, die gestellt werden, zu antworten. Du darfst also nicht schweigen, verstehst du, du musst antworten, denn du bist erst siebzehn und die Schule ist an erster Stelle, also noch vor dem Elternhaus, erziehungsberechtigt. So, das waren zunächst erst einmal die Informationen. Dass wir drei Kameraden deiner Klasse mit hier vorluden, liegt daran, dass wir dir zu deiner Sicherheit Verstärkung leisten wollten. Das wirst du sicher begreifen. So, und nun möchte ich gleich einmal eine Frage an dich stellen. Wer hat dich katholisch erzogen?"

Für den Anfang war das eine etwas eigenartige Frage. Ich antwortete:

„Meine Oma und meine Mutter, die Menschen, bei denen ich aufgewachsen bin. Wer sollte es sonst gewesen sein?"

Die Lehrer schauten auf mich, dann auf den Direktor, der, ohne etwas zu sagen, mit einem Bleistift spielte und vor sich hinsah. Dann blickte er auf und sagte:

„Ja, ich glaube, ich muss noch einmal die gleiche Frage an dich richten, du scheinst sie nicht begriffen zu haben. Also, wer hat dich katholisch erzogen?"

Ich schaute ihn verdutzt an und wusste nicht, was ich falsch gemacht haben sollte bei der Beantwortung, und so gab ich die gleiche Antwort. Wieder herrschte für einige Sekunden das gleiche Schweigen, dann legte der Direktor den Bleistift energisch hin und schaute mich ernst und streng an.

„Ich weiß nicht, bist du nun wirklich so begriffsstutzig oder frech und verlogen? Ich habe dich danach gefragt, wer dich katholisch erzogen hat und du gibst mir darauf wiederholt die Antwort: meine Oma und meine Mutter! Wenn du jemanden zum Narren halten willst, dann ist hier bestimmt nicht der geeignete Platz dafür! Außerdem haben wir auch nicht sehr viel Zeit und du möchtest doch auch bald nach Hause gehen. Aber ich habe trotzdem noch Geduld mit dir und so stelle ich zum dritten Mal die Frage: wer hat dich katholisch erzogen?!"

„Ja, Herr Direktor, ich weiß wirklich nicht, was ich darauf anderes antworten soll.'

Sein Blick wurde bösartig.

„Du lügst!" brüllte er.

Ich begann, ohne dass ich es wollte, zu zittern.

„Wieso Herr Direktor?" fragte ich.

„Du weißt doch genau, dass du nicht die Wahrheit sagst."

Der Parteisekretär fiel ein:

„Deine Mutter war doch selbst hier bei uns und hat gesagt, dass das nicht stimmt. Sie selbst ist darüber nicht einmal unterrichtet und ist auch ganz dagegen."

Diese Worte waren ein Schlag in mein Gesicht, denn ich wusste, dass nicht ich log, sondern all die anderen, die um mich herum saßen. Oh, wie gemein und gehässig schauten sie mich an! Wie drohend und bösartig schaute der „Stab der Schule", wie hilflos kam ich mir ihnen gegenüber vor. Nur unser Lateinlehrer schaute mich fest an, als wollte er sagen: ‚Bleibe tapfer und halte durch! Nur damit kannst du dir jetzt helfen. Ich bin machtlos gegen dieses Rudel reißender Wölfe.' Aus diesem Blick sprach etwas, das mir irgendwie Kraft gab. Ich fühlte mich doch nicht so ganz allein im Sturm.

„Was sie da eben gesagt haben", begann ich wieder, „kann ich ihnen nicht glauben. Ich glaube es erst dann, wenn meine Mutter vor ihnen und vor mir diese Aussage wiederholt. So glaube ich ihnen nicht."

Es war, als hätte ich Öl ins Feuer gegossen, denn ich klagte jene, die mich der Lüge bezichtigten, selbst der Unwahrheit an. Natürlich stand man mir jetzt mit noch größerer Wut und größerem Hass gegenüber. Man konnte doch nicht zulassen, dass eine Halbwüchsige Parteifunktionären gegenüber ihr Recht verteidigte. Man fuhr mit den Fragen fort.

„Sag mal", so unser Chemielehrer, „ihr Katholiken habt so etwas, was ihr Beichte nennt. Nun, da geht ihr in so ein Kämmerchen und erzählt dann eure Sünden. Der Pfarrer gibt euch dann Ratschläge und äußert dann selbst seine Meinung zu manchen Dingen. So stelle ich mir das vor! Nun müsst ihr doch dem Pfarrer immer alles sagen. Wir wissen aber, dass gerade die katholische Kirche eng mit den klerikal verbrämten militaristischen Mächten des Bonner Regimes zusammenarbeitet, deshalb sehen wir auch darin gewisse Gefahren. Ich möchte nun gern einmal wissen, was euch da unter anderem so ein Pfarrer erzählt. Du bist doch auch ein Mensch, den hier und da so manches Steinchen drückt. Wie stehst du nun zu dieser Frage?"

Am liebsten wäre ich jetzt aufgestanden und gegangen. Doch das Recht hatte ich ja nicht. Und so entgegnete ich:

„Wer behauptet denn, dass wir dem Pfarrer bei der Beichte alles sagen müssen? Wir *müssen* nicht, das möchte ich betonen. Und was die Beichte sonst angeht, so ist sie eine Angelegenheit, über die man hier nicht sprechen kann."

Er sagte darauf lächelnd:

„Doch, ihr müsst alles sagen, das weiß ich."

„Das ist nicht wahr, wir müssen nicht, wir sind in unserer Entscheidung völlig frei!"

Er lehnte sich in seinem Stuhl zurück und sagte sarkastisch lachend:

„Doch, ihr müsst!"

Nun blieb mir nichts anderes, als noch einmal fest zu betonen:

„Nein, wir müssen nicht."

Wie von einer Tarantel gestochen fuhr er auf und fuchtelte mit den Händen vor sich herum:

„Wenn du das Gegenteil behauptest, dann bist du keine richtige Katholikin!"

Ich entgegnete:

„Doch, das bin ich."

„Nein! Du bist es nicht!", brüllte nun auch er.

Ich fühlte mich durch das Gebrüll all dieser Leute in die Enge getrieben und nicht nur mich, sondern unsere ganze Glaubensgemeinschaft sah ich in die Enge gedrückt. Und so wehrte ich mich:

„Ich bin katholisch und werde auch immer katholisch bleiben!"

Der Direktor setzte nun wieder ein.

„Schau, du betonst, dass du Katholikin bleiben willst und dagegen hat auch niemand etwas, verstehst du?

Aber du bist noch nicht richtig auf diesem Wege. Sieh mal, in unserer Schule sind doch noch viele Christen, die sich aber nicht weigern, auch atheistisch zu sein um in unserem Staat mitzuarbeiten. Warum behauptest nun gerade du, dass du so nicht sein kannst?"

Darauf sagte ich:

„Man kann nicht Christ und Atheist in einer Person sein. Ich kann doch nicht als Christ sagen, es gibt einen Gott und gleichzeitig als Atheist die Existenz Gottes leugnen."

Darauf:

„Deine amerikanischen Methoden kannst du ruhig einmal beiseitelassen. Für das Wort ‚Existenz' wirst du wohl auch noch ein deutsches Wort finden."

Wie erniedrigten sie sich selbst, indem sie ihre Niederlage nicht zu verbergen verstanden. Es war ein Kampf mit verschiedenen Waffen. Ich war erschüttert über ihre Primitivität. Was gab es dagegen für ein Mittel? Ich wusste, dass ich Sieger war und doch gerade dadurch das Siegel eines Verurteilten erhielt. Wie ungerecht war das! Hatte es Sinn, dagegen zu kämpfen? War es nicht besser, sich fallen zu lassen, sie reden zu lassen, was sie wollten und die eigenen Gedanken in sich zu verschließen? Aber das waren ihre Erfolge, die sie täglich tausendfach erzielten, denn viele werden eines solchen Kampfes müde. Ich aber hatte noch Mut.

Die nächste Frage stellte der Russischlehrer:

„Du behauptest also, dass du als Christ nicht Atheist sein kannst?"

Ehe ich zu einer Antwort kam, fuhr er fort:

„Dann wollen wir dir eines sagen. Die Schule ist atheistisch, die FDJ ist atheistisch, der Staat ist atheistisch. Also bleibt uns nichts anderes übrig, als dir Handschellen anzulegen."

„Das können sie. Doch ich glaube, ich kann meine Hände zurückziehen, solange es eine CDU in unserem Staate gibt. Denn solange sie existiert, kann der Staat nach außen hin nicht atheistisch sein."

Diesmal fiel unser Direktor wie ein brüllender Löwe ein:

„Du elendes Weib, halte deine Schnauze!"

Ich sah auf den Boden und schwieg.

Nun begann man anders:

„Vielleicht ist dir inzwischen eingefallen, wer dich katholisch erzogen hat."

Doch von jetzt an schwieg ich auf alle weiteren Fragen. Meine Klassenkameraden wurden gebeten, ihre Meinung zu äußern. Sie versicherten, dass sie mit mir nichts gemein hätten und ganz auf der Seite der Schule ständen. Sie meinten, dass ihnen schon oft mein „finsterer Blick" aufgefallen wäre und dass ich keinen kameradschaftlichen Geist besäße. Sie hatten scheinbar vergessen, wer immer bereit war, ihnen in Mathematik, Musik, Deutsch oder Erdkunde zu helfen. Ich musste an ihre Worte im Vorzimmer denken, ehe diese Unterredung begann und konnte nun zu allem nichts anderes, als schweigen. Denn ich erkannte in diesem Falle die Sinnlosigkeit einer Verteidigung. Ich sagte nur noch einmal:

„Was ich ihnen auf diese Fragen geantwortet habe, habe ich geantwortet. Außer diesen Antworten gibt es keine anderen. Ich habe gesagt, was zu sagen war."

Doch auch eine Stunde später stellte man mir immer wieder die gleichen Fragen. Ich habe geschwiegen. Und wegen meines Schweigens bekam ich einen weiteren ihrer Stempel:

„Weißt du, was du hiermit zeigst? Dass du ein Sprachrohr der Bonner Ultras bist!"

Als ich auch darauf mit keiner Wimper zuckte, wurden meine Klassenkameraden entlassen.

Ich sollte noch einen „Moment" bleiben, da wäre, so sagte man, noch eine Kleinigkeit zu regeln. Man hatte einen seltsamen Begriff von „Moment". Als das „Verhör" begann, wurde schon gesagt, dass die ganze Sache nur einen „Moment" dauern sollte und dabei waren jetzt zwei reichliche Stunden verflossen. Nun sollte es nochmal einen „Moment" dauern.

Meine Kameraden hatten den Raum kaum verlassen, da kam die nächste Frage von unserem Direktor:

„Was hast du für ein Lebensziel? Vielleicht kannst du uns darüber etwas sagen?"

Ich antwortete:

„Ich wollte einmal einen künstlerischen Beruf ergreifen, soweit man in der Kunst von einem Beruf sprechen kann. Aber die finanziellen Mittel für die Klavierstunden reichten nicht aus. So musste ich diesen Weg erst einmal aufgeben. So entschloss ich mich, später Medizin zu studieren."

„Aus welchem Grunde möchtest du Ärztin werden?"

„Mein Großvater soll ein sehr bekannter Arzt gewesen sein. Von den Nazis ist er ermordet worden. Ich habe ihn selbst nicht mehr kennengelernt, doch habe ich viel von seiner Arbeit gehört. Als meine Mutter mir davon erzählte, dass er von Leuten, die es sich leisten konnten, mitunter mehr an Bezahlung nahm, um damit armen Leuten helfen zu können, hat mich das sehr bewegt. Ich wollte den gleichen Weg gehen, um allen Menschen helfen zu können. Ungezählte Nächte verbrachte er damit, sich seinen Patienten zu widmen. Jede Mühsal hat er auf sich genommen. Ich glaube, so kann auch ich mich verwirklichen, den Menschen gut sein zu können und ihnen zu helfen. Das ist schön und gut. Darum möchte ich Ärztin werden."

„Nun gut. Du willst also den Menschen helfen. Ja, aber schau mal, das allein ist doch kein Lebensziel. Der Kampf für den Fortschritt und den Sozialismus unseres ganzen Volkes, das wäre eins! Begreifst du das denn nicht? Du hast erwähnt, dass dein Großvater bei den Nazis umgekommen ist. Warum ist er denn umgekommen?"

„Weil er Jude war."

„Aha! Dann gab es also einen Grund. – Ich will dir eine weitere Frage stellen. Wo möchtest du denn Arzt sein? Im Kapitalismus oder im Sozialismus?"

„Ich will dort Arzt sein, wo Menschen meine Hilfe brauchen. Es leben doch auf beiden Seiten redliche Menschen. Ich kann doch nicht den Beruf des Arztes mit der Politik verbinden, denn Arzt-sein ist doch ein vollkommen unpolitischer Beruf."

„Wenn wir dich dann also recht verstanden haben, dann willst du einmal ein unpolitischer Arzt sein?"

„Ja, in dem Moment, in dem ich als Arzt tätig bin, bin ich doch Arzt und nicht Politiker. Das sind zwei verschiedene Dinge und man kann dabei nicht das eine von dem anderen abhängig machen."

„Dann wäre es dir also gleich, wo du Arzt sein willst?"–

„Ich will dort Arzt sein, wo meine Hilfe gebraucht wird."

„Würdest du als Arzt auch einem Menschen wie Eichmann, der in brutalster Weise Kinder, Frauen und Mütter, Familienväter und junge Soldaten vernichten ließ, helfen? Einem Manne, der überall da, wo er hinkam, nur Unheil anrichtete. Würdest du dem als Arzt auch helfen?"

„Es ist meine Pflicht als Arzt, jedem Menschen zu helfen. Der Eid des Hippokrates, den jeder Arzt ablegen muss, besagt doch, dass man dazu verpflichtet ist, Freund und Feind zu helfen. Wenn ich jetzt zwei Patienten habe, beide mit einem Magenleiden, der eine Jude, der andere Eichmann, dann kann ich doch die Organe nicht für das Geschehene verantwortlich machen. Was an Eichmann zu verurteilen ist, gehört in die Hand des Richters, aber doch niemals in die Hand des Arztes!"

Für einen Augenblick entstand ein bedrohliches Schweigen. Dann kam die nächste Frage:

„Hast du einmal von SS-Ärzten gehört?"

„Ja."

„Ist dir bekannt, dass das Mörder waren?"

„Ja, das weiß ich."

„Dann reihst du dich also bewusst in die Kategorie der Mörder mit ein? Dann gibst du hiermit also zu, dass du ein Mörder sein willst, so wie jene!? Ja, du betonst es hier sogar!"

Damit drückten sie mir den nächsten Stempel auf. Man begann nun alles noch einmal zu analysieren, die gleichen Fragen nur in verschiedener Reihenfolge zu stellen, Behauptungen zu untermauern. Wieder schwieg ich. Es dauerte nicht lange, da war man der Meinung, ich sei schwachsinnig und geistig nicht nur unreif, sondern ‚verwachsen'. Man setzte hinter die drei Stempel noch ein großes Ausrufungszeichen, bestehend aus den fünf Buchstaben „IDIOT". Das war am einfachsten.

Nach vier Stunden wurde ich erlöst und durfte nach Hause gehen. Vier Wochen lang durfte ich die Schule noch besuchen, mehr die Verhandlungen als den Unterricht. Mein Zensurendurchschnitt ging noch weiter herunter.

Diese Tage waren für mich furchtbar. Zu Hause konnte ich niemandem davon etwas sagen. Man hätte sich dort keine Vorstellungen darüber machen können, man hätte die Sache einfach nicht begreifen können. In Beweisnot gegen die Schule vor anderen stand ich allein und konnte auf Hilfe nicht hoffen. Zu der letzten Aussprache wurde dann auch meine Mutter vorgeladen. Deutlich wurde mir vor ihr gesagt:
„Es geht jetzt nur noch um ein ‚Ja' oder ‚Nein' und davon ist dann deine ganze Zukunft abhängig."

Das „Ja" oder „Nein" sollte meine Entscheidung entweder für oder gegen meinen Glauben sein. Meine Kräfte, körperlich und seelisch, waren erschöpft. Es war verlockend, das zu sagen, was sie sich wünschten, da ich doch ohnmächtig gegen sie war. Ich brauchte nur zu sagen, dass ich mich nicht zur Kirche bekenne. Ich brauchte nur ein einziges Wort zu sagen und mich mit diesem Wörtchen „Nein" gegen Christus zu stellen. Ich brauchte es ja auch nur zu *sagen* und in meinem Innern bleiben, was ich war. Ich brauchte nichts weiter zu tun. Wie will man schon kontrollieren, ob ich noch bete oder heimlich zur Kirche gehe? Und dann wäre das Fragezeichen meiner Zukunft gestrichen. Ich könnte mein Abitur machen und Medizin studieren. Nur ein einziges Wort genügte.

Die Versuchung war zu stark, zu verlockend und auf meinen Lippen war dieses Wörtchen, dieses „Nein". Ich öffnete schon den Mund, um es auszusprechen. Ich spürte, dass sich meine Zunge schon fest an den Gaumen presste um das „N" zu formen; es geschah so einfach ohne mein direktes Wollen. Und da war es auch schon ausgesprochen, dieses „Nein" und ich spürte in dem Moment, dass der Druck auf meinem rechten Fuß nachließ und der Fuß, der darauf drückte, weggenommen wurde. Ich sah, wie sich die Hand meiner Mutter entkrampfte; sie entspannte sich und man bemerkte die Erleichterung. Ich aber fühlte, wie der Augenblick der Schwäche vorüberging. Und wieder gestärkt, ja stärker als zuvor, vollendete ich den Satz:

„Nein...ich bleibe was ich bin und das ist katholisch!"

Es geschah noch viel, viel mehr. Es ist schwierig, über gewisse Dinge zu schreiben, Dinge, die sich tief im Innern vollziehen, Worte helfen da nicht viel. Ich hätte weggehen können aus meiner Stadt und aus diesem Land, wie es viele getan haben und auch heute wohl noch tun. Aber ich will hier leben, weil ich nun einmal auf diesen Platz gestellt bin und weil ich glaube, dass, wenn man einmal wegläuft, man immer auf der Flucht sein wird. Mein Weg, den ich gehen wollte, war mir verschlossen. Und so zog ich mich zurück, dorthin, wo ich allein und doch nicht allein war. Dorthin, wo ich die Mittel fand, über die inneren Stürme und Sehnsüchte zu sprechen. Meine Sehnsucht stieg weit höher als zur Stufe eines Berufes, auch den des Arztes. Es war die Sehnsucht, gut, schön und groß zu sein. Das konnte ich sein, dort, wo alles einfach und klar ist, in der Musik. Wie gut, wie gut waren die Töne, die Akkorde, die Musik wurden, die zu leben begannen. Ich vergaß alle und alles um mich und suchte die Nähe Gottes in der Musik, wo ich sie rein und wahr fand. Es entstand meine erste Komposition, die anderen vielleicht nicht viel sagt, aber die mir sehr viel bedeutet. Sie ist ein Stück von mir, das in mir lebt und nie zu leben aufhören wird. Es ist die Sehnsucht nach Freiheit und Wahrheit und Liebe.

* * *

NACHWORT

Hier enden die Aufzeichnungen. Der Leser möchte sicher wissen, wie es Margot Z. jetzt ergeht und was aus ihr geworden ist. Margot Z. lebt auch heute noch in Mitteldeutschland. Wie viele Bürger dieses Staates lebt auch sie in Angst vor der dauernden Verfolgung. Sie bekommt keinen festen Arbeitsplatz, weil ihr „die Papiere" folgen. So muss ihre Mutter das Geld für ihren Unterhalt mitverdienen. Margot Z. versucht, ihre musikalische Ausbildung weiterzuführen, doch auch das ist schwierig. Sie will nicht in den Westen kommen. In ihrem Schicksal sieht sie eine gottgewollte Aufgabe, und sie versucht sie zu erfüllen.

Von diesem Geiste ist auch der Brief getragen, mit dem wir diese Aufzeichnungen beenden wollen:

„Wenn doch endlich unser ganzes Volk eins sein könnte. Unser ganzes deutsches Volk! Meine Freunde, im Geiste reichen wir uns die Hände, aber wie schön wäre es, wenn wir es wirklich und fortan immer tun könnten. Nie will ich müde werden, Gott darum zu bitten, dass er diesen ersehnten Tag bald kommen lassen möge. Und wenn es geht, ein Unrecht zu verhindern, dann will ich alles tun. Ich allein bin schwach, aber mit Christus fühle ich mich stark, und mit ihm will ich alles wagen! Der Gedanke an die Zerrissenheit unseres Volkes muss uns und auch die ganze Welt aufrütteln und wachrufen. Wer kann schlafen, wo so viel Unrecht geschieht? Christus geht erneut seinen Kreuzweg, verfolgt von Hass, Spott und Hohn. Hier können wir nicht nur Zuschauer sein. Wir alle müssen mit heißem Herzen wollen und wünschen und opfern, dass die Freiheit der Gedanken bei uns im ganzen Deutschland lebendig wird und bleibt. Freunde, lasst uns nicht tatenlos dabeistehen!

29. Mai 1964"

* * *

Aus der Verfassung der
Deutschen Demokratischen Republik.

Die Staatsgewalt muss dem Wohl des Volkes, der Freiheit, dem Frieden und dem demokratischen Fortschritt dienen...

...kein Bürger darf an kriegerischen Handlungen teilnehmen, die der Unterdrückung eines Volkes dienen.

...persönliche Freiheit, Unverletzlichkeit der Wohnung, Postgeheimnis und das Recht, sich an einem beliebigen Ort niederzulassen, sind gewährleistet.

...eine Pressezensur findet nicht statt.

...jeder Bürger ist berechtigt, auszuwandern.

...alle Bürger haben das Recht, Vereine oder Gesellschaften zu bilden.

...die Kunst, die Wissenschaft und die Lehre sind frei. Jeder Bürger hat das gleiche Recht auf Bildung und auf freie Wahl seines Berufes.

...jedem Kind muss die Möglichkeit zur allseitigen Entfaltung seiner körperlichen, geistigen und sittlichen Kräfte gegeben werden.

...der Religionsunterricht ist Angelegenheit der Religionsgemeinschaften. Die Ausübung des Rechtes ist gewährleistet.

...der Präsident leistet bei seinem Amtsantritt vor der Volkskammer folgenden Eid: ich schwöre, dass ich meine Kraft dem Wohle des deutschen Volkes widmen, die Verfassung und die Gesetze der Republik wahren, meine Pflichten gewissenhaft erfüllen und Gerechtigkeit gegen jedermann üben werde.

* * *

Ich frage nur noch:

Kann es überhaupt noch heute einen Deutschen geben, dem das deutsche Schicksal fern ist, ihn gar nicht berührt, an ihm vorbeigeht?

(Aus einem Brief an Freunde vom 07. Sept. 1964)